本书受到浙江省自然科学基金项目"基于期权博弈理论的PPP项目投资临界值问题研究"（项目编号：LY17G030022）、教育部人文社会科学研究一般项目"基于期权博弈视角的PPP项目社会资本投资阈值确定方法及其影响因素研究"（项目编号：19YJA790081）资助

Explorer of Finance

金融探索者

致敬与发现 Salute&Discovery

投资银行承销合作网络的战略选择及绩效影响

王聪聪 著

Strategic Choice and Performance Impact of Investment Bank Syndicate Networks

经济管理出版社

ECONOMY & MANAGEMENT PUBLISHING HOUSE

图书在版编目（CIP）数据

投资银行承销合作网络的战略选择及绩效影响/王聪聪著 . —北京：经济管理出版社，2019.2

ISBN 978-7-5096-6444-5

Ⅰ.①投… Ⅱ.①王… Ⅲ.①投资银行—有价证券—销售—网络结构—研究 Ⅳ.①F830.91

中国版本图书馆 CIP 数据核字（2019）第 050578 号

组稿编辑：宋　娜

责任编辑：张　昕　朱江涛

责任印制：黄章平

责任校对：赵天宇

出版发行：经济管理出版社
　　　　　（北京市海淀区北蜂窝 8 号中雅大厦 A 座 11 层　100038）

网　　　址：www.E-mp.com.cn

电　　　话：（010）51915602

印　　　刷：三河市延风印装有限公司

经　　　销：新华书店

开　　　本：720mm×1000mm/16

印　　　张：14

字　　　数：214 千字

版　　　次：2019 年 5 月第 1 版　　2019 年 5 月第 1 次印刷

书　　　号：ISBN 978-7-5096-6444-5

定　　　价：98.00 元

前　言

　　受资本市场改革和国内外经济环境变化的共同影响，我国投资银行业目前正经历由依赖社会网络和市场资金的粗放式经营模式向依靠自身定价能力和承销合作网络的集约式经营模式转型的过程。投资银行逐渐重视承销合作网络在分散风险、拓宽证券销售渠道、提升行业地位等诸多方面的重要作用，因而亟须相关理论的指引。21 世纪以来采用承销合作网络新视角对投资银行战略与绩效的研究虽然能够提供一定程度的理论支持，但仍存在不少理论缺口。对中观网络结构的忽视、对战略选择的绩效影响机理的不同认知，以及对新兴市场承销合作网络研究的空白，均表明了对现有理论进一步拓展与深入的必要性。因此，结合我国内地和香港地区投资银行业的现实背景，就现有理论缺口进行有针对性的研究对我国金融业的健康发展与成功转型具有重要的理论意义与实践指导价值。

　　本书从介于微观对偶关系与宏观行业网络间的中观层面出发，聚焦于小团体（Clique）这一普遍存在而又对居于其内的行动者产生直接影响的中观网络结构，阐释了影响投资银行在局部网络内"根植—拓展"战略选择的内外因素，以及该战略选择对绩效的作用机理。在相关文献梳理、实地访谈以及承销合作网络拓扑结构分析的基础上，本书围绕以下三方面问题提出了相应的理论假设：第一，投资银行外部的小团体合作环境对其战略选择有何影响？本书识别了规模差异性、功能互补性以及小团体根植性这三类直接影响投资银行"根植—拓展"战略选择的因素，并分别分析了这三类因素对投资银行战略行为的作用机理，提出了相应的理论假设。第二，投资银行内部的绩效预期缺口对其战略选择有何影响？本书借鉴绩效反馈理论，并在此基础上进一步拓展将绩效预期缺口划分为反映绩效运动趋势的历史缺口和对比同类投资银行绩效所形成的同类缺口，分析了各类绩效预期缺口组合的交互作用以及对投资银行战略选择的影响。第三，投资银行"根植—拓展"战略选择与其绩效之间存在怎样的作用机理？为何现有文献在这一方面存在实证结果的分歧？本书将投资银行绩效分解为承销合作机会与承销合作契合度两个维度，并在此基础上提出了投资银行"根植—拓展"战略对其绩效不同维度的正负双向作用机制的相关假设。

本书通过资本市场公开渠道与第三方金融数据库获得了香港资本市场上191家投资银行在1994~2010年所有1023次IPO（首次公开发行）承销项目的相关数据，并在此基础上开展实证研究，对本书提出的理论假设进行验证。

通过理论探讨和实证分析，本书主要得到以下三个方面的结论：第一，投资银行在其所属小团体中较高的规模差异程度、较低的功能互补程度，以及较低的局部网络根植程度，均会导致其采取跨越小团体边界及其间结构洞的网络拓展行为。第二，历史绩效预期缺口、同类绩效预期缺口以及各类绩效预期缺口组合的交互影响与共同作用，会对投资银行的"根植—拓展"战略选择产生显著影响，但作用效果存在差异。第三，投资银行跨越小团体间结构洞的网络拓展行为对其绩效的承销机会这一绩效维度有着正向作用，但对其承销合作契合度这一绩效维度有着负面作用；而投资银行在小团体内部的网络根植行为对其绩效的这两个维度的作用则正好相反。

上述研究深化了对投资银行战略选择与绩效的理解。相较于现有相关研究，本书的创新之处体现在以下四个方面：第一，由中观结构视角出发，阐明了影响投资银行在局部网络中根植或拓展的战略选择的主要因素及其作用机理，弥补了微观对偶关系与宏观行业网络间的中间环节，为相关研究提供了新的研究视角。第二，厘清了投资银行跨越结构洞的战略行为对绩效不同维度的正负双向作用机制，弥合了现有相关研究的分歧，深化了投资银行"行为—绩效"视角的研究。第三，明晰了投资银行实际绩效与绩效预期间的缺口对其"根植—拓展"战略选择的影响，丰富了绩效反馈理论。第四，以中国香港投资银行业实证对象的研究结果为中国内地投资银行业提供了针对性较强的指导和借鉴，填补了对新兴市场承销合作网络研究的空白，亦为国内相关实证研究的开展提供相应的参考。

　　本书最后分析了研究的局限性以及未来还需要深入研究的若干问题。由于作者水平有限，本书仍然存在诸多不足之处，恳请广大读者批评指正。

目　录

第一章　绪　论

第一节　研究背景

一、现实背景

投资银行产生于 19 世纪中期，是现代金融体系中不可或缺的环节与重要组成部分。伴随着 20 世纪 80 年代全球范围内金融管制的放松以及主要工业国家金融产品爆炸式的增长，投资银行业进入了高速发展时期。著名金融专家 Sobel（2000）指出"投资银行业是华尔街的心脏，也是华尔街之所以存在的最重要原因"。投资银行的存在与发展，对一个经济体资金的合理流动与高效利用、资源的优化配置与组合引导、产业结构的调整与企业的并购重组、金融风险的适度分散与有效控制，以及整个社会经济与金融业的高效发展和有序运作等，都具有重要的意义和作用。

投资银行在 20 世纪 90 年代中期被引入我国。虽然仅经历了短短 20 余年的发展时间，但我国投资银行业的成长却极为迅速。截至 2017 年底，中国内地已有 85 家机构拥有投资银行主承销商资格，203 家机构能在一级市场开展承销业务，共有约 5800 家企业通过投资银行的证券承销项目在 A 股市场上进行融资。[①]但在高速发展的同时投资银行业也存在着诸多问题，其中最为突出的是我国本

---

① 资料来源：中国证券监督管理委员会网站公开信息。

土投资银行的盈利长期以来主要依赖社会网络和市场资金，而对自身证券定价能力的提升和承销合作网络的利用方面却缺乏重视。随着我国内外经济环境的变化以及资本市场改革的深入，我国投资银行业出现了以下新趋势：

1. 投资银行间网络现象日趋显著

由于长期以来我国实行的是证券发行核准制，加之居民投资渠道匮乏，因此证券发行市场处于供小于求的状态，发行市场与流通市场之间存在巨大的溢价空间。与国外投资银行承销项目经常出现的证券滞销情况不同，我国资本市场上一旦企业证券通过证监会审核准许发行，在投资银行的承销过程中出现证券滞销的可能性较低，承销风险较小。这也是我国投资银行对社会网络与市场资金依赖性较强的主要原因。因此我国投资银行对以分散风险为主要功能的承销合作网络长期以来重视程度较低，即便组织承销团进行承销合作也大多出于合规的考虑①（李凤华，2006），投资银行间未形成广泛的承销合作网络，而在西方成熟的资本市场中，由各个承销团合作关系所构成的承销合作网络在投资银行分散承销风险、拓宽证券销售渠道、提升行业声望与地位等诸多方面发挥着重要的作用，是投资银行业不可或缺的重要组成。

近年来，一方面，我国内外经济环境的变化，特别是2008年金融危机的影响，导致我国证券发行市场供需结构发生了较大的变化：一级市场的资金量以及证券发行市场与流通市场之间的溢价空间均出现了较大幅度的减少。例如，2008~2011年，沪深两市的证券滞销事件有14起，海通证券、东方证券等机构均因此蒙受了较大的损失。②另一方面，我国证券发行制度由核准制向国外成熟资本市场的注册制转型的趋势日趋明显，预示着未来证券承销的风险将进一步增加。在承销风险现状与未来预期的双重作用下，我国投资银行亦逐渐重视在分散证券承销风险、拓宽证券销售渠道等方面起着重要作用的承销合作网络，并在实际承销活动中尝试构筑自身合作网络并融入行业承销合作网络中。自2007年以来，沪深两市承销合作事件占总承销事件的百分比以平均每

---

① 我国《证券法》规定：向不特定对象发行的证券票面总值超过人民币五千万元的，应当由承销团承销。

② 资料来源：《每日经济新闻》2011年8月2日统计数据。

年约 4% 的比例稳步增加，这表明我国投资银行业的承销合作网络现象日趋明显（姜占英，2011）。多位投资银行家表示，我国投资银行已意识到证券承销风险逐年增加的趋势，并将承销合作网络作为分散风险、提升绩效的重要工具。

2. 投资银行间绩效分化现象明显

由于我国投资银行业准入障碍降低、业务结构趋同等原因，进入 21 世纪后，我国投资银行间竞争日趋激烈。在经历了几次较大的制度性变革后，我国资本市场结构已发生了根本性的改变，许多原有大型投资银行由于各种原因被迫退出市场。而外资进入、银证混业经营和证券公司进入门槛降低等因素则进一步使我国投资银行业脱离了垄断状态。徐懿（2010）的实证分析显示，我国投资银行业承销业务的市场份额集中度偏低，显示了较高程度的行业内竞争；而另一方面，投资银行的利润集中度与市场份额集中度相比处于较高的水平，体现了投资银行间较大的绩效差异，而对我国投资银行业盈利的分布结构进行分析亦显示我国投资银行利润率的标准差较高，利润率分布较为离散，投资银行业表现出较大的盈利水平的不平衡（姜占英，2011）。由此可见，我国投资银行业正处于竞争加剧与绩效分化共存的行业状态。

在这一行业的转型时期，对投资银行的战略与绩效进行研究具有重要的现实意义：一方面，此类研究有助于深入理解投资银行战略行为和绩效差异的原因及其背后的机理，这对日趋重视承销合作网络的投资银行的战略选择（特别是合作对象的选择）以及投资银行绩效提升都具有重要的实践指导价值；另一方面，厘清投资银行战略行为产生原因及其对绩效的作用机理，有助于监管者和行业自律组织更好地引导各类承销机构，促进投资银行业健康稳定的发展。

二、理论背景

就 19 世纪即已存在的投资银行业而言，对投资银行的研究长期以来远远滞后于该行业的实际发展。在古典经济学中并没有系统的金融中介理论，直至科斯提出企业理论后，与投资银行密切相关的金融中介理论才逐步发展起来并成为金融理论的重要组成部分。20 世纪 70 年代以来，博弈论与信息经济学的蓬勃发展则进一步推动了投资银行研究的前进。近年来，对投资银行的研究出现了以下两方面的新趋势：

1. 承销合作网络成为研究新视角

对投资银行的战略和绩效的研究始于 20 世纪 80 年代初，长期以来，学者们对于投资银行绩效的研究基本上采用内部资源视角，即将投资银行作为一个相对独立的特殊企业，通过剖析投资银行内部资源与内在能力，揭示它们对投资银行战略和绩效的影响方式及作用机理。

随着企业间网络研究视角的兴起，投资银行承销合作网络现象引起了研究人员的关注。学者们逐渐认识到承销合作网络对于投资银行战略行为与绩效的重要影响。对承销合作网络的理论研究显示，该网络在投资银行分散承销风险、拓宽证券销售渠道、获取行业承销资源、发现承销项目参与机会、提升行业声望与地位等诸多方面发挥着重要的作用（Pollock 等，2004）。Podolny（2000）指出投资银行业是"关系导向型"（Relationship-oriented）的产业，投资银行之间组成承销团进行合作承销不仅是行业惯例使然，更是投资银行多方面需求的体现。

随着相关数据库的完善，近年来研究人员开始对美国、加拿大、英国等资本市场相对发达国家的承销合作网络进行研究；在经济学和管理学的国际顶级期刊诸如 *Academy of Management Review*，*Administrative Science Quarterly*，*Journal of Financial Economics* 等刊物上发表的关于承销合作网络的论文也逐渐增多。一方面，人们对承销合作网络本身诸如网络密度、结构洞、小世界现象等网络拓扑结构与特性的理解逐渐加深（Baum 等，2003；Rowley 等，2004）；另一方面，学者们在承销合作网络的微观对偶关系（dyad）与宏观行业网络两个层面就投资银行间网络关系对其战略与绩效的作用进行了深入的研究。在微观对偶层面上，学者们主要通过投资银行承销合作双方的合作惯性、互惠性、历史合作结果、资源互补以及地位差异等因素来揭示投资银行选择特定对象进行合作的原因，以及合作关系对合作双方绩效的作用（Chuang 等，2000；Li 和 Rowley，2002）。而在宏观行业网络层面上，学者们则主要通过网络密度、投资银行的网络中心度及其所代表的行业地位、投资银行跨越的网络结构洞等一系列网络结构与网络位置因素来解释承销合作网络对投资银行战略与绩效的影响。

2. 网络视角与传统视角的融合

长期以来学者们从传统的内部资源视角出发分析投资银行内部资源与能力对投资银行战略行为和绩效的影响，而忽略了承销合作网络这一关键因素。关键解释变量的缺失导致了传统视角实证研究结论的混乱与理论模型的矛盾。从新兴的网络视角出发的尝试和探索却又将对投资银行的研究推向了另一个极端：采取承销合作网络视角的学者们仅关注投资银行间的关系、投资银行的网络位置及其焦点网络的结构等因素，而忽略了投资银行内部的环境、资源与能力。Shipilov（2006）认为研究投资银行的学者间缺乏足够的交流，并借用网络结构洞概念指出采取网络视角的学者与采取传统视角的学者间存在巨大的结构空洞。

正如 Baum（2005）所指出的，采用网络视角的研究关注的是投资银行节点间的关系，而采用传统视角的研究关注的是投资银行节点本身的属性，网络视角的研究将投资银行节点弱化为古典经济学的原子态无差异行动者存在较大的问题。事实上，投资银行的战略与绩效往往是其资源、能力等内部因素与其所嵌入的行业网络外部因素共同作用的结果，仅从任何一方面出发都不能全面、准确地解释和刻画投资银行战略行为成因及绩效影响机理。鉴于此，部分学者尝试从网络视角与传统视角融合的混合视角出发来研究投资银行。例如，Shipilov（2006）在跨越承销合作网络结构洞数量对投资银行绩效影响的研究中，将投资银行自身的经营业务范围这一内部因素作为影响绩效的权变因素；而 Rowley 和 Li（2008）则将投资银行的分析师质量这一内部资源因素与投资银行的网络中心度相结合分析这两者与绩效之间三方交互作用的关系。这些文献都显示了对投资银行的研究向混合视角发展的趋势。

虽然由网络视角或混合视角出发对投资银行的研究拓展了研究边界，加深了人们对投资银行战略行为与绩效的理解，但现有研究仍存在不少问题。例如，对中观网络结构缺乏关注，投资银行合作对象选择战略对其绩效的影响在不同实证研究中结果不一致等，而融合了网络视角与传统视角的研究也尚处于起步期。这些缺口都有待进一步研究加以弥合。

第二节　研究问题的提出

从以上现实和理论背景的分析可以看出，我国投资银行业正经历由依赖社会网络和市场资金的粗放式经营模式转化为依赖自身定价能力和承销合作网络的集约式经营模式的转型期，亟须相关理论的指引。进入 21 世纪以来采用承销合作网络新视角对投资银行战略与绩效的研究正好能够提供一定程度的理论支持。但是现有的研究仍存在不少理论缺口：

第一，现有的研究对投资银行间微观对偶关系与宏观行业网络都给予了较多的关注，而对介于两者之间，紧密包围在投资银行个体周围的中观网络结构（Meso-level Network Structure）却缺乏应有的重视。第二，目前对投资银行同一战略行为的绩效影响存在不同的实证结果，这表明投资银行战略选择对绩效的影响机理尚未被完全厘清。第三，融合了网络视角与传统视角的研究仍处于起步阶段，现有不少研究仅从其中一个视角出发，或强调网络结构与位置或强调内部资源与能力，对投资银行的战略选择成因与绩效影响因素缺乏全面的分析。第四，现有关于投资银行承销合作网络的文献中以发达工业国家资本市场为对象的研究占了绝大多数，而对新兴市场承销合作网络的研究基本处于空白状态。

因此，本书尝试针对以上这些理论缺口开展进一步研究，就以下三方面的问题给予回答：

1. 网络小团体合作环境对投资银行战略选择的影响

部分学者指出，像小团体（Clique）这样的中观网络结构对行动者形成紧密的包围且对之施加直接的影响，因此具有十分重要的意义（Gulati，1999；Rowley 等，2005）。虽然小团体的存在具有相当高的普遍性且对其内部行动者的战略行为和绩效产生直接影响，但是对小团体的研究却相对较少。目前的研究更多地将重点放在了微观对偶关系层面与宏观行业网络整体层面，对介于两者之间的中观结构缺乏应有的关注，对于小团体环境对其内行动者战略行为与绩效的影响机理亦未有明晰的阐释。

就网络行动者的"根植—拓展"战略选择而言，选择小团体内部成员作为合作对象的网络根植行为体现的是对现有资源与合作关系的深度挖掘，而选择小团体外部行动者为合作对象的网络拓展行为更多体现的是对未知信息与资源的广泛探索。作为其中关键因素的小团体在投资银行该类战略选择中起到了何种作用，这是本书希望回答的第一个问题。为更深入地了解小团体对投资银行的影响，本书识别出规模相似性、功能互补性、行动者根植性这三个小团体合作环境因素，并在此基础上阐释了它们对投资银行战略选择的作用机理。

2. 投资银行绩效预期缺口对其战略选择的影响

组织的战略选择是其所处内外因素共同作用的结果。投资银行是选择采取网络根植行为还是网络拓展行为，除受外部小团体合作环境的网络因素影响外还受到投资银行内部因素的影响。为全面深入地了解投资银行该类战略选择的原因，本书对其内部的绩效预期缺口亦作了相应分析。学习理论指出，绩效反馈对组织的风险性战略行为有着极其重要的影响（Greve，2003）。投资银行将当前绩效与历史绩效以及同类投资银行绩效进行比较所产生的绩效实际值与预期值之间的差距对投资银行采取保守型的网络根植行为还是风险型的网络拓展行为的战略选择有何影响，这是本书希望回答的第二个问题。

对以上两个问题的回答，是本书对投资银行战略选择研究的一个拓展。由于现有研究对中观层面的局部网络结构缺乏关注，对投资银行在局部网络根植抑或是拓展的战略选择的研究也处于空缺状态，而上述两个问题的回答可以在一定程度上加深对投资银行战略行为的理解，为投资银行的理性战略选择以及相关部门的引导提供参考。

3. 投资银行战略选择对其绩效的影响

组织的战略选择是在现有信息、资源与环境的限定条件下最大化其绩效的行为结果，投资银行对网络根植行为或网络拓展行为的战略选择亦是以最大化绩效为目的。然而现有实证研究结果的不一致却表明投资银行拓展式战略行为对其绩效的影响机理并非简单的单向关系。Rowley 等（2004）通过对加拿大投资银行业的实证分析认为，跨越结构洞的拓展式的合作对象选择行为将对投资银行的市场绩效产生正面影响；而 Shipilov 和 Li（2008）对英国投资银行业的研究则显示跨越结构洞选择合作对象虽然有利于投资银行积累行业地位，却不利于其市场绩效。

上述实证结果的不一致显示了现有理论无法很好地解释投资银行此类战略选择对其绩效的作用。投资银行跨越小团体间结构洞的网络拓展行为对其绩效究竟产生何种影响，其背后的作用机理又是如何，这是本书希望回答的第三个问题。为打开这一理论"黑箱"，本书将投资银行绩效分解为承销机会与承销合作契合度两个维度，并分别就投资银行网络拓展行为对两者的影响进行理论分析与实证检验。

第三节　关键概念的界定

一、投资银行与承销

投资银行（Investment Bank）是从事证券发行承销、交易、企业重组、并购、各类投资分析、风险投资、项目融资等业务的金融机构。其中，证券承销是投资银行最主要的业务。其余业务由投资银行在证券承销发展过程中衍生而来（韩复龄，2009）。例如，由于交易市场内的经纪与自营业务对于投资银行证券发行承销业务具有较大助益，投资银行亦逐渐涉足证券交易市场。

投资银行是证券和股份公司制度发展到特定阶段的产物，是发达证券市场和成熟金融体系的重要主体，在现代社会经济发展中发挥着解决证券发行人与投资者信息不对称问题、沟通资金供求、构造证券市场、推动企业并购、促进产业集中和规模经济形成、优化资源配置等重要作用。

在全球各地由于文化差异、法律法规不同等原因，投资银行的形式也千差万别。投资银行这一称谓通行于北美和欧洲大陆，英国称之为商人银行（Merchant Bank），在日本则指证券公司（Securities Company）。在我国内地并没有本土的专门投资银行机构，资本市场的投资银行功能由各类证券公司（券商）的投资银行部承担。但投资银行部在证券公司内部具有较高的自主性，在人事、行政管理、资金等各方面与证券公司其他如自营业务部、经纪业务部等证券交易市场部门相对独立。中国投资银行业务中以证券发行承销业务为主，其盈利的绝大多数来自证券承销所收取的承销费用。之所以形成这样的投资银行模式，是由于我国的投资银行业务是从满足证券发行与交易的需要不断发展起来的。从我国的实践看，投资银行业务最初是由商业银行来完成的，商业银行不仅是金融工具的主要发行者，也是掌管金融资产量最大的金融机构。20 世纪 80 年代中后期，随着我国开放证券流通市场，原有商业银行的证券业务逐渐被分离出来，各地区先后成立了一大批证券公司，形成了以证券公司为主的证券市场中介机构体系。在随后的十余年里，证券公司逐渐成为我国投资银行业务的主体（韩复龄，2009）。

投资银行是与商业银行相对应的一个概念，是现代金融业适应现代经济发展形成的一个新兴行业。它区别于其他相关行业的显著特点是：其一，它属于金融服务业，这是区别于一般性咨询、中介服务业的标志；其二，它主要服务于资本市场，这是区别于商业银行的标志；其三，它是智力密集型行业，这是区别于其他资本密集型专业性金融服务机构的标志。

当一家企业（证券发行人）通过证券市场筹集资金时，通常需要聘请投资银行来帮助它销售证券。投资银行利用自身的专业技能为证券发行人设计证券、制定合理价格，并借助自己在资本市场上的信誉和营业网点，在规定的发行有效期限内将证券销售出去，这一过程称为承销（谢百三，2009）。

从证券承销实践看，证券承销（Underwriting）主要有代销和包销两种方式。其中，包销在我国证券销售中占了绝大多数。所谓证券包销是指在证券发行时，承销商以自己的资金购买计划发行的全部或部分证券，然后再向公众出售，承销期满时未销出部分仍由承销商自己持有的一种承销方式。证券包销又分两种方式：一种全额包销，另一种是定额包销。全额包销是承销商承购发行的全部证券，承销商将按合同约定支付给发行人证券的资金总额。定额包销是承销商承购发行人发行的部分证券。无论是全额包销，还是定额包销，发行人与承销商之间形成的关系都是证券买卖关系。在承销过程中未售出的证券，其所有权属于承销商。

二、承销团与承销合作网络

承销团承销（Underwriting Syndicate），亦称联合承销、合作承销，是指两个或两个以上的投资银行共同接受发行人的委托向社会公开发售某一证券的承销方式。由两个以上的承销商组成的承销机构称为承销团。

在进行合作承销的过程中，牵头进行承销并承担较大份额的投资银行被称为主承销商（Lead Manager），而主承销商则根据以往的承销团组成以及合作结果、承销对象的行业、承销所需的专业知识、一级市场分销渠道等多方面因素选择副主承销商（Co-Lead Manager）组成承销团（Li 和 Rowley，2002）。在香港资本市场上，主承销商被称为牵头经办人，而副主承销商被称为副牵头经办人。投资银行间承销的合作关系不仅向投资银行提供了参与未来承销项目的机会也是投资银行提升自身声望的媒介，组成承销团进行承销不仅是投资银行业的惯例也是资源获取的重要渠道（Chuang、Singh 和 Lee，2000；Li 和 Rowley，2002）。美国证券市场 20 世纪 90 年代 60% 以上的 IPO 承销由投资银行合作承销（Pollock、Porac 和 Wade，2004）。Rowley 等（2005）的研究则显示 1952～1990 年 50% 以上加拿大市场上的 IPO 承销由投资银行组成承销团合作承销。出于分散风险的角度考虑，我国证券法第三十二条也规定向不特定对象发行的证券票面总值超过 5000 万元的，应当由承销团承销。由于投资银行通常通过组成承销团的方式来分散风险并获取更精准定价的能力与更大的投资者市场，该行业被称为是"关系导向型"行业（Baum、Rowley 和 Shipilov，2004）。在一段时间内由承销团成员合作关系总和而形成的体现行业内关系的企业间网络即为承销合作网络。研究表明承销合作网络在投资银行分散承销风险、拓宽证券销售渠道、获取行业承销资源、发现承销项目参与机会、提升行业声望与地位等诸多方面发挥着重要的作用（Li 和 Rowley，2002；Pollock、Porac 和 Wade，2004；Pollock 等，2004；Rowley 等，2005）。

第四节　研究框架、技术路线与章节安排

一、研究逻辑框架

本书的基本思路是，基于目前投资银行业转型的现实背景以及相关研究的理论缺口，提出影响投资银行"根植—拓展"战略选择的内外因素以及该战略选择对其绩效影响这一研究主题。综合运用相关网络理论与绩效反馈理论，本书建构了投资银行外部小团体合作环境因素与其内部绩效预期缺口因素共同作用于其战略选择，以及该战略选择对投资银行绩效不同维度的正负双向作用机制的概念模型。本书认为投资银行所属小团体中规模相似性、功能互补性、小团体根植性等环境因素在外部对其战略选择产生重要影响；投资银行绩效预期缺口以及各类预期缺口组合的交互共同影响在内部对其战略选择亦产生重要影响，而投资银行战略选择对其承销合作机会与承销合作契合度两个绩效维度施加正负双向作用。基于以上思路，本书的逻辑框架如图1-1所示。

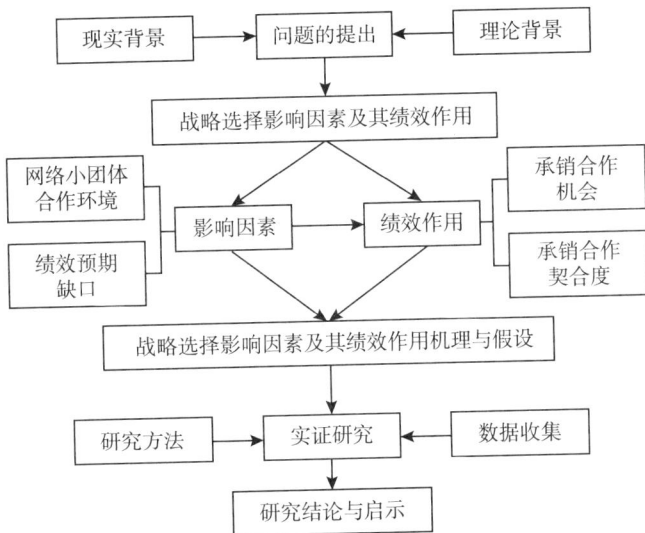

图1-1　本书的逻辑框架

二、研究技术路线

本书在文献阅读与实际现象观察的基础上，构建了投资银行战略选择影响因素及其绩效作用机理的概念模型，并对相关变量进行了可操作化设计，在此基础上形成了可以验证的理论假设。为验证这种理论推断是否成立，本书采用了 STATA、SPSS、MATLAB、UCINET、NETDRAW 等专业软件对基于理论分析推导出的概念模型进行了实证分析。本书的技术路线如图 1-2 所示。

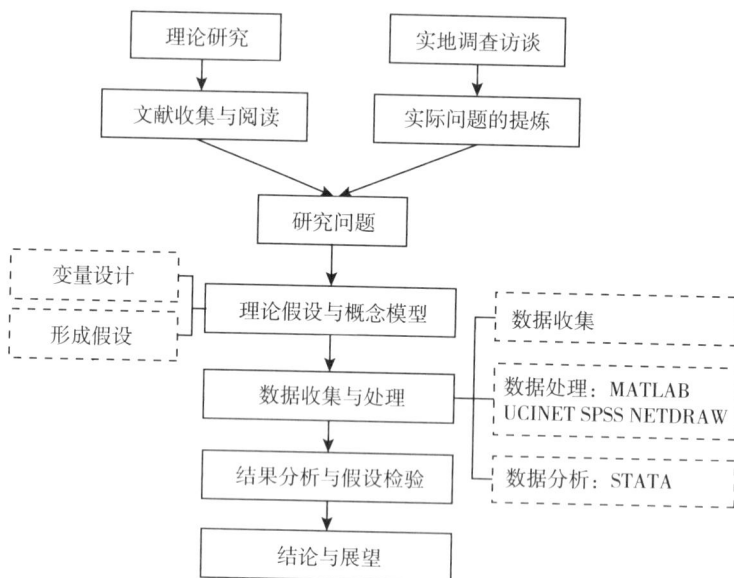

图 1-2　本书的技术路线

三、章节安排

在上述研究逻辑和技术路线的指导下，本书从理论与实证分析相结合的角度出发，分七个章节对投资银行战略选择和绩效影响问题展开讨论。

第一章：绪论。第一章在阐述了本研究的现实和理论背景的基础上提出了相应的研究问题，并对研究中所涉及的关键概念进行了界定。通过研究逻辑框架、技术路线和章节安排的说明介绍了全书的总体思路，并在章节的最后对本研究的意义与创新点进行了归纳总结。

第二章：国内外相关文献回顾。围绕本书所涉及的研究问题，第二章介绍并总结了企业间网络领域的相关理论以及理论发展方向，并通过传统的内部资源视角和逐渐兴起的承销合作网络视角综述了国内外学者在投资银行战略与绩效方面所取得的研究成果和存在的不足，为本书理论框架的建立和实证研究方法的采用提供依据。

第三章：投资银行业承销合作网络拓扑结构分析。第三章以我国香港投资银行业承销合作网络为例，在阐述了该网络历史演化过程的基础上，对其小世界现象及小团体结构等网络拓扑结构作了一定的分析，为本书第四章的理论概念模型建构中小团体内部合作环境、跨小团体边界和结构洞的网络拓展行为，以及小团体内部合作的网络根植行为等方面，提供了更具针对性的理论依据与实证证据。

第四章：投资银行战略选择及其绩效影响：概念模型与研究假设。结合第二章对文献的梳理和第三章对承销合作网络拓扑结构的分析，根据访谈结果和对研究问题的理论分析，第四章构建了投资银行"根植—拓展"战略选择的影响因素及该战略选择对绩效正负双向作用的理论模型，并提出了有待进一步研究检验的假设。

第五章：数据收集与研究设计。第五章首先介绍了本书所采用数据的来源与收集过程，说明了事件矩阵、相邻矩阵、承销合作网络的构筑方法，以及投资银行小团体的实证识别方法。在此基础上综合相关文献对概念模型中所涉及的变量进行了概念化和操作化处理，并描述了各个变量的定义、测度指标，以及所使用的数据整理、分析工具和方法。

第六章：投资银行战略选择及其绩效影响：实证研究与假设检验。第六章在第五章的基础上对面板数据进行随机效应广义回归分析，对第四章所提出的假设进行检验，并对实证分析结果进行了解释与讨论。

第七章：研究结论与展望。本书最后一章概括了全书的论证过程，并归纳了主要的结论，说明了本书的理论价值，并依据研究结论对我国投资银行业的实践提出了相关意见与建议。第七章最后总结了研究存在的局限性与不足之处，并提出进一步深入探讨的方向，以供其他相关研究参考。

第五节　研究创新说明

现有针对投资银行承销合作网络的研究对介于微观对偶关系与宏观行业网络间的中观网络结构缺乏应有的关注，导致了对小团体这类局部网络的研究存在较大的理论缺口。学者们虽然认识到了小团体结构与环境对其内行动者战略与绩效的重要作用，却未阐释其具体作用机制。本书的研究从中观层面出发，阐释了影响投资银行在局部网络内"根植—拓展"战略选择的内外因素以及该战略选择对绩效的作用机制，具有一定的开创性和启发性。

相关研究实证结果的不一致表明投资银行跨越结构洞的网络拓展战略对其绩效的作用机理尚未被完全厘清。本书将绩效分解为承销机会与承销合作契合度两个维度，并分别分析了投资银行跨越小团体间结构洞的战略行为对这两个绩效维度的正负双向作用，明晰了跨结构洞合作伙伴选择战略对绩效的作用机理，解释了目前研究结果的分歧产生原因，在一定程度上弥合了现有理论的缺口。

此外，目前承销合作网络方面的文献均以欧美发达国家资本市场为研究对象，对世界其他资本市场承销合作网络的研究基本处于空白状态。而具有世界第三大金融中心以及中国特区双重身份的香港，其投资银行业对内地投资银行业有着重要且直接的影响，本书通过该市场 1994～2010 年承销公开数据对理论框架进行验证，为内地投资银行业提供了针对性较强的指导和借鉴，并在一定程度上填补了欧美发达国家以外承销合作网络研究的空白。

具体而言，在相关研究的基础上本书的研究取得的研究进展与创新之处可以归纳为以下四个方面：

（1）由中观结构视角出发，阐明了影响投资银行在局部网络中根植或拓展的战略选择的主要因素及其作用机理，弥补了微观对偶关系与宏观行业网络间的中间环节，为相关研究提供了新的研究视角。

现有研究对承销合作网络的微观对偶关系层面与宏观行业网络层面的问题研究较为深入，而对介于两者之间的中观局部网络缺乏关注，对投资银行在局部网络中根植抑或是拓展的战略选择的研究也处于空缺状态。本书聚焦于小团体这一普遍存在而又对其内行动者产生直接影响的中观网络结构，识别出影响投资银行战略选择的小团体合作环境因素，即规模差异性、功能互补性以及小团体根植性；并相应分析了以上三类因素对投资银行跨越小团体边界及其间结构洞选择合作伙伴的战略行为的影响。具体而言，与小团体内其他成员较高的规模差异程度、较低的功能互补程度，以及在小团体内较低的根植程度，均会导致投资银行采取跨越小团体边界及其间结构洞的网络拓展行为；反之，投资银行则倾向于采取在小团体选择合作对象的网络根植行为。本书所呈现的研究在一定程度上弥补了承销合作网络分析中微观层面与宏观层面间的中间环节，为投资银行承销合作网络的研究提供了新的视角。

（2）厘清了投资银行跨越结构洞的战略行为对绩效不同维度的正负双向作用机制，弥合了现有相关研究的分歧，深化了投资银行"行为—绩效"视角的研究。

现有理论在投资银行战略选择的绩效影响方面存在分歧，这一分歧在实证研究的结果上体现得较为突出。对加拿大投资银行业的研究显示跨越承销合作网络结构洞的合作对象选择行为对投资银行的市场绩效具有正面影响（Rowley等，2004）；而对英国投资银行业的实证分析则显示跨越结构洞选择合作对象虽然有利于投行积累行业地位，却不利于其市场绩效（Shipilov和Li，2008）。实证结果的不一致表明投资银行跨越结构洞的合作伙伴选择战略对其绩效的作用机理尚未被完全厘清。本书将投资银行绩效分解为承销合作机会与合作契合度两个维度，并在此基础上分析了投资银行跨越小团体间结构洞的战略行为对这两个绩效维度的差异性影响。这两个绩效维度指标的乘积即为现有研究最常用的市场绩效指标——承销总额，但跨越结构洞的网络拓展行为对这两个绩效维度的作用效果却正好相反。通过实证分析，本书的研究验证了投资银行跨越结构洞的网络拓展行为对其绩效的正负双向作用机制，解释了现有研究结果分歧的产生原因，在一定程度上弥合了相关理论缺口，深化了投资银行"行为—绩效"视角的研究。

（3）明晰了投资银行实际绩效与绩效预期间的缺口对其"根植—拓展"战略选择的影响，丰富了绩效反馈理论。

现有针对投资银行合作伙伴选择行为的研究多以网络位置或网络结构作为解释变量，而对投资银行内部因素关注较少。为全面深入地了解投资银行"根植—拓展"战略选择的影响因素，本书除外部网络环境因素外，亦分析了绩效预期缺口这一影响投资银行战略选择的重要内部因素。绩效反馈理论虽然阐释了企业绩效与其预期之间的缺口对企业风险行为的重要影响，却对各类绩效预期缺口的交互作用、共同影响缺乏系统解释。本书的研究将绩效预期缺口划分为反映绩效运动趋势的历史缺口和对比同类投资银行绩效所形成的同类缺口，并分析了各类绩效预期缺口组合交互作用以及对投资银行风险性的网络拓展战略的影响，在一定程度上丰富了绩效反馈理论，并为相关的研究提供了借鉴。

（4）以香港投资银行业实证对象的研究结果为内地投资银行业提供了针对性较强的指导和借鉴，填补了对发达地区以外承销合作网络研究的空白，亦为国内相关实证研究的开展提供相应的参考。

本书的研究选择香港投资银行业作为实证研究对象，并对理论框架进行验证。选择香港投资银行业及其承销合作网络主要出于以下原因：我国的许多投资银行在中国内地和中国香港均广泛开展业务。作为我国投资银行业的重要组成部分，香港投资银行业对内地投资银行业有着直接且重要的影响，而作为世界第三大金融中心，香港投资银行业经过多年的发展已相当成熟。以香港投资银行业及其承销合作网络为实证对象的研究结果为内地投资银行业提供了针对性较强的指导和借鉴。此外，目前承销合作网络方面的文献均以发达地区资本市场为研究对象，对世界其他资本市场承销合作网络的研究基本处于空白状态。本书亦在一定程度上填补了该类实证研究的空白。

第二章 国内外相关文献回顾

第一节 企业间网络相关理论与评述

一、企业间网络研究概述

在研究企业战略行为与绩效为何存在巨大差异的过程中，学者们通常将各类企业视为独立的个体；企业通过产业内的外部资源（Porter，1980）或企业的内在能力与内部资源（Barney，1991）来确立自己的竞争优势。然而在现实中，企业往往根植于各类社会性的与工具性的（Instrumental）网络中，并与其他的企业进行直接或间接的关系交换（Granovetter，1985；Gulati，1998；Galaskiewicz 和 Zaheer，1999；Jensen，2003；Katila 等，2008；Gargiulo 等，2009）。将企业视为在市场上相互竞争的原子型行动者的研究视角逐渐显露出其不足之处，越来越多的学者采用关系性的研究方法来深化对企业战略行为、绩效差异的理解。

现有研究表明，企业的关系网络在为企业带来机遇的同时也制约着企业的发展。企业间网络（Interfirm Network）能够在信息、资源、技术获取与市场开拓等方面对企业形成支持，向企业提供知识学习、规模经济与范围经济等方面的优势，并且能够协助企业达到分担风险、借用外部资源等战略目标。但是企业间网络也可能将企业锁定在非建设性关系中，或妨碍它与其他潜在可行的企业合作。

从 20 世纪 80 年代中期开始，关于企业间网络的文献大量涌现了出来。其中，对于合资企业的研究（Harrigan，1985；Kogut，1988）属于企业间网络理论中较早出现的研究方向。随后关于战略区块（Strategic Block）（Nohria 和 Garcia-Pont，1991）、供应商网络（Jarillo，1988；Dyer 和 Singh，1992）、联盟间学习（Hamel，Doz 和 Prahalad，1989）、企业间托拉斯（Gulati，1995；Zaheer 和 Venkatraman，1995）、网络资源（Gulati，1999）、网络战略（Rowley 等，2004；Zaheer 和 Soda，2009）等各方面的研究，从各种理论视角、各个层次对企业间关系进行了深入探究。研究的重点也逐渐从对组织间关系形成的理解向网络对与嵌入其内的企业的影响倾斜，从解释企业间形成关系的动机向网络对企业战略行为及绩效的影响倾斜。举例来说，传统的竞争模型，例如 Porter（1980）在研究中所指出的，通常将研究重点集中在诸如规模、广告力度、产品相似性，以及价值链上的相互依赖等变量上，以期通过这些变量来理解企业间绩效的差异。但竞争的另一个重要影响因素，企业间网络中的位置，却被忽略了。Garcia-Pont 和 Nohria（2002）以及 Zaheer（1999）均指出与其他的行动者相比，占据相似网络位置的行动者之间的竞争更为激烈。此类占据相似的网络位置的行动者之间的激烈竞争是传统研究所忽视的。同样地，Dyer 和 Nobeoka（2000）认为，传统的交易成本理论强调通过管理成本的降低所获得的效率优势，而网络分析视角使得学者能够从优化企业的整个关系网络而不仅仅是单个交易关系的角度考虑战略优势以及对企业绩效的影响。

企业联盟以及其他各种形式的企业间关系在近年来的飞速发展使得利用传统非网络视角方法对企业战略与绩效的研究不足之处逐渐显现。例如：Gulati 和 Lawrence（2003）在对美国汽车业的研究中即指出该行业的一系列变化，如供应商数量急剧下降、长期合作关系的广泛采用，以及供应商在设计环节的介入等，使得不考虑企业所根植网络的产业研究完全失去了意义。企业间网络对于企业战略及绩效影响的文献回顾大致可以分为特有资源与能力、合约成本与协调成本、产业内局部网络结构，以及网络动态演化四个方面。

二、企业间网络与特有资源：企业资源视角

传统的企业资源观（RBV）认为只要企业所拥有或控制的资源是特有的且轻易无法替换的，该类资源就能为企业提供持续性的竞争优势（Peteraf，1993）。学者们通常在企业的内部寻找此类特有资源（Inimitable Resources），而采用企业资源观的研究却未对产生此类特有资源的过程给予过多关注。学者们通常假设特有资源与能力通过某种方式产生于企业内部。

主张应该突破企业边界去追溯此类特有资源与能力源泉的观点不仅为企业资源观注入了活力，更激发了对企业间网络的大量研究（Gulati，1999；Ahuja，2000；McEvily 和 Zaheer，1999；Brass 等，2004；Smith 等，2005；Burt，2007；Flynn 和 Wiltermuth，2010）。Brass 等（2004）认为企业间网络可以被视为产生企业特有资源与能力的源泉，或获取这些特有资源与能力的渠道，甚至可以被视为是特有资源本身。Gulati（1999）借用社会网络中个人关系网络的概念"社会资本"，提出将企业借助企业间网络获取的特有资源称为"网络资本"。因此从企业资源观的视角来看，产生特有资源与能力的一个重要源泉在于企业间网络。Gulati、Nohria 和 Zaheer（2000）认为企业间网络使企业能够从其所处环境中获取诸如信息、资本、商品、服务等维持或增强企业竞争优势的关键资源。由于企业网络是特有的且通过路径依赖过程产生（Gulati 和 Gargiulo，1999；Galaskiewicz 等，2006），企业的竞争者很难效仿或者找到替代品，并且企业获取的资源是通过所嵌入的特有网络产生的，因此获取的资源也是特有的和不可替代的。企业特有的网络与通过该网络获得的特有资源相结合形成企业持续竞争优势的源泉。

从特有资源与能力的视角出发，企业间网络对企业行为与绩效的影响可以通过从宏观到微观的四个层次来分析：宏观网络结构、局部网络隶属、对偶关系模式，以及个体网络管理能力。

1. 宏观网络结构

宏观网络结构（Network Structure）指的是企业所根植于网络的整体形态与格局。Gulati（1999）认为，企业间网络结构格局是独一无二的，因此存在

着向企业提供竞争优势的可能性；但是企业间网络结构同样也有可能将企业锁定在一个不利的战略位置，网络结构因此会对产业内的企业战略与绩效产生直接或间接的影响。现有的研究识别出了一系列影响产业以及产业内企业战略与绩效的因素，如网络密度、结构洞、结构对等性等。在这方面许多学者对企业间网络不同的侧面进行了研究并将其与企业绩效联系起来。吴结兵和徐梦周（2008）采用2001~2004年浙江9个纺织业集群为样本进行了实证分析，结果表明网络密度显著促进了集群效率的提高，但不利于集群效益的提升，其中网络密度通过集聚经济对集群效率产生正面影响，通过集体学习对集群效益产生负面影响。

在结构洞与开放式网络对绩效的影响方面，学者们进行了大量的研究。McEvily 和 Zaheer（1999）在对比了各个区域集群企业的企业间网络后指出具有较高冗余度（即较少结构洞）的网络通常只能获得较少的竞争优势。不少研究表明跨越结构洞有助于提升企业的生存概率以及成长机会（Baum、Calabrese 和 Silverman，2000；Powell、Koput 和 Owen-Smith，2005），提高企业人均收益（Koka 和 Prescott，2002），增加市场份额（Rowley 和 Baum，2004）与资本收益率（Rowley、Behrens 和 Krackhardt，2000；Bae 和 Gargiulo，2004；Guler 和 Guillen，2010），提高企业在行业内地位（Baum、Shipilov 和 Rowley，2003）与局部网络内地位（Rowley 和 Baum，2004；Mitsuhashi 和 Greve，2009；Vissa，2011）。但亦有文献指出跨越结构洞对于企业绩效有着负面的影响（Ahuja，2000；Dyer 和 Nobeoka，2000）。

焦点企业网络中直接关系与间接关系的整体格局也会对企业的绩效与行为产生影响。Gulati 和 Gargiulo（1999）指出企业不仅受益于与其他企业的直接关系，还受益于直接关联企业的网络关系。间接网络关系对焦点企业有着重要的绩效影响，但是从焦点企业设计经营网络关系的角度而言，对间接网络关系进行操纵非常困难。Zaheer 和 Zaheer（1997）指出构筑并使用广泛信息网络的货币交易企业具有极高的警觉度（alertness），该信息网络通常由大量的弱关系与间接关系构成，具有高中心度的特性，并且通常跨越多个地理区域。Hansen 等（2005）指出企业所嵌入的网络中间接关系的资源会为企业提供有价值的信息，该信息使企业能够比竞争对手更快地对变化做出反应，从而获得战略优势。

2. 局部网络隶属

局部网络隶属（Network Membership）指的是焦点企业网络参与者的地位、中心与边缘企业（中心度）、资源与信息获取等方面特性所定义的网络特征。Stuart、Hoang 和 Hybels（2004）认为特定的网络结构理论上存在被复制的可能性，而企业间网络的网络隶属则是具有特殊性的，由于焦点企业网络隶属的特有性，其被竞争对手复制的可能性很低。Phelps（2010）指出对于网络的新加入者或者局外人而言，企业间网络通常不会提供任何信息。Westney（1993）的研究显示，美国公司设立在日本的研发机构通常表现很差。其原因在于日本本土存在着一个联系着日本研发实验室、研发中心供应商以及客户的研发网络，而美国公司在日本的研发中心通常被锁定在该研发网络之外。

不少研究发现企业倾向于与自己地位相近的企业进行合作（Chung、Singh 和 Lee，2000；Li 和 Berta，2002；Chua 等，2008）。Shipilov（2005）认为企业的较高地位有助于提升企业经济绩效、抵抗生存危机，以及防止过度嵌入问题。Shipilov 和 Li（2008）进一步指出企业地位与绩效存在相互促进的交互作用。符正平和曾素英（2008）讨论了企业间网络对集群产业转移中企业转移模式和行动特征的影响。研究显示网络中心度越强，集群企业就越倾向于选择选择性转移，而网络中心度与企业转移行动特征没有显著相关关系。Rowley 等（2004）认为企业局部网络在整个产业网络中的中心度与局部网络内部成员企业绩效无显著相关性，但是子网络内部的企业中心度的非对等性却能提升成员企业的绩效。

3. 对偶关系模式

对偶关系模式（Tie Modality）指的是一组确立的规则与准则，该类规则与准则通常指导着行动者在网络中的行为。企业间的关系可能是强关系或是弱关系，是长期合作互惠互补的或是机会主义式的，是多维的或是单一的（蔡宁、潘松挺，2008），企业在其网络中创建并维持的关系模式对于企业的战略行为以及绩效有着明显的影响。Dyer 和 Nobeoka（2000）的研究显示了由于焦点企业历史及声望的原因，某些关系模式不仅是有价值的而且是竞争者难以复制的。两位学者在研究丰田汽车在美国的供应商网络对丰田汽车的绩效影响时发现，该供应商网络是丰田汽车与供应商们长期信任积累的结果，并包含着丰田汽车使用该网络的复杂多维的动机。与之形成鲜明对比的是通用汽车试图通过与丰田汽车竞争的方式复制该供应商网络，其结果却十分失败。

从互惠关系模式的角度，不少学者指出企业倾向于与具有互惠关系的企业进行合作（Rowley 等，2005；Li 和 Rowley，2002）。Chung 等（2000）认为互惠行为为企业间渐进地建立信任提供了途径并帮助企业发展出一套基于未来互动预期的交易规范，在一定程度上缓解了逆向选择与道德风险问题。Li 和 Berta（2002）的研究指出实力较弱的企业通常通过密集的互惠交易来保证自己在与行业领头企业竞争中取得团队性优势。Baum 等（2003）认为企业间通过互惠关系来防止机会主义行为的产生，在一定程度上保证了企业绩效的稳定。

4. 个体网络管理能力

个体网络管理能力（Network Management Capability）指的是经营管理及有效利用企业间网络的经验与能力。除了网络结构、网络隶属以及关系模式之外，学者们还发现企业或多或少都具备一定的经营管理企业间网络的能力。Ring 和 Van de Ven（1994）以及 Kale 等（2000）认为企业的合作是一系列复杂的组织约定，该组织约定涉及多层次的内部支持问题，识别潜在合作伙伴的搜索问题，以及详细的谈判与合约制定问题。Dyer 和 Singh（1998）认为经营管理企业间网络涉及使用合适的监督管理机制，发展企业间知识共享惯例，进行对特定企业关系的合理投资，开展针对合作关系的必要组织变动以及调整对合作伙伴的预期等一系列问题。由于上述构筑及经营企业间网络中所面临的各项挑战，网络管理能力可被视为是一项重要资源，拥有经营管理及有效利用企业间网络的经验与能力对于内嵌于网络中的企业有着显著的绩效影响。Anand 和 Khanna（2000）的研究发现随着时间的推移，历史上已经形成大量网络关系的企业能够从企业间合作中创造更大的价值。该类拥有大量网络关系的企业不仅构筑了被金融市场解读为创造价值的合作关系（以股价上升的形式表现出来），而且能够从同一合作关系中获取比合作对象更多的利益（Shipilov，2006）。这一研究结果表明企业能够从合作中获取合作经验并提升网络管理能力，进而提升自身的绩效。

通过上述四个方面的文献整理可以看出，与其他的诸如厂房、品牌或研发能力等有形或无形资产一样，一个企业所嵌入的企业间网络及网络能力也代表了对其绩效产生重大影响的资源与能力。

三、企业间网络与合约成本：交易成本视角

现有的大量研究关注于企业究竟应该自己生产还是通过市场购买特定商品或服务的问题，近年来这一问题的研究拓展到了企业间网络的领域。从企业间网络的角度来看，企业间合作，作为并购、剥离或内部发展的替代方案，可被视为是内部生产与市场购买外的第三条路。

对"生产还是购买"问题的研究深受交易成本理论的影响，该理论强调的是任何交易中所固有的合约风险（Williamson，1985）。根据这一观点，当市场上投机主义横行、交易成本畸高的时候，科层制管理结构是较好的选择；而在合约能够较容易书面化实现，履行合约成本较低、风险较小，因而交易成本较低的情况下，市场交易更受欢迎。Piskorski 和 Nohria（2005）认为如果将这一模式延伸到企业间网络领域，则可以认为在交易成本没有高到需要科层制管理，但也没有低到可以完全使用市场交易的情况下，企业间合作机制将是较为合理的选择。

Gulati（1995）认为以前研究的一个重要局限在于将每笔交易都假设为离散事件，但事实上大部分交易都是嵌入在企业之间的交易历史、关系历史，以及较广范围的企业间网络的背景中的，对于交易成本与合约问题的研究分析也因此要做出实质性修正。Barney 和 Hansen（1994）认为网络嵌入性的重要理论影响在于网络增强了企业间的信任，因而降低了企业合作初期时对双方的道德风险的预期。企业间信任是指合作伙伴相信对方企业不会利用自身弱点的信心。Zaheer 和 Soda（2009）指出企业间网络提升了企业相互信任并通过一系列机制降低交易成本。企业间网络使企业能够更多更好地获取网络成员的信

息：网络关系是推荐信息的重要来源，此类推荐信息使可能成为合作伙伴的企业搜索到并识别出相互的能力。企业间网络还能协助合作双方获得更多关于合作对象资源与能力的信息，促进合作企业间的相互评估并增强对评估结果的信心。总之，企业间网络极大缓解了造成高昂合约成本的信息不对称问题。

通过使机会主义行为承担更多成本的声望效应，企业间网络可以进一步降低交易成本。Gulati 等（2000）指出，假如某个嵌入在网络中的企业采用机会主义行为，其声望就会受到一定的损失，声望损失不仅影响到企业当前的合作，而且会通过网络关系影响到该企业同期的其他合作对象，因此嵌入在网络中的企业采用机会主义行为的成本更为高昂。

Rowley 等（2005）进一步指出，由于网络使机会主义行为被感知的可能性提高，而且该类信息在网络中以较快的信息传播，声望效应还影响到采用机会主义行为的企业与潜在合作者未来合作的可能性以及合作者对它的态度。企业声望需要通过较长时间去建立，而名声被毁只需要极短的时间，通过声望效应企业间网络对于机会主义行为具有较强的抑制作用。

因此企业间网络能够同时协助建立由信息扩散而产生的基于相互了解的信任，以及由名声效应而产生的基于威慑的信任。由网络行动者相互加强的预防措施降低了嵌入在网络中的企业间关系的合约成本与交易成本，并提升了企业通过这些关系所能获得的收益。Soda 等（2008）认为当上述的双重信任存在于企业关系中时，组织间合作就可以不依赖于在制定、监督以及实施方面都成本高昂的精细合约。

除降低交易成本外，企业间网络还能通过改进网络中企业的协调性来增加企业通过合作关系所产生的价值。Greve 等（2010）指出企业间的合作与联盟相互依赖性很强而且需要大量的项目协调，而企业间双重信任的存在对于企业间合作与联盟而言是效果极好的润滑剂。如果企业间之前存在网络关系，那么参与合作的企业通常会对相互间需要遵循的规则、惯例与程序非常熟悉。这样的网络结构使得参与合作或联盟的企业无须高成本的正式科层控制就能在一起紧密合作。

四、企业间局部网络

在传统的视角下，不少学者已经认识到产业内部并非同质。在同一产业内，部分企业相似性较高，因而能够聚集在一起组成一个战略团体。产业内的战略集群（Strategic Group）可以通过企业规模的相似性，从产品或服务的价格、特性、质量等各个维度衡量的相似性，企业技术相似性，以及客户群体的相似性等方面进行识别。Caves 和 Porter（1977）认为由于流动性壁垒问题企业难以跨越产业内战略集群边界。Cool 和 Schendel（1988）则进一步指出流动性壁垒解释了同一产业内企业的不同行为模式与绩效。然而关于战略集群的产生与影响在理论与实证方面仍然存在巨大的争议（Peteraf 和 Shanley，1997；Reagans 和 McEvily，2003；王晓娟，2007；符正平、曾素英，2008）。

企业间网络理论提供了刻画产业内结构的新视角。有的学者认为，企业以相似的方式利用企业间网络，通过这一相似性可以将这类企业战略集群识别出来（Fleming 和 Waguespack，2007）。但这种方法与传统的基于企业特质来识别战略集群的方法从概念上而言并未有太大的区别，更具创新性的方法是通过企业间的关系与交互作用来识别产业内集群或小团体现象。Zaheer（1999）利用处于全球电子交易网络中的银行类金融机构的交互关系来衡量全球货币交易产业的竞争结构，该竞争结构即衍生自基于连接客户组织的网络相似程度。Nohria 和 Garcia-Pont（1991）将全球汽车产业内的企业集群称为战略区块（Strategic Blocks），并指出这些战略区块或小团体（Clique）内的企业相互之间关系紧密但却不与同一产业内的其他企业具有合作关系。两位学者指出，在当时的汽车产业中围绕通用、福特与克莱斯勒三大美国汽车制造商形成战略区块，每个战略区块中包括一家主要的日本汽车制造商与一家韩国汽车制造商。企业被锁定在与同一区块内企业合作的状态，并被排除在与区块外企业合作之外，分属不同的小团体与战略区块导致了产业内企业盈利的差异。Piskorski 和 Nohria（2005）对于风险投资产业的战略合作网络的研究也显示出企业基于所属小团体的不同而表现出显著的绩效差异。但是 Rowley 等（2005）的研究结果显示，企业间网络小团体的内部结构与环境虽然对小团体的稳定性有着重要影响，与小团体内的企业绩效却没有显著的相关性。

导致同一产业内企业的绩效差异的一个重要原因是跨越战略集群的流动性壁垒。Rodan 和 Galunic（2004）认为在战略集群内企业间的关系网络对想要进入或离开某集群的企业形成了障碍，阻止了企业在同一产业内的自由流动，因此战略集群的网络既为企业提供了机遇也限制了企业的发展。综上所述可以看出如同传统视角下企业特性的相似性一样，企业间关系的相似性也是影响产业竞争格局与产业内企业绩效差异的重要因素。

五、企业间网络动态演化

早期对企业间网络的研究通常采用静态的视角，尽管有不少形式的企业间网络表现出稳定的性质，但随着时间的推移只发生较小的变化，大多数企业间网络呈现出较强的动态特性。随着研究的深入越来越多的学者对于网络的动态演化产生了浓厚的兴趣。

Madhavan、Koka 和 Prescott（1998）指出，不管是内在因素还是外部因素都在网络的演化过程中起着作用。推动网络演化的外生力量包括对产业的重大影响事件、技术突破以及环境变化。Nohria 和 Garcia-Pont（1991）指出日本汽车的竞争以及随之而来的美国与欧洲贸易保护主义的威胁导致了全球汽车产业在20世纪80年代的战略联盟格局。Powell 等（1996）发现基因重组与其他的生物技术的开发引发了现代生物技术产业所特有的广泛且庞大的企业间合作网络。Gulati 等（2000）指出计算机、通信以及媒体产业边界的融合使得这些以往相对独立的产业内的企业都融入到了同一个更大范围的企业间网络，与之同时发生的互联网的崛起则将这一庞大的企业间网络的融合上升到了一个新的层次。

外部的环境因素同样也可能引发企业间网络的瓦解。Gomes-Casseres（1996）的研究显示，为使 UNIX 系统在标准操作系统领域战胜 Windows 系统，许多 UNIX 相关企业曾形成多个企业间网络以增强竞争力。但当 Windows 系统明显处于优势地位后，这些企业间网络逐渐解散了。Sampson（2007）则注意到对境外直接投资的管制放松导致了许多连接发达国家跨国公司与发展中国家本土公司的企业间网络的崩溃。

企业间网络也可能因为内在因素而演化发展。Garcia - Pont 和 Nohria（2002）通过 20 世纪 80 年代全球汽车产业的网络形成过程表明由网络中某一行动者主导形成或解散的关系不仅影响着下一期该行动者自身的行为与绩效，还影响着它所连接的甚至处于同一产业但没有连接的其他行动者的行为与绩效。当一个行动者与其他行动者形成企业间关系后，其竞争对手也效仿性地与其他行动者形成联盟，该网络将很快由一个较为松散的网络转化为高密度的网络，而触发点则仅是第一个行动者的联盟战略。Gulati 和 Gargiulo（1999）则提出了另一种内生网络演化的可能性，企业间每一个连接关系都代表了信息的通道，当一个行动者形成或解散某个网络关系时，不仅是该行动者获取信息及机会的网络结构发生了变化，在这个网络中的许多其他的行动者获取信息及机会的结构也发生了变化。

上述内生与外生因素导致的网络动态演化对于嵌入在企业间网络中的行动者的竞争优势、战略行为以及绩效都有着显著的影响。关于企业间网络演化对企业行为与绩效的影响的研究文献主要集中在锁定效应、学习竞争以及网络战略三方面。

1. 锁定效应

在网络中当焦点行动者与某个其他行动者的关系对他与另外行动者的关系形成约束的时候，就出现了锁定效应（Lock-in and Lock-out Effects）。资源限制（Resource Constraint）与忠诚排他性（Fidelity Exclusion）是其中最为常见的网络约束条件。所有网络行动者用于建立并维持与其他行动者关系的资源都是有限的。由于时间与资源的限制，一个企业只能建立有限数量的合作与联盟关系。当焦点企业选择与网络中的一些企业形成合作关系，它就不得不放弃与其他企业合作的机会。这是最为常见的锁定效应约束条件。另一类约束条件来自于合作伙伴要求的对合作的忠诚，其中就包括将其他的行动者排除在合作关系外的行为。许多联盟关系是具有严格的单对单性质的，要求将其他具有相似功能的第三方排除在外。该类排他条款或是以详细合同的形式体现出来的，或是以对期望双方忠诚的预期这样隐性的形式体现的。由于忠诚排他性，焦点行动者在任意网络演进时期所做出的选择都可能将其锁定在某个特定的关系中，并将其排除在其他合作选择外。

Gomes-Casseres（1996）关于微型电脑产业的研究提供了一个关于锁定效应的案例，该案例清晰地表明了早期企业合作关系的选择会将企业锁定在一个特定的轨迹，并对其绩效产生长期而深远的影响。Gomes-Casseres描述了微型电脑产业中多个企业集群的演化过程。随着时间的推移，该产业竞争动态格局逐渐由原来的企业间的竞争转化为不同企业集群的生存竞争。在该产业内最初企业间关系选择所导致的锁定效应所带来的绩效影响是极为严重的：当RISC赢得了"UNIX战争"后，所有支持非RISC标准的企业集群都付出了极大的代价，多数对立集群内的企业倒闭或被收购。

较为强势的企业通常试图摆脱锁定效应，例如Gulati和Sytch（2005）指出该类企业经常采用的措施包括拒绝带有排他性条款的合作关系以及形成以自我为中心的广泛的企业间网络，在该网络中，每个与其他企业的关系都可被视为是一个实物期权，其价值取决于网络如何演进。Gulati等（2000）认为微软公司就是利用此类企业间网络关系期权的组合来保持自己在战略上的灵活性。但是在面对网络动态锁定效应，微软公司也不能完全免疫。例如：当LINUX操作系统的独立开发商与客户形成一个对抗Windows操作系统的企业间网络时，微软公司就被完全锁定在了该网络之外。

Rodan和Galunic（2004）认为网络动态演化导致的锁定效应是企业间绩效差异的重要原因之一。由于企业从产业网络的一个子网络向另一个子网络转移需要时间且存在较高成本，企业间网络内的流动存在壁垒。因此处于不同的企业间子网络将会导致企业具有不同的盈利水平。即便企业有能力形成大量类似实物期权的企业间关系，该类实物期权的价值取决于企业间关系在动态演化网络结构中的位置。行动者在网络演化早期所做出的选择对其绩效产生的影响将会随着时间的推移与网络的演化逐渐显现出来，由于网络结构的动态演化并不受制于单个行动者的行为，当影响显现之后，行动者试图改变这一影响的个体努力成效甚微。

2. 学习竞争

学习竞争（Learning Race）的结果对于企业间网络中的行动者的绩效影响

可以通过企业间对偶关系（Dyad）与企业间关系集合两个层次的分析加以阐述。任何企业间网络可以被分解为多个企业间对偶关系。Schwab 和 Miner（2008）认为在大多数企业间网络中，单个企业间关系既不是严格的竞争关系也不是严格的协同关系，通常而言形成网络关系的双方企业既有共同的利益也有各自的利益，企业间关系涉及多重混合动机。在大多数情况下，企业间形成合作关系是希望通过合作能够产生共同的收益，并以双方认可的形式分享该收益。然而合作双方所获取的知识、信息或者获取资源的渠道除了带来公共利益外还含有潜在的只能给合作中的一方专享的利益。Suarez（2005）认为在某些情况下，合作双方会发现他们身处一种竞争之中，它们必须尽其所能地学习并利用对方的资源，然后抢在对方之前脱离合作关系去最大程度利用专享利益。当合作双方中任意一方认识到从合作对象中汲取的资源给自己带来的专享利益超过合作的共同利益的时候，学习竞争就很有可能出现。Hamel、Doz 和 Pra-halad（1989）认为在许多日本企业与美国企业的合作关系中，美国企业最终处于竞争劣势。其原因在于日本企业在学习了美国企业能够提供的所有资源后解散了合作关系，并独自利用所习得知识的专享利益。不少学者接受了学习竞争的概念并将该概念进一步拓展，认为所有的单个企业间关系都应该被视为是学习竞争，合作双方中具有较高学习技巧与吸收能力的一方随着时间的推移能够获得合作收益中的较大份额（Cohen 和 Levinthal，1990；Mody，1993；Balkundi 和 Harrison，2006；Tortoriello 和 Krackhardt，2010）。

Khanna 等（2008）提出企业间关系的学习竞争受到合作双方各自的企业间关系集合的影响。假如合作双方中的一方只与一家企业有合作关系且没有在其他的行业领域可以使用从企业间关系中所学到的知识，对该企业而言合作的共同利益很有可能要高于快速汲取知识后退出合作的专享利益。但假如合作的一方拥有很多的企业间关系或者从合作关系中所汲取的知识能够用于其多个行业领域，对于该企业而言，潜在的专享利益很有可能要高于合作的共同利益，由此而产生使该企业快速汲取知识后退出合作利用专享利益的动机。因此行动者的焦点网络规模对于其学习竞争的选择具有显著的影响力。这一竞争的动态过程也会影响企业从其所嵌入企业间网络关系中获取的利益。

3. 网络战略

网络战略（Network Strategy）指的是企业感知到所处网络的结构、环境及位置带来的机遇与限制，并有意识地通过构建或解散网络关系的方式来使自己获得更好的网络位置，或更好地利用网络资源进而获得竞争优势的战略。Pollock、Porac 和 Wade（2004）以及戚桂清等（2009）认为，企业或多或少都能够认识到自己、合作伙伴以及竞争对手在企业间网络中的位置，对所处行业的网络结构亦有大致的把握。

Zaheer 和 Soda（2005）指出组织能够识别出产业网络的结构，且会主动寻找并利用散布在网络中的异质资源。两位学者采用意大利电视产业 1988~1999 年电视节目摄制组的合作数据所进行的实证研究表明，摄制组决策人员能够识别出电视行业中具有异质资源（不同的题材、构思、拍摄手法等）的组织，并主动寻求与之合作以获取该类异质资源，进而提升自己作品的创新性。Shipilov 和 Li（2008）也认为企业能够识别所处网络的结构并对网络的隶属关系有着较清晰的把握，例如，哪些企业处于中心位置，哪些是边缘的影响力较弱的企业。两位学者还认为企业会主动跨越结构洞以获取信息优势与中介优势。

Rowley 和 Baum（2004）则指出，企业在感知所处网络时是有限理性的。对于网络的整体把握需要较全面的信息，对复杂网络结构的认识则需要对网络有更为全面深入的理解，因此企业在识别网络结构时会产生一定的偏差。Rowley 和 Baum（2004）的实证研究显示企业会主动选择建立跨越结构洞的合作关系以获取竞争优势，但对于所跨越的结构洞的受限程度却无法做出很好的评估。

第二节　内部资源视角下投资银行的战略与绩效

一、投资银行内部资源视角研究概述

投资银行是从事证券发行、承销、交易和并购等业务的金融机构，是资本市场上的主要金融中介，在解决证券发行人与投资者信息不对称问题、媒介资金供需、构造资本证券市场、优化资源配置等方面发挥着不可或缺的作用。然而对于投资银行的研究却远远滞后于其实际发展。古典经济学中并没有系统的金融中介理论，在科斯提出企业理论后，金融中介理论才逐步发展起来并成为金融理论的重要组成部分。20世纪70年代以来，博弈论与信息经济学的蓬勃发展进一步推动了投资银行研究的前进。

对于投资银行战略及绩效的研究始于20世纪80年代初，早期的学者对于投资银行绩效的研究基本上采用个体投资银行视角，即将投资银行作为一个相对独立的特殊企业，通过剖析投资银行内部资源与内在能力，揭示两者对于战略行为与绩效的影响方式及过程机理。个体投行视角的研究主要经历了两个发展阶段（见表2-1）：

表2-1 投行个体视角战略及绩效研究主要发展阶段

发展阶段	影响绩效因素	测度变量	测度方式	研究数据来源
第一阶段	内在能力	首日异常收益	间接测量	证券市场公开数据
		渐显异常收益		
		承销失败率		
第二阶段	内部资源	分析师资源	直接衡量	一级市场数据
		行业知识资源		公开出版物
		异质投资者资源		专业排名

资料来源：笔者整理。

第一阶段的研究集中于20世纪80年代到90年代中期，学者们在这一阶段主要研究的是投资银行的定价能力与承销能力对其绩效的影响。这个时期的研究虽然涉及少量战略行为维度，但更多的是研究对投资银行绩效的影响。由于投资银行内在能力难以直接测度，而公开市场数据较容易获得，这一阶段的学者普遍通过投行内在能力导致所承销证券在资本市场上的价格行为（Price Behavior）来窥视能力对绩效的影响。这一阶段研究的关键变量主要包括IPO首日异常收益、渐显异常收益以及承销失败率。

第二阶段始于 20 世纪 90 年代后期，第一阶段的研究虽然通过价格行为间接揭示了投资银行能力对绩效的影响，却无法解释投行之间为何存在能力的差异，以及采用何种战略以提高能力进而提升绩效的问题。随着对投资银行绩效研究的深入，越来越多的学者不满足于对投资银行能力间接的、黑箱般的刻画。学者们尝试着将决定投资银行定价能力与承销能力的资源因素细分，对于诸如分析师资源、行业知识资源和异质投资者资源等内部资源因素进行直接衡量与研究，并阐释这些因素对战略及绩效的影响机制。

二、资本市场价格行为对投资银行战略与绩效的影响

资本市场价格行为对投资银行战略与绩效的影响主要体现在首日异常收益、渐显异常收益与承销失败率三个方面：

1. IPO 首日异常收益

证券首次公开发行（IPO）的首日异常收益对投资银行绩效的研究源于对证券发行市场上信息不对称现象的思考。证券发行市场通常被认为是柠檬市场（Akerlof，1970）。Merton（1987）指出，对于寻求上市的证券发行方而言，对拟上市公司信息的掌握程度与其真实价值的了解要远远优于证券市场的投资者。证券发行方因此倾向于将其证券以高于实际价值的价格出售给投资者以获得更多的资金。Tinic（1988）认为该信息不对称问题可以通过内部人以信誉担保其所出售证券的价格未被高估的方式加以修正，其中最为有效也是应用最为广泛的担保机制即雇用投资银行进行证券承销。

Booth 和 Smith（1986）通过投资银行声誉模型展示了这个担保机制的原理，并提出投资银行的绩效是其承销证券上市首日异常收益（First-day Abnormal Return）的增函数。该模型显示，如果投资银行承销的证券事后被市场信息集合证明为定价过高，投资者将认为该投资银行研究与定价能力不足。这将对投资银行的声誉产生负面影响。投资者对该投资银行的定价信任度的降低将直接影响他们对未来该投资银行承销证券的需求。在证券交易市场上，历史信息的流动是高效通畅的，证券发行方能敏锐地察觉到这一需求变化（Hayes，1971），从而降低了该投资银行之后被雇用来承销证券的可能性。对证券过高

定价虽然在当前交易上有利于证券发行方，在未来却对该投资银行的绩效（市场份额）产生负面影响（Mauer 和 Senbet，1992）。由于 IPO 上市首日异常收益的计算是基于市场完全信息集合给予证券的合理定价与该证券发行价格两者之间的差价，价格高估的证券将会出现负的首日收益，而价格低估的证券则会出现正的首日收益，该指标被认为是对证券定价偏差或投资银行定价能力的一个衡量指标（Titman 和 Trueman，1986）。根据 Booth 和 Smith（1986）的声誉模型，投资银行所承销的证券的上市首日异常收益应对该投资银行的绩效有着正面的影响。

虽然 Booth 与 Smith 的投资银行声誉模型在理论上为许多学者所接受（Titman 和 Trueman，1986；Chemmanur 和 Fulghieri，1994；Hanley，1993；William 等，2002；Royal，2003），但一直无法获得实证支持。而 Beatty 和 Ritter（1986）的实证研究却得到了与该声誉模型相反的结论。两位学者通过对美国 1977~1982 年 1028 例普通股首次公开发行的数据进行的实证研究的结果表明，投资银行所承销股票的上市首日异常收益对该投行绩效有着负面影响。Beatty 和 Ritter（1986）认为对证券价格低估亦是投资银行定价能力较差的体现。上市首日异常收益对于证券发行人而言代表了融资的成本，这部分收益本应归入发行人所融得的资金，却因为投资银行对证券定价过低而损失，并使得证券发行方原有出资人的股权稀释。出于这样的考虑，未来证券发行方将不愿选择低估证券价格的投资银行，从而导致该投资银行未来的绩效降低。Maiden（2005）通过对著名投资银行所罗门兄弟公司的多个案例研究指出，潜在证券发行人在选择投资银行时，投行以往承销证券首日收益过高是重要的负面影响因素。

Dunbar（2000）的研究在一定程度上弥合了先前两派理论的分歧，该学者通过对 1984~1995 年美国证券市场上 3266 例 IPO 进行的实证研究发现：在将首日收益分为正负两个子集合后，投资银行所承销证券的价格无论是被市场判定为高估还是低估，都对该投资银行的绩效有着显著的负面影响，而且这一现象对于知名的投资银行而言更为显著。Dunbar 由此对先前的研究结果进行了整合，提出 IPO 上市首日异常收益对投资银行绩效的影响效果，取决于证券发行方与投资者在证券市场上的相对重要性。假如在市场上证券发行方的权重更大，投资银行绩效将与上市首日异常收益呈负相关关系；假如满足投资者需求更为重要，两者将呈现正相关关系；假如证券的发行方与投资方的权重相近，则投资银行绩效与上市首日异常收益的函数关系不再是单调的。

2. 渐显异常收益

随着对投资银行绩效影响因素研究的深入，部分学者（Ritter，1991；Loughran 和 Ritter，1995）发现市场并不能在证券上市后的较短时间内对其形成准确定价，由于投资银行对证券的定价偏差所引起的异常收益将在较长时间内逐渐显现出来，根据这种观点，假如 IPO 证券价格被高估，该证券将会在接下来较长的一段时间内形成一个负的渐显异常收益（Emerging Abnormal Return），反之亦然。IPO 上市首日异常收益并不是衡量投资银行定价能力完全合适的指标。有鉴于此，Nanda 等（1995）首先提出使用较为长期的渐显异常收益来进行投资银行的绩效影响分析。当投资者与未来的证券发行方都采用长期视角时，渐显异常收益对投资银行绩效的影响将与 IPO 上市首日异常收益相一致。

Scianni（2005）通过对北美地区资本市场的实证分析发现，上市股票长达一年的渐显异常收益的绝对值不利于承销该股票的投资银行声誉资本的积累。Nanda 和 Yun（1997）对在纽约证券交易所、美国证券交易所以及纳斯达克上交易，并于 1987 年 1 月至 1991 年 12 月进行 IPO 的 1331 个承销活动进行分析后发现，如果以一个星期的渐显异常收益来衡量投资银行的定价误差，本期所承销的证券价格高于该证券的市场公允价格会对投资银行的下一期市场份额产生显著的负面影响；如果所承销证券价格略低于市场公允价格（价格误差小于 10%），渐显异常收益将会对投资银行的市场份额产生正面影响，但如果承销价格远低于市场公允价格，渐显异常收益与投资银行的市场份额无显著线性关系。Geyfman 和 Yeager（2009）的研究则发现，如果是以承销团的形式进行 IPO 的承销，渐显异常收益对绩效的影响主要体现在作为主承销商的投资银行上。

Chemmanur 和 Fulghieri（1994）通过修正的投行声誉模型从另一个角度说

明了采用长期的异常收益的合理性，但是得出的研究结论却与前面所述的研究结论相左。在这个修正的投行声誉模型中，两位学者将拟发行证券公司分为两类：在证券发行后具有良好发展前景的公司与发展前景黯淡的公司。两者在上市后分别会产生正的和负的渐显异常收益。因为承销良好前景的公司会提升投资银行的声誉，在接受公司的承销邀请前，投资银行将依据其自身能力对公司进行评估，并且只接受具有良好前景的公司的承销任务，因为正的渐显异常收益通常为决策层（同时也是原始股持有者）带来好处，使得未来潜在的证券发行决策者倾向于选择该投资银行进行承销，所以承销具有正的长期渐显异常收益的证券有利于投资银行未来绩效的提升。Morrison 和 Wilhelm（2008）经过对多家上市公司的调研后发现，上市公司通常认为渐显异常收益部分是由投资银行对证券发行方的上市后支持与指导引起的，这一发现对渐显异常收益对投行绩效产生的正面影响形成了支持。

虽然以上多位学者都建议使用渐显异常收益，但较高的渐显异常收益在 Chemmanur 和 Fulghieri（1994）看来是因为投资银行识别优质企业的能力较强，在 Benvensite 和 Spindt（1989）看来是因为投资银行有较强的上市后辅导能力，其都会对投资银行绩效产生正面影响；而 Nanda 和 Yun（1997）则认为该变量是定价能力的指标，无论正负只要渐显异常收益偏离零就意味着投资银行没有形成精确定价，都将对投资银行绩效产生负面影响。

此外，行业自律缺失与监管不健全也会导致投资银行利用渐显异常收益来获得声誉支持，进而提高其未来获得承销项目的可能性。康萃娟（2005）对 2001~2004 年在上海证券交易所上市的 A 股新股进行了实证研究，结果显示中国 A 股市场上承销商通过托市的方式造成股票渐显异常收益以保证自己的声誉不受损害。这也是投资银行在较不健全的市场上较常采用的承销后战略的一种（王海峰等，2006）。范小勇等（2005）运用博弈论分析了中国市场上投资银行托市导致渐显异常收益长期存在，认为这是投资银行与投资者均衡策略的必然结果。

3. 承销失败率

在大多数学者通过证券上市后收益来间接衡量投资银行定价能力的同时，

部分学者试图利用失败的 IPO 案例来度量投资银行的承销能力及其对绩效的影响。承销失败通常对进行 IPO 的企业有着重大的影响。Lerner（1994）指出，实施 IPO 撤回行为的企业并不都是具有会计问题或价值被严重错估的问题企业，但信息不对称导致外部观察者很难对撤回 IPO 的企业是否为问题企业进行甄别。Lerner（1994）的调查发现，投资者以及外部观察者倾向于将 IPO 失败的企业归入问题企业。Ritter（1987）指出，进行了失败的 IPO 的企业很少能够重返公开市场，只有不到 8% 的 IPO 失败企业能够进行成功的第二次公开发行。Dunbar（1998）的研究进一步发现，即便是第一次 IPO 失败的企业成功进行了第二次 IPO，两者通常时隔数年之久。

有鉴于 IPO 撤回对于发行证券企业的重大负面影响，投资银行失败的承销经历证明其承销能力较差，并将严重损害该投资银行的声誉，降低潜在证券发行人选择该投资银行的可能性（Balvers、McDonald 和 Miller，1988；徐浩萍等，2007）。Hansen 和 Torregrosa（1992）发现如果投资银行认为某企业的 IPO 存在撤回的可能性，投资银行通常会事先要求更高的承销费用。Cummins（2005）的研究显示，IPO 撤回率对投资银行未来市场份额存在着显著的负面影响。James 和 Wier（1990）将证券市场分为繁荣与衰退两种情景，并在这两种情景下分别研究 IPO 撤回率与投资银行绩效的影响，结果显示：无论证券市场出于繁荣阶段还是衰退阶段，历史 IPO 撤回率显著降低了未来的投资银行绩效。

三、投资银行内部资源对其战略选择及绩效的影响

投资银行内部资源对其战略与绩效的影响主要体现在行业经验、分析师资源与异质投资者资源三个方面：

1. 行业经验与多元化战略

投资银行与传统企业不同，其行业知识与行业经验来自于承销对象。深层次理解证券发行方所处行业对于投资银行做出准确合理的收益预测以及为所承销的证券精确定价而言至关重要（Saunders，1996）。对行业经验资源的不同选择是投资银行多元化与专业化战略选择的具体体现。

Carter、Dark 和 Singh（1998）认为投资银行的行业知识包括其以往承销过程中积累的行业专业知识和术语、与某行业企业合作的惯例，以及其研究团队的知识结构和背景。投资银行进行承销的过程也是其积累该行业知识的过程。如果某投资银行反复从事同一行业的承销工作，则在该行业该投资银行的定价能力与承销能力都会优于其他投资银行（Chen 和 Ritter，2000）。Jonathan（2010）认为长期从事某个行业的承销活动将提升投资银行在该行业的知名度，使得该行业的企业在选择承销商的时候更倾向于考虑该投资银行，从而提升其未来市场份额。

Booth 和 Chua（1996）研究了美国 1977~1988 年在纽约证券交易所、美国证券交易所以及纳斯达克上市的 2151 例证券承销后指出，属于同一个行业的多个企业在相对较短的时间内先后进行 IPO 项目将导致信息溢出（Information Spillover）现象，这些溢出的信息会降低投资银行的研究成本并能够增加证券定价的准确性。假如投资银行选择专精于某个行业，那么它在获取优于其他投资银行的行业知识的同时将享受到信息溢出的优势。这一优势将降低投资银行在该行业的承销成本，增强其定价能力，进而提升投资银行的绩效。

Dunbar（2000）认为，资源的稀缺导致投资银行在选择掌握某行业深层次行业知识的过程中必然走向专业化。专精于某个行业对于资金和人力资源较为匮乏的小型投资银行而言是个最优战略，但该战略在投资银行业是有风险的。随着时间的推移，当某个行业中具备条件的企业基本上完成了上市融资之后，专精于该行业的投资银行将面临业绩大幅度下滑，因此大投资银行更有可能在多个市场开展业务以确保稳定的市场表现。Alexander 等（2009）指出，现代企业庞大的规模以及多元化经营的模式使得专精于某个行业的投资银行在许多承销活动中都无法胜任。承销对象的多元化战略将使得致力于某个行业以获取该行业深层次行业知识优势的专家型投资银行市场份额下降。

Shipilov（2006）对加拿大证券市场 1952~1990 年的 9357 次证券承销进行了实证研究，结果表明在控制了投资银行规模因素的情况下，投资银行的行业专精度与其绩效存在一个"U"形关系。专精于少数几个行业的投资银行（专家型）与在各个行业广泛开展承销业务的投资银行（通才型）都具有较好的绩效，而较为中庸的投资银行的绩效则不理想。但如果把专家型投资银行与通才型投资银行进行绩效上的比较，后者又要优于前者。Shipilov（2006）认为投资银行的深层行业知识代表着其他投资银行所缺乏的差异化资源。当某个行业的企业需要证券承销服务的时候，即便它选择的主承销商不是该投资银行，该银行也通常会因为其行业知识而受到主承销商合作承销的邀请。专家型银行的绩效通过合作承销机会的增多而得到了提升。通才型投资银行则积累了异质投资者资源，该资源对于增加证券需求量，提升证券价格至关重要。受益于其异质投资者资源，通才型银行能够吸引更多的潜在证券发行人。由于异质投资者资源是投资银行业中的稀缺资源但又不局限于某个行业，通才型投资银行比专家型投资银行可以获得更广泛的合作承销机会，因而在实证研究中通才型投资银行在绩效上要优于专家型投资银行。

2. 分析师资源与高阶人力资本战略

分析师的能力及声望在很大程度上影响着了投资银行的研究定价能力、声望，以及对证券交易市场的影响力，以分析师为代表的人力资本是投资银行资源的重要组成部分，因而对投资银行高阶人力资本战略及其绩效有着重要的影响（Megginson 和 Weiss，1991）。

Clarke 等（2007）以及 Kolasinski 和 Kothari（2008）均认为分析师的研究能力在证券发行方对投资银行的选择中起着重要作用。Soja（2002）在对 EASEL 公司的案例研究中发现该公司在 1990 年的 IPO 中选择 Donaldson、Lufkin 和 Jenrette 这家投资银行作为其发行证券的主承销商的主要原因是对该投行分析师 Scott Smith 研究能力的认可。Scott Smith 曾在 1989 年当选为机构投资者全美研究团队的成员。Dugar 和 Nathan（1995）的实证研究表明，投资银行分析师的全美研究团队排名的变动比例对该投资银行的市场份额的变动比例有着正面影响。

Michaely 和 Womack（1999）则注意到分析师的声望在承销新的证券时发挥着积极的作用。如同投资银行的声望一样，分析师的声望在向潜在投资者担保所承销的证券并没有高估的过程中非常重要。由于潜在投资者认为具有较高声望的分析师错估证券价格所造成的声誉成本很高，他们倾向于相信高声望分析师的估值是诚信的且合理的，并愿意为不对称信息问题的减弱而支付相对较高的价格。

Dunbar（2000）指出证券发行方挑选拥有较高声望分析师的投资银行是因为高声望分析师担保的证券往往可以得到相对较高的估价。Jacob、Rock 和 Weber（2008）亦认同分析师声望对于投资银行绩效的积极作用，并认为投资银行雇用高声誉分析师或通过各类渠道甚至利益输送的方式开展积极的制造分析师明星的计划会对其绩效产生较大的正面作用。此类雇用高声誉分析师或制造分析师明星的战略行为即所谓的投资银行高阶人力资本战略。

除了从以上两个维度研究分析师对投资银行绩效的影响外，有部分学者试图通过分析师对于交易市场的影响力来解释分析师对于投资银行绩效的影响。Dunbar、Hwang 和 Shastri（1999）认为，因为分析师掌握了发行证券企业较深层次的信息，所以他们对该企业的股票的收益预测也更为准确。Ali（2004）以及 Feng 和 McVay（2010）均指出由于参与承销的分析师在其所承销的企业股票分析上具有信息优势，在企业成功进行 IPO 后的几个月内，参与承销的分析师更倾向于对该企业的股票进行收益预测，并更有可能推荐买入该 IPO 股票。Stickel（2002）发现美国证券市场对参与承销分析师荐股的认同在位列全美研究团队名单中的分析师身上表现十分明显。Shahed、Richard 和 Colin（2008）在对英国前 10 家投资银行进行调研后认为，投资者通常认同参与承销的分析师所具有的信息优势，并通常对此推荐做出正向反应。Lin 和 McNichols（1998）提出分析师的荐股往往会提升市场对该股票的需求，即便该需求是非理性的。因此证券发行方倾向于选择更看好其企业前景的投资银行。出于以上原因，拥有大量原始股票的企业决策者倾向于雇用拥有知名分析师的投资银行，以期获得股价提升后的高额利润，这也是促使投资银行采取高阶人力资本战略的原因之一。

3. 异质投资者资源与跨市场区隔战略

投资银行的首要功能是为证券发行人与投资者之间搭起资产流动的桥梁（Eccles 和 Crane，1988）。由于投资银行的承销机会、市场份额均与证券发行方直接相关，以往针对资源与绩效之间关系的研究侧重于证券发行方，而对投资银行的另外一类客户投资者研究不足。近年来，研究人员逐渐认识到投资者资源对于投资银行绩效的重要性。Huang 等（2008）认为与证券发行市场（一级市场）的投资者保持畅通的承销渠道有利于增加投资银行所承销证券的交易量，提高证券出售的价格。相同情况下较高的 IPO 价格最终将更多的证券发行人吸引到投资银行，提升投资银行的绩效。

Binay 等（2007）指出，投资者由于资金量、行业以及地域的差异分为不同组别，即异质投资者（Heterogeneous Investors）。拥有大量资金及研究团队资源的机构投资者的投资行为与中小投资者的投资行为截然不同。由于不对称信息及信息成本问题，投资者通常对不同行业、不同地域市场的证券有着自己的偏好，不同组别的投资者之间存在着明显的市场区隔。因此建议投资银行采用跨市场区隔战略，通过跨越市场区隔间的边界以增加异质投资者资源，提升证券价格，降低承销风险。

Pollock、Porac 和 Wade（2004）认为如果投资银行在不同行业、不同地域开展承销业务，可以将证券出售给不同市场区隔的投资者，拓展其承销渠道，从而提高所承销证券的需求量及证券价格，因此投资银行所积累的异质投资者资源对其绩效有着正面影响。

第三节 网络视角下投资银行的战略与绩效

一、投资银行网络视角研究演进

由于从单一投行视角探寻承销能力与内部资源对于投资银行绩效的影响所得到的研究结论存在不一致与矛盾之处，学者们试图寻找到其他可能对绩效产生实质性影响的因素，并逐渐认识到大部分投资银行的承销业务是通过合作承销的方式进行的，因此承销合作网络对于投资银行绩效的影响不应被忽视。随着企业间网络理论的兴起，学者们开始采用企业间网络的分析视角来研究承销合作网络对于投资银行绩效的影响。

进入 21 世纪以来，随着社会网络分析方法的兴起，以承销合作网络视角研究投资银行战略行为与绩效的文献逐渐涌现了出来。最初的相关研究主要是以定性的方式分析承销合作网络对投资银行的主要作用与意义。该类文献指出，承销合作网络在投资银行分散承销风险、拓宽证券销售渠道、获取行业承销资源、发现承销项目参与机会、提升行业声望与地位等诸多方面发挥着重要的作用（Chung 等，2000；Pollock 等，2004）。

随着研究的进展，研究者逐渐将研究视角放在承销合作网络关系本身，并聚焦于微观对偶关系（Dyad）层面，通过投资银行承销合作双方的合作惯性、互惠性、历史合作结果、资源互补，以及地位差异等因素，来揭示投资银行选择特定对象进行合作的原因与合作关系对合作双方绩效的作用（Li 和 Rowley，2002）。

与此同时，小世界现象在社会、生物、物理等各类网络中被逐一识别，部分学者着手对投资银行承销合作网络的拓扑结构开展分析，在加拿大投资银行业合作网络中识别出显著的小世界现象与小团体结构，并在此基础上分析了该类网络拓扑结构对投资银行业整体信息传递效率、抗风险性等绩效的影响，以及对投资银行个体战略行为与绩效的作用（Baum 等，2003）。

对宏观整体行业网络小世界现象的分析，以及对承销合作网络本身诸如网络密度、结构洞等网络拓扑结构与特性理解的逐渐加深（Baum 等，2003；Rowley 等，2004）引发了学者们通过网络密度、投资银行的网络中心度，以及其所代表的行业地位、投资银行跨越的网络结构洞等一系列网络结构与网络位置因素来解释承销合作网络对投资银行战略与绩效的影响。

具体而言，采用网络视角研究投资银行战略行为与绩效的文献可以通过对偶关系、网络位置、网络结构这三个维度加以阐述。

二、投资银行对偶关系：互惠与互补

Larson（1992）指出企业间关系通常是脆弱的低价值的交易关系，只有当互惠交易的格局确立之后，企业间才能形成有意义的合作关系。Chung、Singh 和 Lee（2000）认为互惠（Reciprocity）为投资银行间渐进地建立信任提供了途径，并帮助投行间发展出一套基于未来互动预期的交易规范，在一定程度上缓解了逆向选择与道德风险问题。

Li 和 Rowley（2002）对美国资本市场投资银行业的实证研究显示，投资银行对于承销团成员的选择具有较大的惯性，投资银行对于与历史合作伙伴进行未来合作的倾向性极为明显。Li 和 Berta（2002）的研究指出地位较低的投资银行通常通过密集的互惠交易来保证自己在与地位较高的投资银行竞争中取得团队性优势。Baum 等（2003）认为投资银行间通过互惠关系来防止机会主义行为的产生，在一定程度上保证了投资银行绩效的稳定。Rowley 等（2005）指出互惠关系确保了投资银行合作的长期性。通过互惠关系带来的协同计划、高质量信息交换以及冲突解决机制提升了投资银行的合作稳定性。

Rowley 等（2005）认为投资银行在承销合作网络中的角色互补性（Role Complementarity）降低了银行间的竞争，增强了局域网络合作的稳定性。竞争虽然能够在一定程度上增强网络灵活性并促进创新，但是方向不同的个体利益将破坏协同效应，导致合作失败并割裂合作网络。这与 Gomes–Casseres（1996）所提出的观点相似。这一竞争与冲突的压力导致组织根据自己的竞争优势在合作网络中承担有别于其他组织的功能，因而促进了合作网络中局部网络的出现，在这些局部网络中的组织通常承担了互补的角色，通过减少直接竞争者的方式降低了子网络内部的竞争性（Provan 和 Sebastian，1998）。Rowley 等（2005）认为对于投资银行而言，合作承销中的主承销商与副主承销商代表了截然不同的两种角色，承担着不同的功能，因此由专门从事主承销商的投资银行与专门从事副主承销商的投资银行构成的承销合作网络，要比由单一角色的投资银行构成的网络，以及由同时承担两种角色的投资银行所构成的网络都要稳定。

三、投资银行网络位置：网络中心度与行业地位

Podolny（1993）最早对投资银行的地位（Status）进行了研究。Podolny 认为当对产品质量或服务的评判是模糊的且难以衡量的时候，外界将通过与焦点企业合作的其他企业的地位来判断焦点企业的地位与产品或服务的质量。因此当交易与合作的结果不确定的时候，企业间合作的地位指示效应（Signaling

Effect）便促使企业与自身地位相近的企业合作。Podolny（1994）在对投资银行业的研究中指出当合作承销垃圾债券时，投资银行倾向于与具有相近地位的同行组成承销团。

Chung、Singh 和 Lee（2000）则进一步指出竞争性同构（Competitive Iso-morphism）现象导致地位相近的投资银行通常都具有相似或相匹配的运作系统与业务。这一运作系统的匹配性是促进投资银行间合作的催化剂。同时地位相近的投资银行之间的合作增强了交易的公平性，保证双方公平分担成本与风险，公平分享收益。Chung、Singh 和 Lee（2000）利用 1980~1989 年美国一级市场 IPO 承销团数据所进行的实证研究验证了他们所提出的具有相近地位的投资银行更容易形成承销合作关系的理论。

Li 和 Berta（2002）在对美国 1994~1998 年 IPO 数据进行实证研究后也发现投资银行存在地位上的类聚（Homophily）现象。但两位学者进一步发现，由于地位较高的投资银行的邀请是相当具有吸引力的，较高的地位使得投资银行能够与其他投行维持更为广泛的合作网络，而地位较低的投资银行的网络合作则是受限的，它们通常只能与以前合作过的银行重复合作。

Shipilov（2005）则指出较高的地位能够对投资银行绩效产生实质性的正面影响，其正面影响主要体现在收益成本比、生存危机以及过度嵌入三方面。较高的行业地位能够减少投资银行的广告支出并吸引更多优秀人才进入该银行，从而减少其人力成本。由于其较高的地位导致其提供的承销服务通常被认为是高质量的，投资银行还能够对其提供的承销服务收取更高的费用。高收益与低成本所形成的高利润使投资银行在提升其市场绩效的同时，能够积累起缓冲资本（Buff Capital），帮助其度过可能出现的经营不善的时期。

较高的地位还能够帮助投资银行度过生存危机。Shipilov（2005）将生存危机来源分为政府改革、新竞争者进入以及外部环境冲击。他认为无论是政府改革还是新竞争者的进入都要考虑到已有的市场结构，而两者通常采取与影响力较大的核心投资银行进行合作的战略，而对地位较低的边缘投资银行的诉求通常不予考虑或采取较为极端的措施。对于外部环境冲击，该学者以加拿大投资银行产业为例，指出 1952 年以来共有三次较大的外部环境冲击：1970~

1975 年的石油危机、

1982～1983 年由财政紧缩引起的短暂衰退，以及 1987 年的金融危机。Shipilov（2005）认为在三次外部环境冲击中，由于高地位积累的缓冲资本导致地位较高的投资银行基本未受影响，并以危机前后的对比展示了地位较高的银行与地位较低的银行在经历冲击后的生存情况差异，如图 2-1 所示。

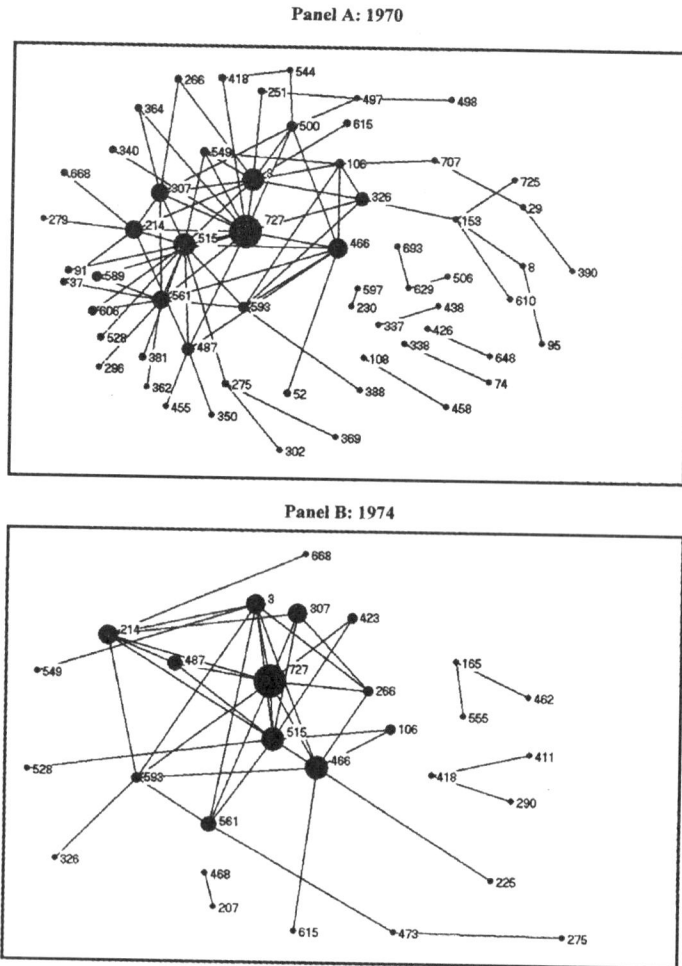

图 2-1　危机前后加拿大投资银行承销合作网络对比图

资料来源：Shipilov A. V. Should you bank on your network? Relational and positional embeddedness in the making of financial capital [J]. Strategic Organization, 2005, 3 (3): 279-309.

投资银行的高地位还能够防止银行陷入过度嵌入（Overembeddedness）的危险。因为相对边缘的投资银行总是寻求与地位较高的投资银行进行承销合作以提升自己的地位，高地位银行的网络总是相对动态的；同时，行业内的精英人才通常也会被吸引到高地位投资银行来工作，他们带来的不仅是知识还有他们的人际关系网络以及新的信息，因此高地位投资银行通常处于一个广泛且多样化的网络中。利用1952~1990年加拿大证券承销市场的数据，Shipilov（2005）证明了地位较高投资银行的绩效更好。

Li（2008）在Shipilov关于地位对绩效的正面影响的基础上进一步指出绩效也能对地位产生正面推动作用，地位与绩效两者是相互促进的。Li认为除了Shipilov的论据外，地位较高的投资银行还能通过与地位较低的投资银行合作并通过承担较少成本而分配较多收益的方式，获取额外的"地位收益"（Status Premium）。此外具有较好经济绩效的投资银行，如果其地位较低，可以通过主动提出与高地位的投资银行合作以提升自己的地位；而地位较高的投资银行，无论是出于获取"地位收益"的目的还是希望通过合作来获得地位较低银行取得较好经济绩效的知识，都有一定的可能性与之合作。

中心度（Centrality）指代的是行动者在网络中的参与程度。具有高中心度的企业与其他在产业网络中的企业间的路径距离相对较短。到产业内其他所有企业路径之和最短的企业即具有最高的中心度。Rowley等（2004）基于产业内网络结构视角的实证研究显示，与以往文献所预测的不同，投资银行小团体在产业内网络的较高中心度并不能为小团体的成员银行带来绩效优势。

但Rowley等（2004）指出中心性较高的网络位置在跨越结构洞、获取信息以及控制力方面优势明显，高中心性网络位置是投资银行在子网络内协商谈判以获取较高份额的收益分配的重要砝码。Rowley等对中心度的差异性（Diversity）与非对等性（Inequality）进行了区分，指出前者指的是投资银行在中心度上的零散分布的程度，而后者指的是银行在中心度大小上的差异。实证研究的结果表明在子网络内，投资银行中心度的差异性不利于投资银行绩效，而中心度的非对等性利于绩效。Rowley等（2004）认为随着子网络内成员中心度差异性的增加，关于收益分配的协商谈判也就越复杂，也越来越难做到让各方均满意，由此而产生的子网络行动者间冲突将导致合作稳定性下降与绩效的降低；而中心度非对等性的提高则使得少数具有极高中心度的投资银行拥有较强的控制与协调子网络成员银行的能力，从而保证了合作的稳定性并提升了成员银行绩效。

四、承销合作网络结构：网络开放性与结构洞

在目前大量的网络研究文献中，Burt（1992）所提出的开放式网络（Open Network）视角具有十分重要的理论地位。当焦点行动者在没有直接关系的两个或者两组行动者之间维持联系，则称焦点行动者（Focal Actor）跨越了这两个或两组行动者之间结构洞（Structural Hole），而该行动者的焦点网络（Focal Network）也呈现出开放式网络特性。企业间直接关系的缺失表明这些企业处于产业网络的不同区域，且与异质信息源（Heterogeneous Sources of Information）相连接。而缺乏直接联系的企业对跨越结构洞的焦点企业发出合作邀请则代表着焦点企业获取了互异、多样的商业机会。Burt（1992）认为如果焦点企业的网络存在大量结构洞，则该企业具有较好的网络位置，并可通过及时获取关于商业机会的信息以及对合作伙伴实施有效控制来获得绩效优势。

关于开放式网络对绩效的影响学者们进行了大量的研究。Bae 和 Gargiulo（2004）认为企业焦点网络的开放程度对资本回报有着正面的影响，Powell 等（2005）则指出跨越结构洞有助于提升企业的成长机会。此外，研究表明开放式网络有助于企业人均收益（Koka 和 Prescott，2002）的增长，提高企业在行业内地位（Baum、Shipilov 和 Rowley，2003）与子网络内地位（Rowley 等，2004），增加企业生存概率（Baum、Calabrese 和 Silverman，2000）。但亦有文献指出维持开放式网络位置对于企业绩效有着负面的影响（Ahuja，2000；Dyer 和 Nobeoka，2000）。

在对加拿大证券市场超过 40 年的投资银行合作承销数据进行分析后，Rowley 等（2004）指出跨越较多结构洞的投资银行拥有多元化信息渠道，能够获得更及时更全面的信息，因此与同类投资银行相比，它们能够更及时准确地把握承销项目的机会。其实证研究的结论也证实跨越较多结构洞的投资银行

的市场绩效要高于跨越较少结构洞的投资银行。

Rowley 等（2004）在其研究中提出了受限结构洞与非受限结构洞（Constrained and Unconstrained Structural Holes）的概念。当焦点投资银行连接了两个没有直接关系的投资银行，且这两个投行之间也没有通过其他任何投行间接联系起来，那么焦点投资银行跨越的就是非受限结构洞；如果被跨越投行之间存在间接的关系，那么焦点投资银行跨越的就是受限结构洞，且这两个投行之间间接的关系越多，结构洞受限程度就越高。Rowley 等（2004）指出由于焦点投资银行的合作投行可以通过其他间接关系进行合作，跨越受限结构洞的焦点银行不能享受垄断优势，其控制合作投行的能力与谈判能力都被削弱了。实证结果显示，跨越结构洞的绩效优势被结构洞的限制弱化了；同时由于识别结构洞是否受限需要对承销合作网络有整体的把握与更深的理解，投资银行决策层虽然能够采用网络战略有意识地去跨越结构洞，但却无法识别所跨越的结构洞是否受限或受限程度如何。

Rowley 等（2004）的研究结果还显示，投资银行承担主承销商或副主承销商的次数越多，其跨越结构洞的数量也就越多，但是主承销商跨越结构洞数量的增加幅度要高于副主承销商。

在回答是否所有的投资银行都能从跨越结构洞中获得相同的绩效优势的问题时，Shipilov（2006）则认为 Burt（1992）关于结构洞优势的论点是基于一定假设前提的。Burt（1992）假设焦点企业的合作伙伴愿意与之共享有关商业机会的信息，并主动向其发出共同利用此类机会的邀请。

但正如 Walker 等（1997）所指出的，在公开网络中企业之间共享信息或发出合作邀请并不是由于合作网络的集体压力而是由于企业的自利（Self Interest）。因此只有在企业确定它能够获取某些回报或者能够利用合作对象的资源时，才会主动共享信息，做出推荐或者邀请合作对象共同参与项目。

Shipilov（2006）因此认为投资银行是否能够从开放式的承销合作网络中获取利益取决于其在网络中展示的自身资源与能力。只有当投资银行具备其他潜在合作银行所需要且能够利用的资源与能力时，潜在合作银行才会主动与之共享信息或提供共同合作承销的机会。在多个行业广泛开展承销业务的通才型投资银行（Generalist）所具有的异质投资者资源以及专精于某个特定行业进行承销业务的专家型投资银行（Specialist）所具有的深层次行业知识都代表了网络中其他投资银行所需要的差异性资源，而处于通才银行与专家银行之间的中庸型投资银行则缺乏这样的资源。因而在开放式网络中，相较于中庸银行，潜在合作银行更愿意与通才投行或专家投行共享信息，更愿意邀请后两者参与承销项目。因此在其他条件相同的情况下，通才银行与专家银行能够从跨越结构洞中获取更多的承销机会，进而获得更多的绩效优势。

Shipilov（2006）的实证研究结果显示，通才银行比专家银行从开放式网络中获取的绩效优势更为明显。该学者认为这是因为通才银行在多个行业领域开展承销，相较于专家银行更能利用开放式网络所提供的承销机会信息在多个领域广泛参与承销项目，而专家银行只能利用本专业领域的承销机会。

Shipilov 和 Li（2008）随后提出跨越结构洞有利于投资银行的地位积累却不利于其市场绩效的观点。两位学者提出了投资银行网络中间人的观点，认为由于跨越较多结构洞的投资银行能够获得大量机会信息，这使得它可以采用网络中间人（Network Broker）的战略。面对大量的合作机会，作为网络中间人的投资银行可以有选择性地与拥有较高行业地位的投资银行进行合作以提升自己的行业地位；作为回报，网络中间人则向高地位银行提供及时的机会信息。具有大量机会信息的中间人投资银行也能识别出高地位银行所缺乏的能力与资源，从而通过提供互补性资源的方式主动提出合作要求以提升自己地位。两位学者对英国 1992~2001 年投资银行合作网络的实证研究结果验证了自己的观点。

Rowley 等（2005）认为投资银行所跨越结构洞的多少导致了投资银行行业子网络内收益分配的非对等性。投资银行行业子网络所创造价值的分配是其内各个银行谈判协商的结果，银行所能要求的收益份额取决于它对整个子网络价值创造过程中的所做出的贡献。投资银行跨越结构洞所带来的非冗余信息优势、合作机会、谈判优势等资源在子网络价值创造中发挥了重要的作用，因此跨越结构洞较多的投资银行在其所在子网络中能够获得较多份额的收益。

第四节 结论性评述

由上文对投资银行绩效与战略相关研究的文献总结和整理可以看出，由于证券市场公开数据较容易获得，早期对投资银行绩效的研究通常利用证券市场价格行为来揭示投资银行承销能力对于绩效的影响。这种基于个体投资银行视角和资本市场价格行为的研究在一定程度上解释了价格行为与投资银行能力之间的关系，说明了投资银行能力对其绩效的影响机制，并识别出一系列投资银行绩效的预测指标。但此类研究也存在以下不足：首先，通过价格行为对投资银行能力进行间接的、黑箱般的刻画无法解释为何投资银行之间存在能力的差异，以及如何通过提高能力来提升绩效等问题。要突破这一研究局限性，就需要对投资银行能力有较直接的描述与衡量。其次，已有的研究在价格行为对投资银行能力的刻画上亦存在矛盾之处，如较高的渐显异常收益在不同的学者看来分别意味着投资银行具有较强的识别优质企业的能力，或是较强的上市后辅导能力，甚至是较弱的定价能力。

着眼于内部资源的投资银行绩效研究突破了上述研究的局限性，通过对影响投资银行能力的内部资源进行细分与研究，识别出了影响投资银行内在能力的各类资源，揭示了投资银行的内部资源对其战略行为与绩效的影响机制，并在一定范围内解释了投资银行之间能力差异的原因，提供了提高投资银行能力进而提升绩效的战略途径。但由于内部资源的战略与绩效研究发展时间较短，更重要的是数据难以获得以及变量量化难度较高等问题，导致此类研究多以描述性研究为主，缺乏较为全面的实证证据，已有的相关实证研究的变量设计也较为粗糙。

无论是针对价格行为还是内部资源，这两类研究都采用了个体投资银行视角，将投资银行视为独立的组织，却忽视了对于投资银行来说取得承销项目十分重要，且承销合作网络对于大部分承销活动都必不可少。重要解释变量的缺失导致了个体投资银行视角实证研究结果的混乱。

基于企业间网络视角的投资银行绩效研究在这一方面给予了很好的补充。通过对投资银行承销合作网络的网络结构、网络隶属以及对偶关系等多方面多维度的考量，该类理论阐释了投资银行所处网络位置、所在网络的结构对其战略行为及绩效的影响机制。但是，此类基于网络分析视角的绩效研究也存在以下不足之处：

第一，现有研究对承销合作网络中介于微观对偶层面与宏观行业网络层面之间的中观网络结构层面的关注不够。如小团体这类中观网络结构是投资银行直接接触的网络小环境，对投资银行施加有着直接的影响。但到目前为止，以此类中观网络结构为对象的研究寥寥无几。

第二，基于网络视角的投资银行研究的结果在某些方面存在较大的分歧。例如，上文所述 Rowley 等（2004）通过对加拿大投资银行业的实证分析认为，跨越结构洞的合作对象选择行为将对投资银行的市场绩效产生正面影响，而 Shipilov 和 Li（2008）对英国投资银行业的研究则显示，跨越结构洞选择合作对象虽然有利于投资银行积累行业地位，却不利于其市场绩效。由此可见，现有理论无法很好解释投资银行此类战略选择对其绩效的作用。投资银行跨越结构洞的网络拓展行为对其绩效究竟产生何种影响，其背后的作用机理又是如何，需要进一步深入研究加以明晰。

第三，目前大多数对承销合作网络的分析采用静态视角，以"快照"的方式研究投资银行网络位置及所处网络环境对其绩效的影响，而事实上承销合作网络具有较强的动态特性，而且其动态演化过程对于投资银行的绩效亦有较为重要的影响，网络分析的静态视角制约了这方面的研究。

由上述分析可以看出，关于投资银行绩效的研究尚处于发展阶段，现有的研究存在较大的理论缺口，内部资源的精细刻画、个体投资银行视角与网络分析视角的融合、网络中观结构的深入分析、战略行为绩效作用机制的明晰、承销合作网络的动态分析等方面的研究都将为弥合这一理论缺口起到关键作用。

第三章　投资银行业承销合作网络
拓扑结构分析

为了更好地阐释投资银行小团体内部合作环境、跨越小团体边界及其间结构洞的网络拓展行为和小团体内部合作的网络根植行为，并为投资银行战略选择影响因素及其对绩效正负双向作用的概念模型提供更具针对性的理论依据与实证证据，本章以香港投资银行业为例分析了承销合作网络的动态演化以及该网络的小世界现象（Small-worldliness），并对该网络的小团体（Clique）拓扑结构作了一定的分析。

第一节　承销合作网络的基本特性

投资银行是协助证券发行人在一级市场上筹集资金的金融机构，是通过对证券进行有效定价并销售该证券以实现经济附加值的特殊企业（Podolny，1993）。不少学者指出投资银行业是"关系导向型"（Relationship-oriented）的产业，投资银行组成承销团进行合作承销不仅是行业惯例也是投资银行分散承销风险、拓宽证券销售渠道的重要方式（Baum 等，2003；Rowley 等，2005）。由组成承销团合作承销而形成的合作关系是投资银行获取行业承销资源、取得承销项目参与机会的主要渠道，亦是提升其行业声望与地位的重要媒介。在一段时间内由承销团成员合作关系总和而形成的体现行业内关系的企业间网络即为承销合作网络。

投资银行的决策层对于身处的承销合作网络有着明晰的认识。对承销团组成具有决策权的投资银行家对承销合作网络中自身所在的局部网络结构有着清晰的理解（Shipilov 和 Li，2008）。本书对上海和香港等地的投资银行家的访谈中，许多投资银行家均表示投资银行的高层对于以自己投资银行为中心的网络有着准确的把握和深入的理解，甚至不少投资银行内的一般员工对自己公司与其他投资银行的合作关系亦有较深入的了解。有位资深投资银行家采用人脉关系进行类比，称承销合作网络为（投）行脉网络。由此可见，并非如某些网络中的行动者对其身处网络懵懂无知，承销合作网络的行动者具有较强的网络自觉意识。

投资银行间承销合作网络关系的准确信息可从承销项目进行过程中由参与承销活动的投资银行共同公布的证券发行通告（Tombstone）中获得。为承销证券所组成的承销团通常由主承销商（Lead Manager）和副主承销商（Co-Lead Manager）构成。主承销商从证券发行人处获得承销项目的承销权，主导证券产品的设计，负责承销大部分的证券，并根据以往承销团的成员组成及承销结果、客户所处行业、承销所需的专业知识、一级市场分销渠道等多方面因素选择副主承销商。投资银行间的合作主要由承销团中主承销商与副主承销商之间的关系所承载，同一承销团的副主承销商之间通常不存在高质量的信息交换与深层次的合作（Li 和 Rowley，2002）。因此，承销团内的合作网络关系通常是由主承销商指向副主承销商的、一对多的矢量网络关系。图 3-1 以兴达国际控股有限公司的股票承销项目为例显示了最为常见的承销团内局部合作网络，其中白色的节点表示承担主承销商职责的投资银行，而黑色的节点表示承担副主承销商职责的投资银行。在这一承销项目中，投资银行之间的合作关系是由承担主承销商功能的高盛（Goldman Sachs）指向交通证券、光大证券、国泰君安、星展亚洲、大和证券等承担副主承销商功能的投资银行的一对多的有向矢量关系。而图 3-2 则以龙源电力集团股份有限公司 IPO 承销项目为例，显示了香港资本市场上少数由两个主承销商共同主导承销的承销团局部合作网络。图 3-2 中，摩根士丹利（Morgan Stanley）和瑞士银行（UBS）这两家投资银行承担主承销商职能，而招商证券、大和证券、交通证券、光大证券等投资银行为这个合作承销项目的副主承销商。此外，就网络的节点属性而言，承销合作网络是基于竞争对手间关系的水平横向网络；而就网络的关联属性而言，由于承销团的形成是建立在公开规范的承销合约基础上的，承销合作网络归属于正式契约关联网络。

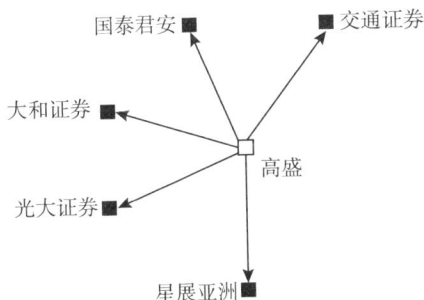

图 3-1　单一主承销商的承销团内部网络（以兴达国际承销项目为例）

资料来源：笔者绘制。

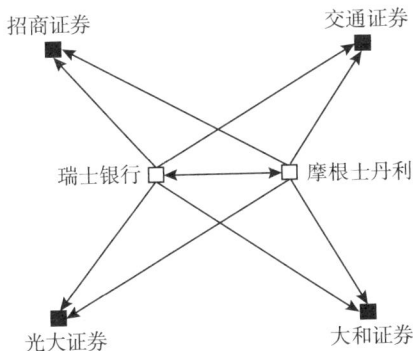

图 3-2　成对主承销商的承销团内部网络（以龙源集团承销项目为例）

资料来源：笔者绘制。

承销合作网络在给投资银行带来分散风险、拓展销售渠道、获取承销参与权，以及提升行业地位等诸多好处的同时，亦对其信息、资源的获取及战略行为形成制约。组成承销团进行合作承销的最根本原因是承销团的风险分散机制。通过将证券承销总额分为多份由多个投资银行进行承销，每个投资银行在承销项目失败时的损失也由多个投资银行共同承担，风险得到了有效分散；同时，由于不同投资银行面对着不同市场区隔的异质投资者，多个投资银行共同承销能够拓宽销售渠道，形成更大的一级市场需求，从而有效提升证券承销价格。此外，Baum 等（2004）指出投资银行将承销合作网络关系作为信息获取的通道，较好的网络位置有利于投资银行获取更多更好的承销项目的参与权；而 Shipilov 和 Li（2008）对英国投资银行业的研究则显示积极的承销合作网络战略可有效提升投资银行的行业地位。然而，承销合作网络对投资银行也施加着外部制约，对加拿大投资银行家的研究指出：信息，特别是与承销项目有关的信息，在投资银行业是最有价值的资产。距离信息源越远，投资银行对信息的获取、理解和把握的难度就越大，越无法利用该信息获利。在承销合作网络中处于较为边缘位置的投资银行往往处于信息的劣势（Baum 等，2003）。在笔者的调查中，一些投资银行家表示他们能快速准确地获得与自己联系较为紧密的投资银行的信息，而对行业中较为疏远部分的信息了解滞后或者根本无法获取。由此可见，承销合作网络在给网络行动者带来诸多利益的同时也对其资源获取及战略行为形成制约。

此外，由于参与承销团的副主承销商能够较容易地获得证券发行人的详细特有信息，从而具有从主承销商手中抢夺该证券发行人后续融资项目的能力，主承销商通常采用与副主承销商长期反复合作的战略来遏制副主承销商此类机会主义行为。长期反复的承销合作使副主承销商形成较高的未来合作预期，在未来合作收益的预期现值高于抢夺客户所带来的直接收益时，副主承销商会放弃此类短期机会主义行为。因此，承销合作网络关系通常具有较大的组织惯性，同时体现出一定的长期性与互惠性。

第二节　承销合作网络的演化

本书以 1994~2010 年香港投资银行业为例，对承销合作网络的历史演化进行分析。基于投资银行的承销管理以及信息的可获得性方面的考虑，本书采用彭博（Bloomberg）、万得（Wind）、迪罗基（Dealogic）三家机构提供的数据和香港交易所"披露易"所提供的公开数据作为研究基础（原始数据具体采集方式详见本书第五章第一节）。本书所采用数据涵盖了 1994~2010 年 191 家投资银行在香港证券市场进行的 1023 次 IPO 股票承销活动，其中 531 次承销为组成承销团的合作承销，占所有承销活动的 52%；合作承销共形成 1957 个投资银行间承销合作关系。为保证所获数据的真实性与准确性，本书通过数据库间信息交叉对比、投资银行门户网站信息对比、媒体报道对比等方式对所获数据进行了抽样核对。

本书基于投资银行承销团成员关系构筑观测期内的承销合作网络，并沿用 Rowley 等（2005）的方法，利用 4 年期移动研究窗口中由承销团合作承销关系所形成的相邻矩阵（Adjacency Matrix）来构筑该网络，相邻矩阵中除包含了投资银行间的矢量合作关系信息外还包含了每个投资银行在这 4 年中与其他特定投资银行共同参与承销合作总数，该总数体现两个投资银行之间的关系强度（建立相邻矩阵与构筑承销合作网络的具体方法详见本书第五章第二节）。4 年期移动研究窗口中的投资银行关系总和形成这个时期的承销合作网络，如 1994~1997 年网络、1995~1998 年网络，以此类推。

本书采用 4 年期移动研究窗口构筑承销合作网络主要出于以下三个方面的考虑：第一，加入同一承销团进行承销合作仅仅是投资银行间合作关系的对外公开展示，同一承销团的成员投资银行通常在承销团形成的前后几年内以其他各种方式进行互动与合作，而此类互动与合作通常是隐性的，仅在小范围内属于公开信息，外界无法以较低成本获悉该类信息（Baum 等，2003）。第二，在证券发行通告公布承销团组成成员前承销团早已形成了较长时间而未被外界所知，Rowley 等（2005）的研究显示在公布承销团组成成员前承销团通常已经运作 6 个月至 2 年的时间，部分承销团甚至已存续更长的时间。以承销团成员组成为依据的合作网络构建应将这段时间纳入研究窗口。第三，4 年期研究窗口包含了几年内投资银行间反复合作关系的信息，能更准确地把握投资银行间的合作关系，更精确地测度投资银行合作关系的强度。所以，基于 4 年期研究窗口构筑的承销合作网络能准确可靠地刻画投资银行业的这一合作网络，因此被大多数针对承销合作网络的研究所采用（Li 和 Berta，2002；Rowley 等，2004；Baum 等，2005；Shipilov，2006；Shipilov 和 Li，2008）。

表 3-1 显示了香港投资银行业承销合作网络基本统计变量在不同年份的数值。表中年份为各研究窗口最后一年，例如 1994~1997 年研究窗口的统计数据以 1997 年份标识，且在 1994~1997 年，共有 96 家投资银行参与承销合作项目。表中的第二列与第三列分别给出了历年来香港资本市场上参与承销合作项目的投资银行数量与合作承销项目的数量。这两列数据均表现出先增长后减少的先扬后抑的趋势。图 3-3 也显示了投资银行数量与合作承销项目数量大致具有相同的倒 U 形趋势，香港投资银行业从 1994~1997 年 96 家投资银行参与仅 72 个合作承销项目逐渐增长，并在 2000~2003 年到达顶峰，129 家投资银行参与了 168 个合作承销项目。随后由于企业融资结构与融资环境的改变以及 2008 年的金融危机，导致合作承销项目逐渐减少，并在 2007~2010 年研究窗口中达到 2003 年高峰后的最低水平，仅 133 个承销团在该段时期形成。这一过程伴随着行业竞争的加剧，投资银行数量迅速从高峰回落，其减少速度显著高于合作承销项目的减少速度。图 3-4 和图 3-5 分别显示了香港投资银行业合作承销项目数量最少时期（1995~1998 年）和最多时期（2000~2003 年）的承销合作网络示意图。

表 3-1　香港投资银行业承销合作网络基本统计变量描述

年份*	投资银行数量（家）	合作承销项目数量（个）	合作关系数量	单位投行合作关系数量	承销合作网络密度	网络密度标准差
1997	96	72	193	2.010	0.057	0.304
1998	64	79	201	3.141	0.065	0.325
1999	74	98	235	3.176	0.060	0.327
2000	94	131	301	3.202	0.046	0.292
2001	96	129	298	3.104	0.041	0.247
2002	117	153	378	3.231	0.035	0.227

年份 *	投资银行数量 （家）	合作承销项目 数量 （个）	合作关系 数量	单位投行合作 关系数量	承销合作 网络密度	网络密度 标准差
2003	129	168	396	3.070	0.031	0.220
2004	122	164	381	3.123	0.034	0.234
2005	112	155	361	3.223	0.040	0.266
2006	97	158	359	3.701	0.056	0.330
2007	86	167	349	4.058	0.072	0.379
2008	74	135	295	3.986	0.079	0.385
2009	82	138	323	3.939	0.067	0.342
2010	91	133	320	3.516	0.053	0.298

注：＊代表表中年份为各 4 年期研究窗口的最后一年，用于代表该研究窗口。例如 1994~1997 年研究窗口的统计数据以 1997 年份标识。

资料来源：笔者计算整理。

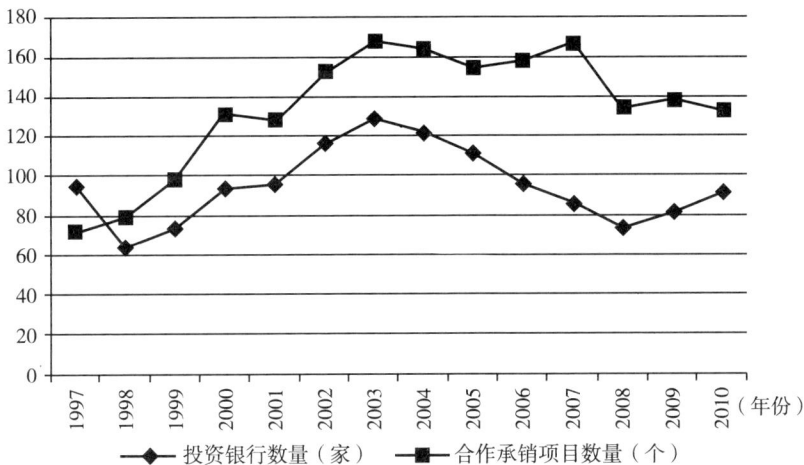

图 3-3　1997~2010 年香港承销合作网络投资银行数量与合作承销
项目数量趋势图

资料来源：笔者绘制。

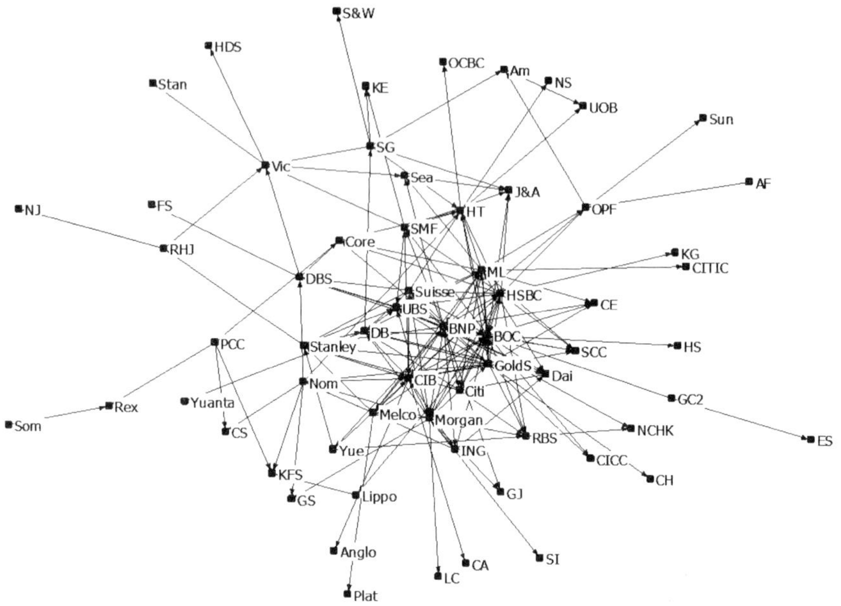

图 3-4　低密度承销合作网络拓扑结构图

资料来源：笔者绘制。

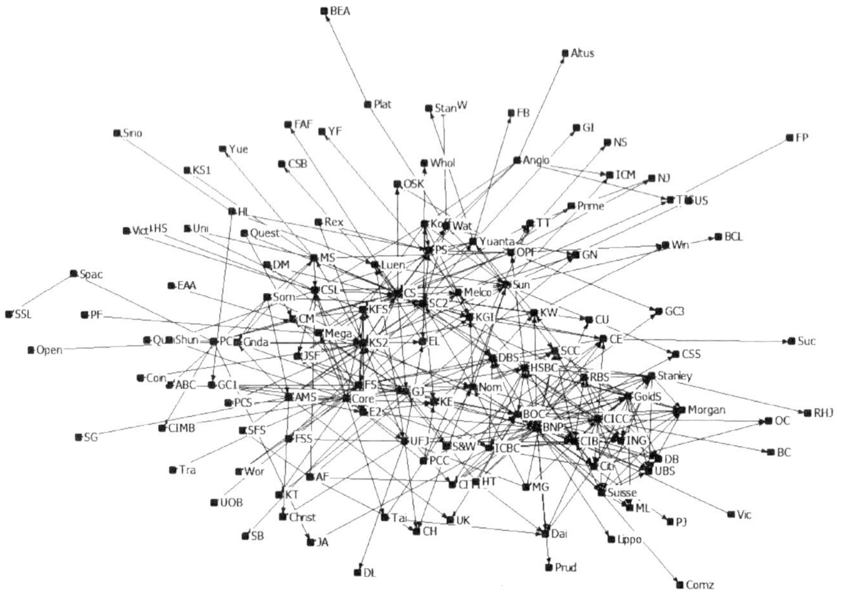

图 3-5　高密度承销合作网络拓扑结构图

资料来源：笔者绘制。

图 3-6 显示了香港承销合作网络的关系数量变化。从中可以看出，虽然承销合作网络合作关系总数的变化趋势与图 3-3 中投资银行数量以及承销合作项目数量的变化趋势相一致，平均单个投资银行的合作关系数量（单位投行合作关系数量）却在 1994~2010 年整个观测期内呈明显上升的趋势，仅在最后一个 2007~2010 年研究窗口由于金融危机的作用而有所下滑。由此可见，在本书的观测期内，香港投资银行业的合作网络现象日益显著，投资银行随着时间的推移也更多地参与各类承销合作。

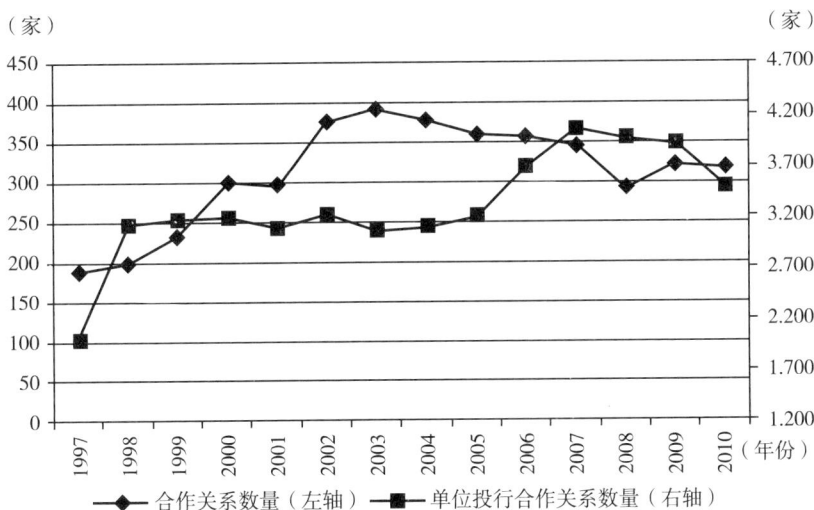

图 3-6 香港承销合作网络合作关系对比（1997~2010 年）

资料来源：笔者绘制。

与平均单个投资银行的合作关系数量大致单调上升的运动方向相悖，图 3-7 给出的承销合作网络的网络密度呈现出 M 形的变化趋势。在单位投行合作关系数量曲线较为平坦的 1998~2006 年，该网络的密度出现大幅度下滑，并在 2003 年承销合作项目数量达到峰值的时候该网络密度出现了最小值，随后网络密度缓慢回升，并在 2006 年时恢复到了 1998 年的水平。

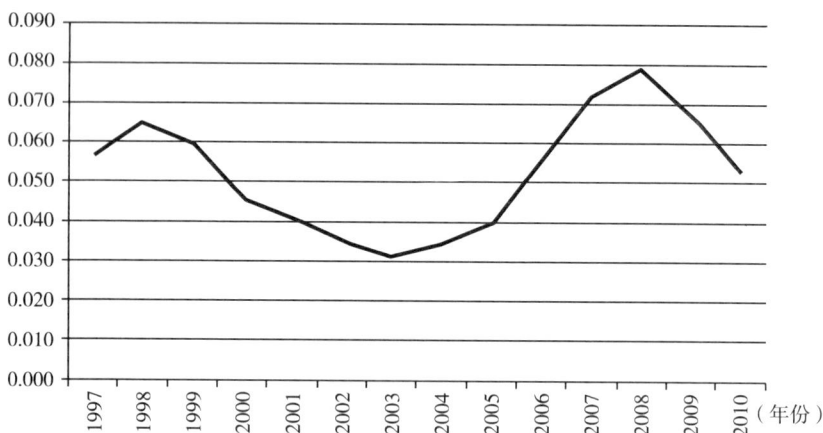

图3-7 香港承销合作网络密度变化趋势 （1997~2010年）

资料来源：笔者绘制。

产生这一现象的主要原因是，1997年后香港资本市场上大量的承销项目吸引了更多的投资银行进入香港投资银行业参与承销合作。之前由少数几个以主要投资银行为中心的小团体所构成的承销合作网络逐渐转化为由多个小团体构成的网络。这一演化过程导致网络节点间可能存在的关系数量大幅度增加，而单位节点的关系数量却未发生太大的变化，从而引起香港承销合作网络密度的大幅度下滑。而2003年后行业竞争加剧，导致部分投资银行被兼并或退出香港市场，使香港承销合作网络又恢复到原有的由少数主要投资银行小团体所构成的网络，网络密度也因此重新回到1998年的水平。

由此可见，因为外部环境与内部竞争的共同作用，香港投资银行承销合作网络结构随着时间的推移不断发生渐进式的变化，其历史演化大致可分为以下四个阶段：

1994~1998年，香港投资银行业承销合作网络受到香港回归导致的资本市场环境改变的影响，网络节点数量和连接关系数量快速增加。在1994年和1995年，香港投资银行分别仅有8次和3次承销合作项目，而到了1997年末，大量中国企业进入香港证券市场融资，导致1997年和1998年每年承销合作项目分别达到44次与15次。网络中单个投资银行的平均合作关系数量以及承销合作网络密度也大幅上升，香港投资银行业的合作网络现象显著度日益提升。

受到大批高质量承销项目的刺激，香港投资银行业承销合作网络迅速发展起来。1999~2003 年，来自中国、日本、北美以及欧洲的著名投资银行纷纷进入中国香港资本市场，在网络节点数量和连接关系数量持续稳定上升的同时，承销合作网络结构也发生了重要变化。原先由少数几个以主要投资银行为中心的小团体所构成的承销合作网络逐渐转化为由多个小团体构成的较为复杂的网络。图 3-8 以 2001~2004 年承销合作网络为例显示了这一阶段的多中心网络结构。从图 3-8 中可以看出，除了左下角由 HSBC（汇丰银行）、Suisse（瑞士银行）、CICC（中国国际金融有限公司）等传统主导投资银行所形成的小团体外，在网络中还形成了以 Mega、Melco、KGI、KFS 等中型投资银行为中心的新的小团体。这一网络结构的变化过程导致香港投资银行承销合作网络在 1999~2003 年网络整体合作关系数量增加，且在单位投行网络关系数量保持不变的同时，行业网络密度却大幅度下降。

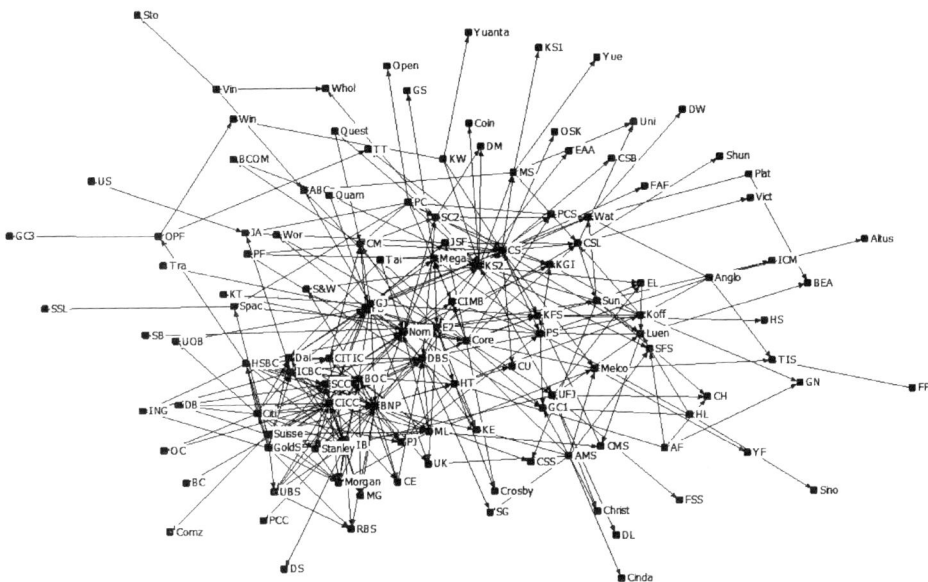

图 3-8　2001~2004 年香港投资银行业承销合作网络拓扑结构图

资料来源：笔者绘制。

随着投资银行数量的增加以及来自中国和亚太地区企业融资项目的增加趋缓，香港投资银行业的竞争日益激烈。由表3-1和图3-6可知，2004~2008年，虽然合作承销项目数量大致保持稳定，但投资银行数量却急剧缩减。大量投资银行或被兼并或退出香港市场。2005~2008年，香港市场上参与承销合作项目的投资银行仅74家，降至1996~1999年的水平。图3-9显示了2005~2008年的承销合作网络结构，将图3-9与图3-8对比可知，香港投资银行业的合作网络又由多中心小团体网络转化为以HSBC（汇丰银行）、Suisse（瑞士银行）、CICC（中金公司）、Stanley（摩根士丹利）等大型投资银行主导的少量小团体构成的网络。Mega、Melco、KGI、KFS等中型投资银行或已消失，或已位于网络的边缘。这一过程在网络密度变化趋势图中亦有反映，图3-7显示承销合作网络的密度在这一时期呈显著单调上升趋势。

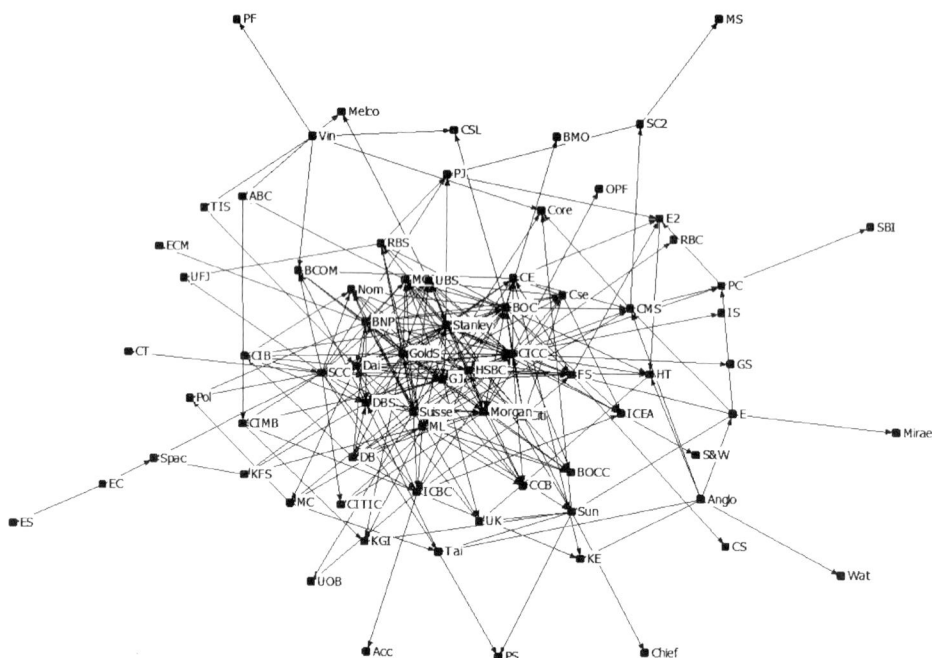

图3-9　2005~2008年香港投资银行业承销合作网络拓扑结构图

资料来源：笔者绘制。

2008 年全球性的金融危机以及随后主要经济体的发展停滞打断了承销合作网络原来的发展趋势，对香港承销合作网络产生了较大的影响。许多拟上市的企业取消了原来的融资计划，图 3-6 与图 3-7 显示了承销合作项目的减少导致单位投行合作关系数量以及整体网络密度的下降。图 3-10 显示了这一时期的承销合作网络结构。

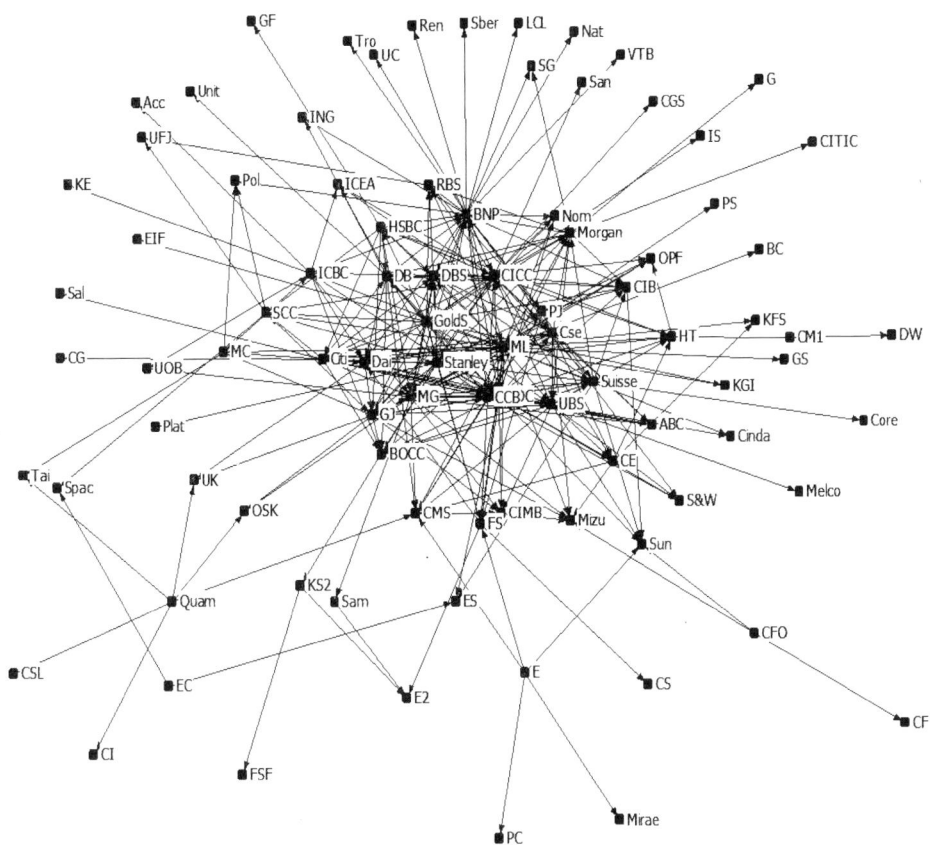

图 3-10　2007~2010 年香港投资银行业承销合作网络拓扑结构图

资料来源：笔者绘制。

第三节 承销合作网络小世界现象

一、小世界的特征与识别

Milgram（1967）最早采用"小世界效应"（Small World Effect）来指代某些社会网络中人与人之间的跨壁垒联结现象。在规模较大的社会网络中通常存在对外较为封闭的社区或由地理和文化差异形成的社会壁垒等社会结构，但这些社会结构并未影响网络行动者通过相对较短的熟人路径（Path of Acquaintances）联结起来，两个社会网络行动者间经常出现共同认识之人，这一现象即为小世界现象。随着社会网络分析视角的兴起，小世界现象逐渐引起了学者们的重视，并在社会网络外的某些企业间网络、生态网络、互联网、供电网络等多种网络均证实了小世界现象的存在（Yancey 等，2009；庄新田等，2010；Joham 等，2010；Ochab 和 Góra，2011；Hawick 等，2011；曾明彬、周超文，2011）。

小世界网络结构引起社会科学领域关注的原因主要在于该网络结构有利于信息、创新、经验、惯例，以及其他促进组织知识学习、环境适应、提升组织竞争力的资源在网络中的高效流动。

关于小世界网络的起源存在两种主要的观点：一种观点认为小世界现象的本质是具有随机属性的，即小世界网络是由网络行动者进行合作互动后随机形成的自然稳定状态（Watts，1998）；另一种观点则认为小世界网络是网络行动者战略行为所导致的结果，这些网络行动者为获取信息优势或中介优势的主动战略行为，不仅改变了网络平均路径长度，形成了网络中较为封闭的小团体结构间的高速信息通道（Davis 等，2003），而且维持了这些小团体内部的结构状态（Baum 等，2003）。

对小世界现象更为规范的计量描述给出了该类拓扑结构的统计特性。小世界通常被定义为同时具备社会结构特性与较短连接路径的网络，其中前者以较高的网络集聚度（Clustering）为特征（Watts 和 Strogatz，1998）。具有较高的网络集聚度意味着如果两个网络行动者有着一个或多个共同的熟人，那么这两个行动者也具有极大的可能性相互认识。换言之，在较高集聚度的网络中，两个节点间如果通过一个或多个节点间接连接，那么这两个节点间直接连接的概率也较大。具有较高集聚度的网络中的节点通常形成一个个紧密联结的局部网络结构，在该类局部网络结构中，节点之间相互之间的联结极为紧密，节点间的结构洞较少。局部网络结构内的网络密度要远远大于局部网络结构间的网络密度。该类局部网络结构在社会网络与组织间网络的情境下也经常被称为小团体结构。

小世界的第二个特征是节点间较短的连接路径。在小世界网络中，网络一端的行动者到网络另一端的行动者虽然也可能需要通过较多的中介行动者，但网络中任意一对行动者之间的最短路径的平均值通常较小。对多个网络的小世界现象进行的研究显示，小世界网络两个行动者之间最短路径的平均值在 2 ~ 4。这意味着平均而言小世界网络两个行动者之间只存在 1 ~ 3 个中介行动者，小世界网络的整体网络半径较小。

因为同时具备较高集聚度与较短路径这两个特征，小世界网络通常呈现出以下形态：小世界网络由一个个内部密度较高的局部网络结构（小团体）组成；局部网络内部节点连接紧密，局部网络间密度却显著较低；但由于局部网络间存在着相互联结的直接关系，从网络中某节点出发能经由较短的路径到达任意另一节点。

与小世界网络相比，随机网络与规范网络在集聚度与连接路径两个网络特征维度上表现出明显的差异。完全由行动者随机连接而成的网络通常具有较短的路径，但其集聚度较低，网络密度整体分布较为平均，并不具备显著的高密度局部网络结构。而在网络结构的另一个极端，通过就近连接法所形成的规范网络，即网格网络（Regular Lattice），通常具有极高的集聚度，但两个行动者之间的平均连接路径却极长。现有的研究显示，通过将网格网络的一小部分行动者之间的关系进行随机重新连接可将原有网络转化为小世界网络，这种对原有网络较小程度的随机扭曲在网络中产生了较短的路径，并同时保留了原有网格网络的规范结构；其导致留存较高网络集聚度的同时，行动者间平均路径的大幅度缩短，形成小世界网络特性（Baum，2004）。

因此，研究人员通常利用以上两个网络特征对研究对象网络的小世界现象进行识别，并将它与其他诸如随机网络或规范网络等网络结构区分开来。Watts 和 Strogatz（1998）指出，在实证分析中可采用特征路径（Characteristic Path）长度 L 和集聚系数 C（Clustering Coefficient）来识别小世界网络。其中，特征路径指的是连接网络行动者和另一个行动者的最短路径，整个网络的特征路径的长度 L 指的是网络中所有特征路径长度的平均值。由于确定网络中任意两个节点之间的最短路径需要网络整体拓扑结构的信息，L 通常被认为是衡量网络整体结构的宏观指标之一。与之相反的是，识别小世界网络的第二个指标集聚系数 C 被认为是衡量局部网络结构的中观指标。C 衡量的是在局部网络范围内具有共同连接对象的两个行动者本身就直接相连的平均概率；换言之，C 衡量的是局部网络的粘连性或小团体性（Cliquishness）。

由于存在小世界现象的网络同时具备较高的集聚度与较短的路径这两个特征，而随机网络通常展现出较短的路径和较低的集聚度，Watts 和 Strogatz（1998）指出，研究人员可通过将所研究的目标网络的特征路径长度 L 和集聚系数 C 与拥有相同数量行动者和相同数量联结关系的随机网络的 L 和 C 进行对比，来评估所研究网络小世界现象的显著程度。对于存在显著小世界现象的网络而言，其特征路径长度 L 的值应非常接近具有相同行动者与联结关系的随机网络的 L 值；而其集聚系数 C 的值应远远大于随机网络的 C 值。随后在社会网络、组织间网络、生物网络等各领域的大量研究中研究人员均采用这一方法对小世界现象进行了识别与分析（Shipilov 和 Li，2008；Yancey 等，2009；庄新田等，2010；Joham 等，2010）。

二、香港承销合作网络小世界现象分析

从现有文献来看，尽管学者们对小世界现象是否存在的问题已较少存疑，且在各个领域对小世界网络的特性进行了大量的分析，但是对小世界网络长期演化的实证分析却很少。这主要是因为客观数据的缺乏，各类网络经度数据的

缺失导致研究人员只能进行一个时间点上的小世界网络分析。为填补这一研究缺口并为投资银行小团体及"根植—拓展"战略选择提供理论铺垫，本书依据上述理论与实证识别方法对 1994~2010 年香港投资银行业承销合作网络的小世界现象及其在这段时期内的演化进行一定的分析。

本书采用前述香港投资银行业 4 年期移动研究窗口所构筑的承销合作网络对该行业的小世界现象进行识别与分析。承销合作网络是由投资银行间由关系的发出方主承销商指向关系的接受方副主承销商的有向矢量关系构成，该网络的相邻矩阵也是非对称的赋值矩阵，其中的赋值代表了关系强度。由于特征路径长度 L 与集聚系数 C 的计算是基于节点间关系存在与否而不是关系的矢量方向与强度，这里的非对称赋值矩阵不满足这两个变量的计算假设前提。

本书采用对称化（Symmetrization）与二分化（Dichotomization）对现有相邻矩阵做一定的调整以满足特征路径长度与集聚系数的计算假设前提。对称化过程将原有相邻矩阵中的右上角与左下角的对应元素进行比较，若右上角与左下角的对应元素不相等，则将其中较小元素的值更改为较大元素的值。该过程将原有的非对称矩阵转化为对称矩阵，其本质是去除原有矩阵中节点间关系的矢量方向属性。二分化过程将原有相邻矩阵中的所有非零元素更改为 1，而原有为零的元素则保持不变。该过程将原有的赋值矩阵转化为 0~1 的逻辑矩阵，其本质是去除原有矩阵的关系强度属性。对称化与二分化这两个矩阵转化过程可通过 Borgatti、Everett 和 Freeman 的 UCINET 软件的功能实现。通过这两个转化过程，原有的非对称赋值相邻矩阵被转化为对称的逻辑相邻矩阵，满足了计算特征路径长度 L 与集聚系数 C 的假设前提。现有分析网络小世界现象的研究在进行特征路径长度与集聚系数计算时通常假设网络是由无差异的、经典原子态的节点与无权重且无方向的联结关系构成。本书这一矩阵转换的处理方法与以往该领域的研究所采用的方法一致。

本书沿袭 Watts 和 Strogatz（1998）的方法，利用特征路径长度 L 与集聚系数 C 来识别和分析香港投资银行承销合作网络的小世界现象。通过 UCINET 软件，可计算出连接承销合作网络中任意两个投资银行的最短路径的平均值，即承销合作网络特征路径长度 L_{Actual}。较大的 L_{Actual} 值表明诸如承销项目信息、创新实践等资源必须通过较多的中介行动者在不同投资银行间进行流动。集聚系数通过实际关系数量与所有可能关系数量的比值计算得到。在承销合作网络中投资银行 i 的集聚系数 C_{i_Actual} 的计算公式如下：

$$C_{i\_Actual} = \frac{N_i}{[n(n-1)]/2} \tag{3-1}$$

其中，N_i 代表投资银行 i 在所有 n 个对象中实际存在的关系数量，而该公式的分母则表示该投资银行的 n 个合作对象相互之间所有可能的合作关系数量。计算所有投资银行的集聚系数 C_{i_Actual} 并加以平均即得到承销合作网络的集聚系数 C_{Actual}。较高的 C_{Actual} 表示承销合作网络由一系列内部具有较高密度的投资银行小团体相互连接形成。

承销合作网络的小世界可通过将该网络的特征路径长度 L_{Actual}、集聚系数 C_{Actual} 与具有相同节点数量 n 和相同连接关系数量 k 的随机连接网络的特征路径长度 L_{Random}、集聚系数 C_{Random} 进行比较来识别。根据 Watts 和 Strogatz (1998) 的研究结果，随机网络的特征路径长度 L_{Random}、集聚系数 C_{Random} 的计算公式分别为：

$$L_{Random} = \frac{\ln(n)}{\ln(k/n)} \tag{3-2}$$

$$C_{Random} = k/n^2 \tag{3-3}$$

假如所研究的目标网络存在小世界现象，则该网络的集聚系数要远远大于具有相同节点数与关系数的随机连接网络的集聚系数，即 $C_{Actual} \gg C_{Random}$；而该网络的特征路径长度却与随机网络的特征路径长度大致相当，即 $L_{Actual} \approx L_{Random}$。换言之，小世界网络在和随机连接网络具有大致相当的平均最短路径长度的同时却在各个局部网络区域上表现得更为集聚（小团体性）。

本书沿用 Kogut 和 Walker (2001) 的小世界统计量 SW 对投资银行承销合作网络的小世界现象进行识别与分析，该统计量的计算公式如下，其中各变量代表含义已在上文列明：

$$SW = \frac{C_{Actual}/C_{Random}}{L_{Actual}/L_{Random}} \tag{3-4}$$

当网络的 SW 值大于 1 时，该网络即可被认为存在小世界现象；且在此基础上，SW 的值越大，小世界现象越显著（Davis 等，2003）。

在本书的分析过程中，部分研究窗口的承销合作网络出现了孤立网络区域。由于完全连接性（Full Connectivity）是进行小世界现象分析的重要假设前提，这一假设前提要求网络中所有节点都必须连接于一整块网络中，不允许出现孤立的节点或者相互连接但与主要网络分离的节点群。由于软件计算将两个不相连的网络节点间的距离赋予缺省值 0，而理论意义上，不相连的两个点的距离为无穷，因此存在孤立网络区域的网络特征路径长度的计算结果是不准确的。在网络完全由孤立的对偶关系（Dyad）构成的极端情况下，网络的特征路径长度为 1，显然与现实意义相违背。孤立网络区域的出现导致研究人员无法对这部分研究窗口的承销合作网络进行准确分析。

为解决这一问题，本书对所有研究窗口的承销合作网络进行了节点群数量分析。结果显示，在所有的研究窗口中，仅有 2004~2007 年窗口中出现了由 3 个节点构成的孤立网络区域。在该研究窗口中，与这 3 个节点孤立网络区域分开的主网络包括了 96.5% 以上的投资银行以及 99.4% 以上的合作关系，代表了绝大部分承销合作网络，去除部分孤立网络区域并不影响到对承销合作网络整体小世界现象的分析，因此，本书在存在孤立网络区域的承销合作网络研究窗口中对孤立节点群进行了剥离而保留了主网络部分，并将该主网络部分作为承销合作网络整体进行处理。

表 3-2 总结了香港投资银行业承销合作网络在研究观测期内小世界现象特征的演化过程。该表的第 2、第 3 列分别给出了承销合作网络历年来的网络关系（承销合作关系）总数量 k 与节点（投资银行）总数量 n。第 4、第 5 列分别显示了该承销合作网络的集聚系数 C_{Actual} 和特征路径长度 L_{Actual}，而接下来的两列则对应地显示了具有相同节点数量和关系数量的随机连接网络的集聚系数 C_{Random} 和特征路径长度 L_{Random}。表格最后一列为各研究窗口承销合作网络的小世界特征统计量 SW。

表3-2 承销合作网络小世界现象特征统计量

年份*	k	n	C_{Actual}	L_{Actual}	C_{Random}	L_{Random}	SW
1997	193	96	0.466	2.348	0.021	6.536	61.942
1998	201	64	0.417	2.343	0.049	3.634	13.180
1999	235	74	0.429	2.527	0.043	3.725	14.735
2000	301	94	0.284	2.854	0.034	3.904	11.404
2001	298	96	0.295	3.479	0.032	4.029	10.567
2002	378	117	0.272	3.211	0.028	4.061	12.457
2003	396	129	0.278	3.212	0.024	4.333	15.759
2004	381	122	0.264	3.165	0.026	4.219	13.746
2005	361	112	0.265	3.526	0.029	4.032	10.529
2006	359	97	0.412	3.288	0.038	3.496	11.481
2007	349	86	0.381	3.610	0.047	3.180	7.112
2008	295	74	0.374	3.073	0.054	3.112	7.031
2009	323	82	0.346	2.811	0.048	3.214	8.236
2010	320	91	0.386	3.076	0.039	3.587	11.649

注：*代表表中年份为各4年期研究窗口的最后一年，用于代表该研究窗口。
资料来源：笔者计算整理。

从表3-2可以看出，香港投资银行业承销合作网络的集聚系数 C_{Actual} 要远大于与之具有相同节点数量与连接关系数量的随机网络的集聚系数 C_{Random}。两者相差最大的时期为1994~1997年研究窗口时期。在这一时期，C_{Actual} 的数值为 C_{Random} 数值的22.19倍；两者相差最小的时期为2005~2008年研究窗口时期，此时 C_{Actual} 的数值为 C_{Random} 数值的6.93倍。就1994~2010年整个观测期而言，承销合作网络的集聚系数平均为随机网络集聚系数的10倍以上。图3-11也显示了相同的情况。从图3-11可以看出，尽管承销合作网络与随机网络的集聚系数在整个样本观测期的变化大致呈现出相同的趋势，但两者之间存在着巨大的数值差距。

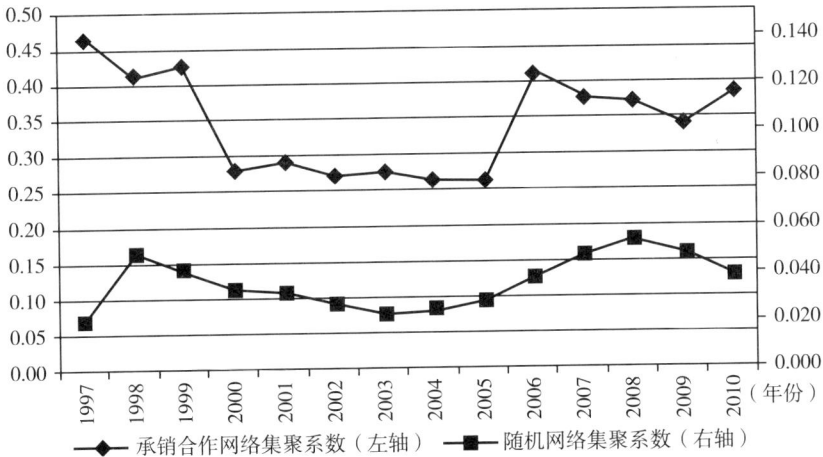

图3-11　承销合作网络与随机网络集聚系数对比图

资料来源：笔者绘制。

值得注意的是，无论是表3-2还是图3-11均显示出香港承销合作网络在1999年至2006年间集聚系数出现了明显的下降，由平均0.4左右的水平降至平均0.27左右的水平。这主要是因为来自中国内地、北美和欧洲等地的投资银行在这段时期大量进入中国香港资本市场，中国香港投资银行业承销合作网络迅速发展，导致该网络从原先由少数几个以主要投资银行为中心的小团体所构成的较为集中承销合作网络逐渐转化为由多个小团体构成的较为分散的多中心网络。这与上文表3-1与图3-7所显示的承销合作网络在该段时期网络密度先下降后上升的趋势相合。

通过将表3-2中承销合作网络特征路径长度 L_{Actual} 与具有相同节点数量和关系数量的随机网络的特征路径长度 L_{Random} 进行比较可以看出，两者在数值上大致相当。L_{Actual} 的最小值出现在1995～1998年，取值为2.343，而最大值出现在2004～2007年，取值为3.610。对两者比值 L_{Actual}/L_{Random} 进行分析可以发现，该比值在1994～1997年研究窗口中达到最小值约0.359，而在2004～2007年研究窗口中达到最大值约1.135。从整个观测期平均而言，承销合作网络特征路径长度 L_{Actual} 是随机网络的特征路径长度 L_{Random} 的0.8倍左右。图3-12显示了更为直观的结论，从图3-12中可以看出，承销合作网络与随机网络的特征路径长度基本相当，而前者整体上略低于后者，仅在 2004~2007 年研究窗口中前者超越后者，其标示点位于后者标示点之上。

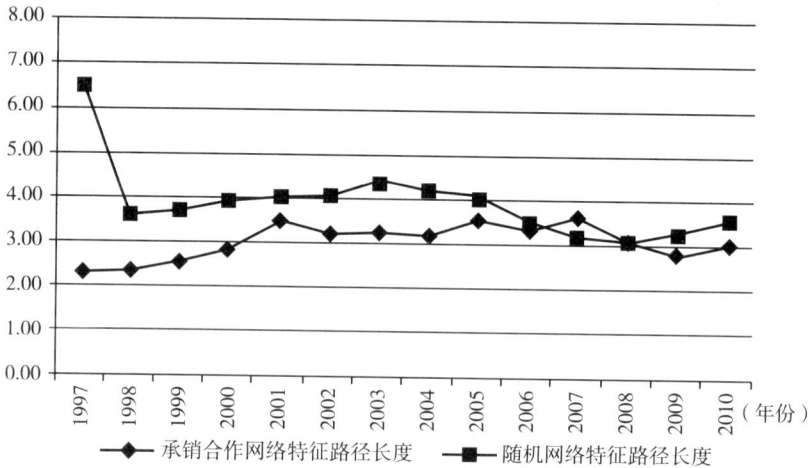

图 3-12　承销合作网络与随机网络特征路径长度对比图

资料来源：笔者绘制。

在 1994~2010 年整个观测期，承销合作网络的特征路径长度平均值约为 3.037，标准差为 0.412。这表示平均而言，在香港承销合作网络中任意两个投资银行间仅需通过 2 个中介投资银行就能连接起来，且这一特性在长期以来较为稳定。表 3-1 与图 3-6 显示单位投资银行合作关系数量在整个观测期平均为 3.32，这表示承销合作网络整体上是较为稀疏的网络；而表 3-2 中较高的网络集聚系数又显示该网络是由聚合成各个小团体的投资银行所构成的。在香港投资银行业较为稀疏且具有小团体性的承销合作网络中连接两个投资银行平均仅需 2 个中介行动者，这说明该网络结构在信息传递上具有较高的效率，也说明在承销合作网络的各个小团体间存在着稀疏但直接的连接关系。

表 3-2 最后一列给出了香港投资银行业承销合作网络小世界现象统计量 SW 的历年数值。该系列数值最大值出现在 1994~1997 年研究窗口，为 61.942；而最小值出现在 2008 年，为 7.031。由整个观测期来看，SW 的平均

值约为14.988，远远高于理论比较数值1。图3-13显示了香港承销合作网络小世界统计量SW的变化趋势曲线，为更好地表现出该趋势，图3-13去除了1994~1997年研究窗口的异常数据。从图3-13中可以看出，虽然SW值在7~16震荡波动，但均远大于理论数值1。值得注意的是，在香港市场上投资银行大量增加，承销合作网络亦由原来的少数小团体连接形成的拓扑结构转化为多个小团体的结构时期（1999~2003年），该网络的小世界现象也日趋明显，并在2003年达到小世界现象统计量的峰值。这与经典的小世界网络拓扑结构相契合。之后随着行业竞争的加剧，许多投资银行被兼并或退出香港市场，SW值也随之下降，最终达到2008年的最小值。

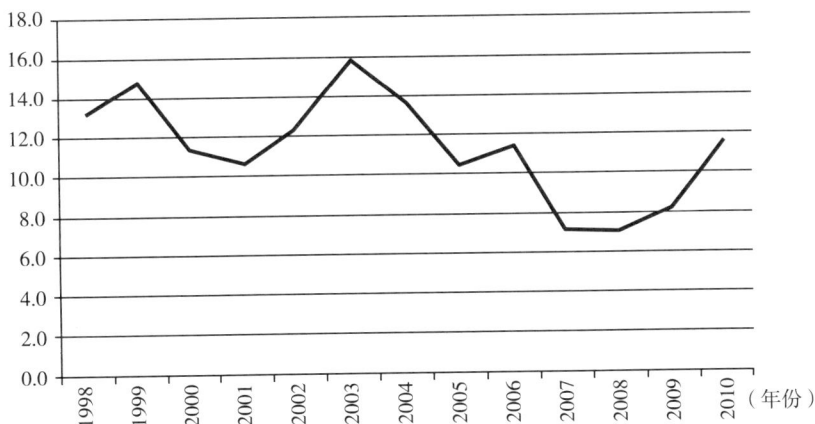

图3-13　承销合作网络小世界统计量SW变化趋势（1998~2010年）

资料来源：笔者绘制。

尽管以上实证结果支持香港投资银行业承销合作网络存在小世界现象，且具有小世界拓扑结构的高效信息优势，但由于SW统计量并未设计临界显著值，因此将该网络的平均集聚系数、特征路径长度，以及SW值等一系列小世界现象特征值与其他针对组织间网络小世界现象研究的特征值进行比较能更好地说明香港承销合作网络小世界现象的显著程度。

Uzzi 等（2002）的研究结果显示美国百老汇音乐剧产业的组织间网络存在较为明显的小世界现象，该网络节点数量平均为 540 个，单位节点关系数量平均值为 11.6，而该网络平均集聚系数和特征路径长度分别为 0.3 和 3.24，小世界特征统计量 SW 平均值为 3.24。Davis 等（2003）公布的美国 1982 年、1990 年和 1995 年大公司董事会网络的节点数量平均为 182，单位节点关系数量平均值为 7.2，而该网络平均集聚系数为 0.22，平均特征路径长度为 3.06，SW 值平均值为 4.87。Kogut 和 Walker（2001）对德国企业间相互持股网络的研究显示，这一网络节点数量、单位节点关系数量的平均值分别为 538 和 3.6，而其集聚系数、特征路径长度和 SW 值的平均值分别为 0.84、3.01、22.46。与上述各组织间网络相比，香港承销合作网络具有大致相当的平均集聚系数与特征路径长度，而除德国企业间持股网络外，香港承销合作网络的小世界现象 SW 值要远高于其他组织间网络的 SW 值。

综上所述，香港承销合作网络的集聚系数远大于随机连接网络的集聚系数，即 $C_{Actual} \gg C_{Random}$，而该网络的特征路径长度与随机连接网络的特征路径长度大致相当，即 $L_{Actual} \approx L_{Random}$，加之该网络小世界现象统计量显著大于 1，即 $SW \gg 1$，且以上三个特征在长达 17 年的观测期十分稳定，与其他具有小世界现象的组织间网络相比 SW 值更为显著，因此香港投资银行业承销合作网络存在显著的小世界现象。

由以上对投资银行业承销合作网络的拓扑结构分析可知，该网络是由多个投资银行小团体连接而成的小世界网络，这些小团体通常由一群投资银行围绕在几个主要投资银行周围集聚而成，在小团体内部投资银行间联系紧密。小团体之间存在的直接联系导致整体网络结构在信息、创新、经验等资源流动上的高效性。这点从该网络长期以来较短的特征路径长度可以看出，在该承销合作网络中，一个投资银行平均仅需经过 2 个中介行动者就能与网络中任意其他投资银行进行连接。但是该承销合作网络小团体结构的变化，小团体内部连接的紧密程度以及小团体间的关联情况仍须进一步研究加以确定。

第四节　承销合作网络小团体结构

一、中观网络结构与小团体

对企业间网络的现有研究或关注于两个组织之间的对偶关系（Dyad），或关注于整个行业网络；前者着重于关系的强度、互补性、互惠性、合作惯性等方面的考虑，而后者则着重于对网络行动者的中心度、中介度等网络位置，或者对网络结构洞、密度等网络结构的研究。无论是前者还是后者的研究对居于微观的对偶关系与宏观的行业网络之间的中观网络结构（Mesolevel Network Structure）都缺乏关注。

而像小团体这样的中观网络结构由于紧密地围绕在网络行动者的周围且对之施加直接影响而显得尤为重要。正是由于小团体存在的普遍性以及它对在其内的行动者的行为和绩效的重要影响，一些研究人员指出，与小团体结构的重要性相比，目前对它的研究，特别是实证方面的研究严重不足（Gulati，1999；Rowley 等，2005）。

小团体结构是典型的介于微观对偶关系与宏观整体网络之间的中观网络结构。在企业间网络拓扑图中，由企业形成的小团体是一个非常显著的区域，在这一区域中企业间的交互合作关系明显比小团体区域外的关系稠密（Wasserman 和 Fraust，1994）。小团体限制了其内企业的合作伙伴搜索行为，决定了其内企业获取信息与商机的方式与多寡，并起到了其内企业相互竞争、相互合作、建立声望的交互平台的作用。从小团体的识别角度而言，与其他宏观网络结构相比，小团体更容易被整体识别。与小团体外部稀疏的网络关系相比，小团体内部高密度的连接使得其结构边界要比其他较为宏观的网络结构的边界更为清晰。

此外，与联合经营或共同持股所形成的企业集群相比，由战略联盟、承销联盟或者其他形式的合作所形成的小团体关系双方的合作目标更为狭窄，合作关系的紧密程度也不如前者，小团体关系各方往往还具有较强的竞争性，且通常不具有交叉持股或是联合经营的特点。

二、香港承销合作网络小团体拓扑结构分析

上文对承销合作网络小世界现象及其集聚系数的分析均指明了投资银行业承销合作网络小团体结构的存在，但是该承销合作网络小团体的变化、小团体内部连接的紧密程度，以及小团体间的关联情况等拓扑结构，仍须进一步实证分析加以确定。因此，本书采用前面所述的 4 年期移动研究窗口对 1994～2010 年观测期内香港投资银行业承销合作网络的小团体结构进行识别和分析。本书沿袭 Baum 等（2004）和 Rowley 等（2005）的 2-Clan 算法，利用 UCINET 对小团体进行识别（具体识别方法详见本书第五章第二节）。

通过 2-Clan 算法，在 14 个 4 年期研究窗口中共识别出 150 个小团体，在各个研究窗口中平均 70.42% 的投资银行具有小团体归属；在所有研究时期中，至少在其中一个研究窗口中具有小团体归属的投资银行有 159 家，约占总共 191 投资银行的 83.25%。由此可见，小团体结构较为普遍，在承销合作网络中具有重要的地位。

表 3-3 显示了香港投资银行业承销合作网络小团体结构各属性变量的统计值。表 3-3 中第 6 列与图 3-14 显示了在观测期内香港承销合作网络的小团体数量变化趋势。可以看出，虽然小团体数量在 14 年内波动较为剧烈，但整体而言呈现出先扬后抑的趋势。在 1994～1998 年这段时期，小团体数量较为稳定，且处于整个观测期内最低的水平，显示了当时承销合作网络由大型投资银行主导的少数小团体所构成的网络拓扑结构，且由表 3-3 的第 7 列可知这一时期的小团体平均成员数量是整个观测期的最大值，小团体的规模较大。

表 3-3　承销合作网络小团体结构属性变量

年份*	小团体内 网络密度	团体内 密度标准差	小团体间 网络密度	团体间密 度标准差	小团体数量 （个）	成员数量 平均值	成员数量 标准差
1997	0.286	0.111	0.0074	0.00185	4	9.000	9.381
1998	0.327	0.135	0.0085	0.00109	4	9.250	9.251
1999	0.306	0.128	0.0078	0.00189	10	5.400	6.204
2000	0.234	0.088	0.0060	0.00119	12	6.000	5.257
2001	0.209	0.083	0.0053	0.00196	12	4.833	2.725
2002	0.180	0.084	0.0048	0.00110	17	5.353	3.673
2003	0.165	0.073	0.0045	0.00101	12	6.917	7.064
2004	0.177	0.083	0.0047	0.00123	15	5.333	4.894
2005	0.204	0.079	0.0055	0.00147	11	6.545	5.922
2006	0.287	0.105	0.0074	0.00162	15	4.933	5.587
2007	0.365	0.137	0.0087	0.00102	11	5.636	5.316
2008	0.400	0.157	0.0102	0.00117	8	7.000	7.746
2009	0.340	0.131	0.0086	0.00134	9	6.333	9.260
2010	0.265	0.110	0.0067	0.00116	10	3.800	1.317

注：*代表表中年份为各 4 年期研究窗口的最后一年，用于代表该研究窗口。

资料来源：笔者计算整理。

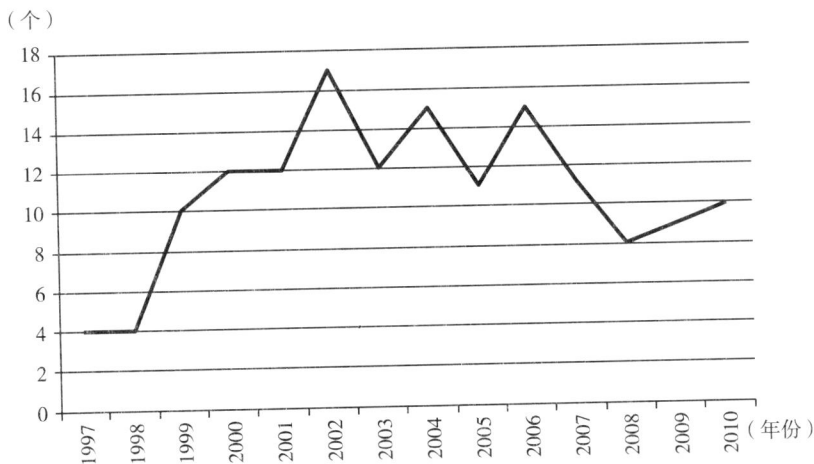

图 3-14　小团体数量变化趋势图

资料来源：笔者绘制。

随着香港资本市场在 1997 年后产生结构性的变化，中国、美国、欧洲等地区与国家投资银行进入中国香港资本市场，部分位于小团体边缘的投资银行脱离了原来的小团体并与其他投资银行形成了新的小团体，在 1998~2003 年这段时期，承销合作网络中小团体数量不断增加，但由表 3-3 的第 7 列可知小团体的平均规模在不断下降。2003~2008 年承销项目的减少和行业竞争的加剧导致部分投资银行被兼并或退出香港市场，承销合作网络小团体数量整体呈下降趋势，而这一时期的小团体规模缓步上升标志着香港承销合作网络又恢复到原先的由少数大型投资银行主导的小团体所构成的网络。

表 3-3 的第 2、第 3 列分别显示了研究观测期内香港承销合作网络小团体内部网络密度的平均值以及该值的标准差。由此可以看出，投资银行小团体内部的网络密度极高，这与理论中小团体内企业间稠密的合作关系相符合。小团体内网络密度在 1999~2003 年持续减少，并在 2000~2003 年研究窗口出现最小值，这段时期正是大量外部投资银行进入香港资本市场的时期。外部投资银行的涌入打破了行业原有的格局，使部分投资银行由原来的小团体脱离出来形成了新的小团体，而新的小团体内稠密的合作关系网络尚未完全形成，导致这段时期小团体内网络密度的持续下降。随着行业竞争的加剧，部分投资银行或被兼并或退出了香港资本市场，承销合作网络也逐步恢复到由少数大型投资银行主导的小团体所构成的网络，小团体内部的网络密度也随之上升，并在 2005~2008 年研究窗口达到峰值。随后香港资本又因为全球性金融危机的影响，承销合作项目数量下降，小团体密度也随之降低。

表 3-3 的第 4、第 5 列分别显示了香港承销合作网络小团体间的网络密度的平均值和该值的标准差。从该表数据可以看出，小团体间的网络密度远远小于小团体内部的网络密度。图 3-15 也直观地显示了相同对比结果，从图中可以看出，虽然两者的变化趋势相同，但两者在数值上相差了两个数量级。对两者在 1994~2010 年整个观测期范围内进行平均，小团体内部的网络密度平均值约为 0.268，而小团体间的网络密度平均约为 0.0069，前者是后者的近 40 倍，小团体间存在较为明显的结构洞。这一实证结果不仅与小团体内部关系稠密而外部关系稀疏的理论描述相印证，也说明采用本书的方法所识别出的小团

体确实是独立的小团体，而不是大型的相互重叠的网络区域的子区域。

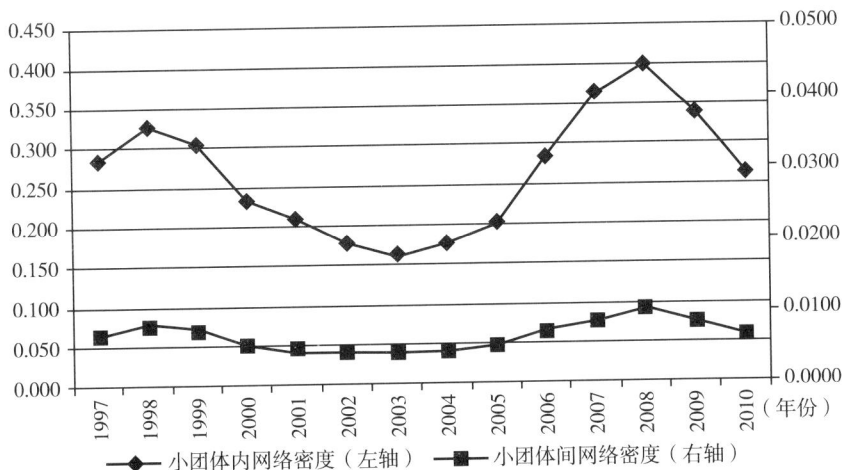

图 3-15　小团体内网络密度与小团体间网络密度对比图

资料来源：笔者绘制。

第五节　本章小结

本章作为从文献整理到理论模型的过渡章节，以我国香港投资银行业为例对承销合作网络的拓扑结构进行了分析，为后续章节概念模型建构中小团体内部合作环境、跨小团体边界和结构洞的网络拓展行为，以及小团体内部合作的网络根植行为等方面，提供了更具针对性的理论依据与实证证据。在简要介绍了承销合作网络基本特性的基础上，本章首先分析香港投资银行业承销合作网络 1994~2010 年的动态演化过程；其次对该网络的小世界现象进行了分析，证明该承销合作网络由多个内部高密度的小团体稀疏连接而成，存在显著的小世界拓扑结构；最后对该网络内由投资银行形成的小团体进行了分析，这一部分对比了小团体内外部网络结构区别，识别了小团体间结构洞并对香港投资银行小团体结构自 1994 年以来的演化过程做出了分析与解释。

第四章　投资银行战略选择及其绩效影响：
概念模型与研究假设

第一节　合作对象选择与"根植—拓展"战略选择

在许多行业企业间的合作关系是重要的竞争优势来源，甚至是某些企业的核心竞争力，但是许多文献表明企业间合作关系的建立存在着大量的风险与不确定性（Gulati，1995；Oxley，1997；Gulati 和 Gargiulo，1999；Lazer 和 Friedman，2007）。由于在大部分行业中都存在着显著的信息不对称现象，因此在形成新的合作关系前，企业通常并不十分清楚潜在合作对象的能力与合作意愿，该类信息的不完全导致了合作对象搜索成本的上升、合作绩效的不确定，并有可能在关系形成后使企业受到合作对象掠夺式的短期机会主义行为的伤害。

为降低搜索成本，减少由合作关系带来的风险与不确定性，企业决策者通常倾向于与特定某个对象建立长期稳定的合作关系。通过与某个特定对象反复多次的合作，合作双方对对方的能力和可靠性均有了较为清晰的认识，且这一过程通常伴随着企业决策者间私人关系的投资，而此类私人关系又作为信息交流的非正式通道进一步降低不确定性，促进企业间关系的稳定（Gulati 和 Westphal，1999；Luo，2001；Lavie 和 Rosenkopf，2006）。反复合作形成的基于信任与高质量信息交换的企业间关系最大程度降低了企业间合作的风险，使得企业对合作对象的选择往往具有较大的路径依赖。

当潜在合作对象的信息无法通过以往直接合作的经验获得时，企业决策者通常借助其现有合作伙伴的推荐信息来判断是否与之形成合作关系，以节约自己识别潜在合作者的能力与可靠性的大量时间和资源。因此，不少研究显示企业经常选择现有合作伙伴的合作对象进行合作以降低新合作关系的风险与不确定性（Uzzi，1996；Sorenson 和 Stuart，2008）。由此形成的三方合作关系在一定程度上限制了企业的不良行为，并使原有的合作关系更为稳固。

与之相比，嵌入在小团体这一中观网络结构内的企业的合作对象选择更具根植性。小团体内部高密度的企业间直接合作关系为其内企业提供了共同治理的平台，在很大程度上对企业在合作中的不良越轨行为产生限制，而小团体的快速声望扩散机制则强化了这一平台的作用。这两者的共同作用使得小团体内的企业在形成新的合作关系时具有极强的倾向性：企业倾向在小团体内部选择合作对象，而这一倾向性则导致小团体内部网络密度的进一步提升以及小团体封闭程度的进一步加大，从而强化了原有的共同治理机制与声望扩散机制。

尽管在小团体内开展合作具有诸多好处，而且许多实证研究也证明了关系路径上存在超过两个中介网络行动者的组织间合作面临着大量的风险和不确定性，并有可能使企业成为合作对象短期机会主义行为的牺牲品，但仍有许多研究注意到了企业会跨越原有熟悉的环境，放弃在小团体内的根植合作战略，而与外部陌生企业形成冒险式的合作关系。

本书第三章对承销合作网络的小世界现象的分析亦显示，承销合作网络由多个小团体连接而成，而小团体间虽然连接关系稀疏，但仍存在着许多跨越小团体边界及其间结构洞的投资银行合作关系，而在对投资银行家的访谈中，不少投资银行家亦表示虽然他们通常与较为熟悉的、曾经合作过的投资银行共同开展承销合作项目，但在某些情况下亦会与自己圈子外不太熟悉的投资银行进行合作。这表明投资银行在一定环境下会选择放弃网络根植战略，放弃小团体内共同治理平台、联合监督机制，以及声望传播机制所带来的降低风险、减少合作不确定性以及保护投资银行不受合作对象越轨行为侵害的诸多好处，而与小团体外的投资银行开展承销合作关系。Baum 等（2005）曾在其研究中将网络行动者跨越自身所在局部网络而与外部网络中的行动者连接的行为称为拓展（Extension）行为。本书借用这一定义方法，将投资银行跨出自身所在的小团体这一局部网络结构而与小团体边界外的投资银行开展承销合作的战略行为称为投资银行的网络拓展行为，并使用投资银行跨小团体边界的合作关系数量与该投资银行所有合作数量的比值来衡量该战略行为的显著程度：该比值越高表示投资银行网络拓展行为越显著；而该比值越低则表示投资银行网络根植行为越显著。这亦表明，拓展战略与根植战略在"根植—拓展"战略选择中是互斥的，网络拓展行为越显著，网络根植行为则越隐微，反之亦然。

第二节 小团体合作环境对投资银行战略选择的影响

一、小团体结构的特性与形成机理

小团体结构对组织的战略行为及绩效影响的重要性主要体现在以下两个方面：

其一，小团体结构在各类组织间网络中非常普遍。许多产业的企业间关系网络是由企业集聚而成的小团体构成的。这些企业小团体相互之间松散连接，但在小团体内部企业间联系却十分紧密（Gulati 和 Gargiulo，1999；Gimeno，2004；Anand 等，2007；Polidoro 等，2011）。因为企业在信息不对称的环境下进行合作对象选择会受到较大的限制，小团体结构在企业间网络十分普遍。对企业合作战略的研究显示，企业在合作对象选择方面具有很强的倾向性：因为大部分产业内较为明显的信息不对称现象以及合作对象搜索成本限制等，企业通常会与历史上有过合作关系的企业或者其合作伙伴的合作对象进行反复的合作，这导致了企业间合作关系较强的组织惯性。此类企业间合作关系的形成模式致使拥有很强聚合性的小团体结构的出现。在理想状态下，小团体内的企业通常与小团体内大部分成员均存在直接合作关系，对于少数没有直接合作关系的小团体成员，通过其合作伙伴（仅通过一个网络行动者）也能够与之间接地联系起来（Li 和 Rowley，2002）。

其二，小团体在企业间关系的动态演进中发挥着关键的、不可替代的作用。高密度的小团体为根植于其内的企业提供了集体治理的平台，限制了其内企业的行为，使其内企业在相互开展合作时比外部企业表现出更强的合作性。在小团体内频繁而紧密的企业间合作关系有利于合作规范的建立，并能对企业间合作中的越轨行为实施有效惩罚。采取如隐瞒信息、保留资源等不合作态度，或为追求短期利益而采取机会主义行为的企业较难在小团体内寻找到愿意与之合作的伙伴，并会在一段时期后被排除在小团体之外（蔡宁、徐梦周，2009；Still 和 Strang，2009；Polidoro 等，2011）。

此外，小团体内稠密的合作关系还加大了企业行为对其声望的影响。如果没有企业群的背景，仅是单纯的两个企业间对偶式的合作关系，合作一方采取越轨行为对其声望的影响仅限于这两个企业；在较为松散的企业集群的背景下，合作一方的越轨行为也只会在较小范围内对其声望产生影响；而在小团体环境中，越轨行为的负面影响将因为根植于小团体内企业间密集的直接合作关系而迅速传播到整个小团体。由于声望的建立是一个长期的过程，而越轨行为却可能在较短时间内对声望产生重大负面影响。因此，小团体结构在很大程度上加大了企业采取不合作态度或短期机会主义行为的成本，减少了此类行为的发生概率。

对于不同的行业小团体的重要性也有差异。在某些行业，企业间合作关系对于其生存和绩效起着至关重要的作用。本书所关注的投资银行业即为其中较为明显的例子。在这些行业中，小团体的成员身份属于重要资源，某些企业即便因为种种原因离开了其原来的小团体也会被迫去寻找另一个小团体加入。由于上文所述小团体的共同治理机制以及信息快速传播机制所导致的声望效应，加入小团体的企业通常能够与其他小团体成员形成建设性的合作关系，并能够在较大程度上免受合作对象掠夺式的短期行为的伤害。

由此可见，企业间简单的对偶式合作关系是脆弱的，企业间长期的合作关系亦受到环境不确定性的极大影响，内部关系稠密的小团体结构对长期、有效的企业间合作关系的建立具有极高的价值。

以上所述的信息不对称与合作对象搜索成本等外生因素导致了企业间合作的惯性以及企业间网络的形成，而组织根植的内生过程却决定了企业与谁合作并导致了小团体的产生。根植性（Embeddedness）是来自于社会学的概念，它指的是组织或个人通常是更大的社会经济架构体系中的一部分，而这个体系决定了在其内部的组织或个人的理性选择范围及其战略或行为（Podolny，1993）。

从小团体形成机理的角度分析，小团体的形成通常经过关系根植阶段、结构根植阶段与认知根植阶段这三个阶段。

在关系根植阶段，两个企业间形成基本的对偶合作关系（Dyad），而该合作关系对未来两者之间的合作有着长期的影响。为降低搜索成本并减少由企业间合作所产生的机会主义行为的风险，企业倾向于与特定合作伙伴建立长期、稳定的合作关系，此类合作关系通常以相互间的信任以及高质量的深度信息交换为特点（Whittington 等，2009）。企业间的历史直接合作关系通常起到了传递对方的能力及可信度方面信息的通道作用，随着这类信息的传递，企业间的相互信任得到了增强，而这类信息也进一步降低了未来两者合作的不确定性。

结构根植阶段以一群企业间相互发展合作关系为特征。企业获取关于合作对象的能力及合作性信息的模式由通过直接合作关系渠道获取信息的模式转化为直接和间接两种渠道获取信息相结合的模式。拥有共同合作对象的两家企业可以较容易地从该共同合作对象处获取对方的信息，且当两家企业都与同一家企业开展合作意味着这两家企业均被这同一家企业认可为值得信任的合作伙伴（Reagans 等，2004）。此类三方（Triad）合作关系还通过局部声望机制促进建设性合作关系的产生，并削弱三方合作关系中各方单独的权力（Still 和 Strang，2009）。在三方中任何一方的越轨行为将为其他两方获悉，与对偶关系相比，其声望损失更大；且任何一方的强势行为通常会受到其他两方的联合压制。因此，与简单对偶关系相比，三方合作关系中各方自主性与独立性均大幅下降，受到网络结构的制约也更强，产生短期机会主义行为的可能性也越小，在此框架内的企业间合作关系也更为稳定与持久。

借助企业直接合作关系和企业合作对象的合作关系为渠道获取的关于潜在

合作对象的能力与可信度方面的信息，原有的对偶关系和三方关系逐渐转化为小团体式的企业间合作关系局部网络框架。该局部网络框架内包含潜在合作伙伴的信息越多，其内的企业也越依赖于该网络框架来寻找合作对象以发展未来的合作关系。相应地，其内企业在不断发展新的合作关系的同时，也逐渐增加了该局部网络框架内的信息集合。在合作中所形成的关于企业能力、可靠度以及不良行为的记录都为该信息集合增添了新的内容。关系根植与结构根植共同促进了兼具高强度关系与封闭性两个特点的企业间网络的形成。基于关系根植的企业间合作连接数量越多，网络整体的关系强度则越大；而三方合作关系越多，该网络结构的封闭性则越强（Baum 和 Ingram，2002）。

由此可见，根植于该局部网络架构内部的企业在不完全信息、合作对象搜索成本限制、三方关系限制，以及从网络内部获取潜在合作对象的各类信息的低成本的共同作用下，所形成的新的合作关系通常亦是根植于该局部网络架构的。因此，小团体式的企业间局部网络架构是受限情况下企业合作对象选择行为的自然演化结果。

在第三阶段，即认知根植阶段，小团体式的企业间网络架构被其内企业共同的思维模式所强化。这一思维模式指的是企业决策者对市场或行业内事物如何运作的感知模式，并决定企业决策者如何解读他人的行为并采取相应的措施。此类思维模式通常以特定的市场或行业内在决策者间通行的但又并不一定成文的规范的形式反映出来，并包含了组织架构及边界、竞争和合作的策略、行业内的地位秩序等基本原则性信息（Ingram 和 Torfason，2010）。Fligstein（1996）曾指出此类思维模式其实是市场参与者试图维持行业内稳定的秩序，并防止可能破坏现行稳定状态的竞争环境出现的意图表现。

当企业在小团体式的合作网络架构中根植程度越来越高，企业间通过相互之间的直接或间接的合作关系结合在一起，并逐步发展出更具根植性的合作关系的时候，企业决策者的思维模式也逐步同化（Pollock 等，2004）。合作网络架构内企业对组织架构及边界的定义、对竞争者的定义逐渐趋同，对企业各自的能力认识也趋于一致，对企业各自的战略亦能更精确地解读。当这一合作网络架构中的企业形成了一致的思维模式的时候，企业间相互监督、共同治理以及共同调整的机制也已成型，原有的企业间合作网络架构最终形成了小团体这一中观网络结构。

二、承销合作网络小团体内部环境

本书在第三章识别出的投资银行业承销合作网络小世界现象，以及该网络长期以来稳定且较高的集聚系数均显示，在该网络中存在着小团体的结构。现有针对承销合作网络的研究对此亦有支持。在投资银行承销合作对象的选择方面，Li 和 Rowley（2002）对美国投资银行业的实证研究显示，投资银行对于承销团成员的选择具有较大的惯性，投资银行与历史合作伙伴进行合作的倾向性极为明显。Baum 等（2003）在对加拿大投资银行业承销合作网络进行分析后亦指出，作为主承销商的投资银行通常利用与副主承销商反复合作的长期利益来避免副主承销商攫取短期利益的机会主义行为。由于承销合作项目通常要求参与其中的投资银行进行高质量的信息交换，副主承销商能够由此获得主承销商客户的详细信息，从而具备了从主承销商手中抢夺该客户后续融资项目的能力，因此主承销商通常利用与之长期稳定的承销合作惯例使副主承销商形成较高的未来合作预期，促使副主承销商放弃短期机会主义行为。因此，承销合作网络关系通常具有较大的惯性，同时体现出一定的长期性与互惠性。这些理论与实证研究的结果均显示投资银行业承销合作网络的小团体与传统小团体在形成环境、机理以及性质、结构上均具有很高的一致性。

为了形成对投资银行小团体更深层次的理解，笔者在对 7 位投资银行家的访谈中问及了关于小团体的一系列问题，以了解业内人士对小团体的存在、意义、结构等方面的认识。

在访谈中，笔者询问了投资银行家对整体承销合作网络、投资银行的自我中心网络（Ego Network）以及投资银行间关系的理解。当被问及是否了解投资银行业承销合作网络结构的时候，大部分投资银行家表示对整体结构并不是十分了解，但对于与之直接合作的投资银行间关系的价值却有着清晰的认识。关于这一问题，以下几位投资银行家的回答具有较强的代表性：

"虽然在我们这一行消息传得比较快，但也不可能知道行业角角落落所有发生的事情。至于行业内庞大的网络，我可以理解有这个网络存在，但具体情况我不清楚。"

"就像是朋友间你这次都我一个忙，下次我帮你一个忙，你这一次给我一个（承销项目）份额，下次我有项目了也给你一个份额。谁也不能保证每年都有好日子过，这样子大家都方便，我们都是这么做的。"

"我们通常和比较熟悉的投资银行一起合作，我们和它们以前合作过多次，对它们的方方面面都比较了解，这样的合作不太会出状况。我们和不熟悉的投资银行不是没有合作，但这样的合作比较少。"

从以上回答可以看出，投资银行间合作具有较大的惯性，重复性的合作关系较为普遍，投资银行与历史合作伙伴进行合作的倾向性较为明显，投资银行通过与特定合作对象的反复合作来降低合作中的风险和不确定性，这与传统小团体的理论相契合。

关于投资银行家对于行业关系网络中小团体的存在和价值的理解，两位投资银行家这样回答：

"我知道你说的这个小团体的意思，这个（小团体）在我们这个行业是很常见的。我们互相都会拿出些承销项目份额让别人做，几个人抱成团是很正常的。我也有我的朋友圈子，他们可以说是我最大的财富。"

"和我们一起合作的投行也不是很多，转来转去碰到的都是这些人，但我们这些投行之间合作比较多，而且互相都比较熟悉，所以一般和（小团体）外面的人合作比较少，除非别人有很好的（承销）项目来请我们，或者我们有比较好的项目，想借这个项目提升一下自己的名声，才会去请外面比较大的投行，不过我们投行比较小，不是每次都成功的。"

由此可见，投资银行家的回答与本研究对承销合作网络拓扑结构的分析相符，投资银行业承销合作网络存在着较为明显的小团体现象，小团体内投资银行的合作关系较为紧密，而与小团体外投资银行的合作关系却较少。投资银行决策者也对小团体现象及其价值有着清晰的认识。

而关于小团体的共同治理机制与声望传播机制在规范投资银行行为中所起到的作用的问题，几位投资银行家提到：

"如果你将来想要有新的项目做，你现在就要善待别人。你今天怎么对别人，别人明天就会怎么对待你。不好的消息在小圈子里传得很快，如果你有一次做得过分了，很快所有人就都知道了。"

"我们的所作所为周围的人都是看在眼里的，就算我今年没项目，别人也是盯着的。打个比方，就像是处理人际关系，这次别人给了你个红包，下次轮到你还的时候你没还，一两次下来，你原来的关系也就断了。你小气的名声一旦传了出去，就很难做下去了。"

由此可见，在投资银行业高密度的小团体结构正如理论中所描述的那样为根植于其内投资银行提供了进行共同治理的平台，并通过声望传播机制对其内投资银行的行为加以限制，使其遵守集体行为惯例，降低了投资银行越轨行为产生的概率。

三、规模差异性与战略选择

尽管投资银行在小团体内部开展承销合作项目具有以上诸多好处，投资银行在某些情况下仍会选择放弃网络根植战略，放弃小团体内共同治理平台、联合监督机制，以及声望传播机制而采取网络拓展战略，与小团体外的投资银行开展承销合作关系。本书认为产生该现象的外部网络环境因素主要在于：其一，投资银行所在小团体内部的规模差异性较大、功能互补性不高造成该投资银行在小团体内部合作环境不理想；其二，该投资银行本身在小团体内部根植性较弱导致其无法有效调动小团体系统资源，且此类投资银行脱离小团体的成本较低。

承销项目的成功依赖于承销团各方的协同计划、高质量的信息交换以及共同分歧解决方式，因此投资银行通常基于组织间的信任来选择承销合作对象（Li 和 Rowley，2002）。许多关于组织间联盟的研究指出具有相同或相近特性的社会行动者或组织较容易相互吸引。这种类聚（Homophily）效应是促进联盟伙伴信任的重要因素。

根据类聚理论，具有相似属性的组织更容易建立信任关系，规模即为其中最为显著与重要的一个差异性组织特征。在战略集群认知方面的研究显示，组织规模是组织比较、识别与互动的重要基础（Porac 等，1995；Baum 和 Lant，2003）。规模相近的组织通常具有相似的结构，采取相似的战略，获得类似的信息与资源，掌握相近的市场力量并以相似的方式应对环境变化。因此规模相近的组织对于各自的处境与行为具有更深的认识。这种由类聚效应导致的组织间相互认识与理解促进了组织间信任的建立，并将合作组织紧密连接起来。

由规模相似所导致合作双方在结构、战略、信息等各个维度的可比性还使得组织在合作中能够更有效地对接，对与自己规模相近的合作伙伴的规则、惯例、程序有着较好的理解。研究显示，多维度的相似性使得组织间共享经验与知识更为有效；同时，相似规模的组织非常容易复制各自的战略与行为，合作的效果也更好；而规模相差较大的组织间建立信任则存在着多方面的障碍（Baum 等，2000；McKendrick，2001；Flemming 等，2007；Shipilov 等，2010）。

此外，关于风险投资基金方面的研究显示，由于较大的企业在资源获取、市场力量等各方面一般都要优于较小的企业，规模较小的企业担心规模较大的企业会通过两者的合作中小企业透露的信息来模仿其创新之处，导致小企业丧失其核心竞争力，因此，规模较大的企业较难赢得规模较小的企业的信任（Sorensen 和 Stuart，2008）。除信任与合作效果外，规模相近组织之间的合作也更为公平。规模较大的组织在资源、市场力量、合作伙伴的选择权等诸多方面有着优势，在与规模较小的企业的谈判中也占据着有利位置，因此规模差异较大的组织间的合作通常是不公平的，大企业在与小企业的合作过程中，通常会对小企业施加诸多限制，或要求小企业向大企业进行一定的利益输送以维持该合作关系（Cohen 等，2002）。

投资银行业中也存在着明显的类聚现象。在对投资银行家的访谈中，有位来自较小投资银行的经理指出：

"市场上比较大的 IPO 项目都在大投行中间分了。比较大的承销项目，它们（发行证券的企业）也不会来找我们，一般都是直接去找大投行、有名的投行。一些比较小的项目，发行人通过他们行业内做过 IPO 的朋友推荐会来找我们。"

"我们有了承销项目也不太会去请大投行做副牵头（副牵头经办人，香港市场对副主承销商的称谓），它们一般不会来，除非项目特别好。只要是在同一个圈子，大投行的人倒是有时候会来请我们做副牵头的。"

另一位来自较大投资银行的经理则指出：

"就我个人而言，小投行不应该专注于拿大项目。这对它们不利，前期资源可能投入很多，而且不一定能够拿到项目，就算拿到了，也不一定运作得好。我们的盈利模式其实差别很大，小投行盈利主要靠承销费，但我们一般和大公司合作，它们在上市以后还有长期融资项目，向它们提供资产重组、剥离这方面的咨询服务也是我们很大的收入来源。"

由此可见，小型投资银行通常只向规模相近的投资银行发出承销合作的邀请，而规模差异较为显著的投资银行之间反复合作的情况较少。大型投资银行与小型投资银行之间多为单方面的合作关系，较少建立互惠关系，缺少渐进式地建立组织间信任的机制，这点与 Li 和 Berta（2002）的研究结果相符。以上对投资银行家的访谈记录亦显示投资银行能够明显感知到规模差异性所带来的疏远。不同规模的投资银行从事承销业务的侧重点不同：大型投资银行关注于大型的承销项目，注重由此积累的声望，重视客户首次公开募股后的再融资项目的承销和咨询项目，而小型投资银行通常只关注当前承销项目的承销费。由于盈利模式与目标的不一致，规模差异较大的投资银行深层次合作存在一定的障碍，且此类承销合作通常由大型投资银行主导。

基于上述的组织间信任、合作效果以及公平等原因，在规模相近的投资银行所构成的小团体中，其成员通常会采取网络根植战略，即与小团体内部成员开展合作。该小团体表现出较强的稳定性，而投资银行与小团体中其他投资银行规模差异越大，其在小团体内开展承销合作项目所面临的障碍越大，则更有可能采取网络拓展战略，即跨越小团体边界及其间结构洞与外部规模相近的投资银行开展合作。该类投资银行因此表现出较为显著的网络拓展行为，而其网络根植行为则相应地较为隐微。

假设 1（H1）：投资银行与小团体内其他成员规模差异程度越高，其网络拓展行为越显著。

四、功能互补性与战略选择

任何成功的合作项目依赖于合作各方将自身的专长与其他合作者的互补性专业能力有机结合起来。这也是合作产生的主要原因。角色、功能以及所需资源的多样性与异质性将降低合作各方潜在的内部竞争，使合作行为更多地基于各方功能的互补。

因此，本书认为影响投资银行"根植—拓展"战略选择的另一个因素是小团体内投资银行的功能互补性。在承销活动中承担功能的差异将导致投资银行间的劳动分工，减少投资银行的网络拓展行为。现有研究表明组织功能的多样性能够降低竞争（Baum 和 Oliver，1996）。具有不同功能的组织通常消耗不同的资源，承担不同的职责，需要与具备其他功能的组织进行合作以完成复杂项目，因此不同功能组织间的互动往往采用互补的方式而不是竞争的方式，而功能相近的组织通常需要相同的资源与市场，因此由功能相近的组织所构成的小团体很有可能经历激烈的内部竞争，而该类竞争通常导致小团体所创造价值的降低。例如，主要由承担主承销商功能的投资银行构成的小团体会由于其内成员在同一时期争夺少数几个证券发行人提供的项目而降低承销费用，造成小团体利润空间的降低，这一现象曾出现在 2001~2003 年香港资本市场，而由大量副主承销商和极少量主承销商构成的投资银行小团体则会由于副主承销商之间争夺少量的承销合作项目参与权而产生破坏性的竞争行为。

由此可见，小团体竞争与内部冲突的激烈程度取决于有多少组织在小团体具备相近的功能。虽然具备多种功能的组织也会与专精于某种功能的组织形成竞争关系，但其激烈程度要小于专精于同种功能的组织间的竞争。尽管竞争在一定程度上能够促进组织创新，增加组织的应变能力，但是合作各方的竞争性关系将破坏组织间深层次合作，不利于长期合作关系的形成（Gomes - Casseres，1996；Luo 和 Chung，2005），从而降低小团体的稳定性。小团体内的此类非建设性的竞争通常推动其成员放弃网络根植战略而采取网络拓展战略，去小团体外寻找能够发挥自身比较优势的、与自身所擅长的功能形成互补关系的合作对象。

本书通过对多位投资银行家的访谈发现，投资银行间最核心也是最显著的功能互补是主承销商与副主承销商之间的互补。主承销商主要负责证券供给方面的工作：获得承销项目，向证券发行人提供证券定价以及融资结构方面的建议，维持与证券发行人的长期良好的关系等；而副主承销商主要负责证券需求方面的工作：利用自己的渠道将所承销的证券出售给各个市场区隔的异质投资者。投资银行的功能差异是基于其能力的，因此相对而言较为稳定，专业从事主承销商的投资银行通常较少承担副主承销商的工作，反之亦然。这点亦与Shipilov（2006）的研究结果相吻合。

因此，承销功能的互补将降低投资银行小团体内部冲突与竞争的激烈程度，减少其成员的网络拓展行为。与小团体中其他成员的功能互补程度较高的投资银行面临较少的竞争与较多的互补合作机会，因而采取网络根植战略的可能性较大；而与其他成员功能互补程度较低的投资银行所面临的激烈竞争环境则会促使其与小团体外部的投资银行进行承销合作，寻找与自身功能形成互补关系的合作机会。因此，本书提出以下假设：

假设2（H2）：投资银行与小团体内其他成员功能互补程度越低，其网络拓展行为越显著。

五、小团体根植性与战略选择

除规模差异性与功能互补性外，投资银行在小团体内的根植性也影响着其战略选择。根植程度较高的投资银行能更好地利用小团体内的集体治理监督的机制以及声望扩散机制，因此采取网络拓展行为的可能性越低。

基于Coleman（1990）的封闭性网络观点，许多学者指出，一群组织间的高密度关系将会增加该组织群体的信息共享，提高组织相互熟悉的程度，促进规范的形成，有利于长期的组织间关系的形成，且该群组织相互间有着较强的信任、期望与义务感（Burt，1992；Gulati等，2000；Anand和Khanna，2000；李林艳，2004；Cattani等，2008；Lechner等，2010）。由本书第三章对投资银行业小世界现象与小团体结构的分析以及关于小团体的文献整理可知，与投资银行业的整体网络密度相比，投资银行小团体所构成的局部子网络具有明显较高的局部网络密度。相互间高密度的合作关系使得小团体内投资银行能够有效利用集体监督机制并针对不良合作行为进行惩罚。在合作关系选择中，可信程度低、互惠性差的成员在小团体内建立了负声誉或被排除在小团体外，而可信程度高、互惠性好的成员则在小团体内积累了较高的声望，被其他成员认为是较好的合作对象，且通常具有较多的合作关系（Reagans 和 McEvily，2003；Soda 等，2004；姜翰等，2008；蔡宁、徐梦周，2009）。

虽然从定义上而言属于某个小团体的投资银行都是根植于该小团体关系网内的，这些投资银行的小团体归属性并无区别，但不同投资银行在小团体内的根植程度不同。部分投资银行与小团体内的其他投资银行广泛开展承销合作，因而被更多的小团体内直接合作关系所包围，这部分投资银行在小团体内根植程度更高。广泛的合作关系使得根植程度较高的投资银行对于小团体内的行为规范具有较深的理解，其合作声望能够得到多方面的印证，其推荐与负面评价也被更多的小团体成员所信任与接受，因此根植性较高的投资银行能够更好地利用上述集体治理机制与声望效应来促进它在小团体内的合作，提升承销合作的质量。因此与小团体外的合作关系相比，小团体内的合作关系对根植性较高的投资银行而言具有更高的价值。从而导致小团体根植程度较高的投资银行通常会进一步采取网络根植战略。

与之相反的是，由于与小团体其他成员开展合作的深度或频率相对较低而在小团体内根植程度较低，属于边缘成员的投资银行，其合作声望虽然也能够得到一定的印证，但其推荐与负面评价所具有的效力相对较弱，利用小团体内的集体治理机制与声望扩散机制的能力亦较弱。而且此类在小团体内根植程度较低的投资银行在小团体内建立关系所投入的成本也较少。与其他根植程度较高的投资银行相比，此类投资银行更有可能采取网络拓展行为，建立跨小团体边界及其间结构洞的合作关系。因此，本书提出假设：

假设 3（H3）：投资银行在其所属小团体内根植程度越低，其网络拓展行为越显著。

第三节　投资银行绩效预期缺口对其战略选择的影响

一、绩效预期缺口

绩效预期缺口（Performance Aspiration Gap）指的是企业实际绩效与企业预期绩效之间的差距，较高的绩效预期与较低的实际绩效之间形成负面绩效预期缺口，反之则形成正面绩效预期缺口。

企业的绩效预期根据其对比参照系的不同通常由两部分预期成分共同构成，可以分为两类：历史绩效预期与同类绩效预期。历史绩效预期将企业的历史绩效作为标杆，并以此来判断企业当前的绩效发展趋势。历史绩效预期水平通常随着企业上一期的绩效水平而调整。当企业绩效处于上升通道的时候，该企业的当期绩效预期也随之升高；而当企业绩效处于下降趋势中时，该企业当期的绩效预期也随之下降（Lant，1992；Obstfeld，2005）。

第二类绩效预期为同类绩效预期，企业决策者通常将自身绩效与行业中具有可比性的同类企业进行比较，将同类企业在同一时期绩效作为标杆或参照物对自身当前的绩效进行评估（Cyert 和 March，1963）。可观测性和可比性通常是决定企业将哪些组织作为可参照同类群体的重要影响因素（Porac 等，1995；Greve，1998；Baum 等，2000）。

绩效反馈理论在关于企业决策者风险性战略行为的研究中一直处于较为中心的位置（March 和 Shapira，1992；Greve，2003；Audia 等，2006）。由于绩效预期通常作为企业决策者识别企业成功或是失败的参照点，当企业实际的绩效高于或低于事先制定的目标绩效时，企业决策者更容易采取较为冒险和激进的策略（March，1988；Audia 等，2006）。许多研究显示，整合了绩效预期缺口的绩效反馈模型在解释诸如战略重新定位、进入新市场、工艺及产品创新等一系列涉及管理层主动承担风险的企业行为方面非常有效（Audia 等，2000；Fleming 和 Bromiley，2003；Greve，2003；Zhixing 和 Tsui，2007；Sasovova 等，2010）。

Greve（2003）在总结了绩效反馈模型的基础上也指出，实际绩效与绩效预期之间的缺口在一系列组织风险行为中起到了极其关键的作用。

正如前文所述，风险和不确定性对企业合作对象的选择产生重大的影响。交易环境中的信息不对称、合作过程中的多种不确定性，以及合作对象潜在的机会主义动机在很大程度上制约了企业理性选择合作对象的范围，并使之倾向于形成反复多次的、具有较高惯性与根植性的合作关系以降低搜索合作对象的成本，避免合作关系所带来的大量风险。但亦有部分企业出于某些原因表现出较小的风险厌恶特性，并与较为陌生的对象建立了跨区域网络的合作关系。有鉴于绩效预期缺口在企业决策者采取风险性战略行为中所发挥的重要作用，本书尝试从投资银行绩效预期缺口中寻找其采取网络拓展行为这一承担了大量风险的合作对象选择行为的原因。

二、绩效预期缺口对投资银行战略选择的影响

绩效预期的形成是企业决策者简化绩效评估以及相应的信息处理过程（Marquis，2003）。决策者将历史、同类以及自身的绩效相关信息通过简单的算法转化为对未来绩效的预期，并在未来绩效实现后将实际绩效与绩效预期进行比较，从而将连续性的绩效变量转变成"成功"或是"失败"这样的离散变量，再以该离散变量作为后续策略、行为的依据。该过程是决策者有限理性选择的结果；将绩效分类为成功或失败的离散变量使得决策者对绩效预期缺口极其敏感，并使得决策者的冒险行为在很大程度上取决于企业实际绩效与绩效预期间的差距（Greve，2003）。

企业绩效预期缺口越大的时候，其承担风险的行为越明显。企业决策者在其绩效预期缺口为负但缺口较小的情况下，通常认为仅需要在原来的基础上做出较小的改进以提升一定的绩效就能达到原来的绩效预期，所以并不会采用极端激进的或高风险的战略行为。而在绩效远低于预期时，对原有策略微小的调整通常无法形成巨大的绩效改变，此时决策者往往会突破原有熟悉的环境在较为陌生的区域寻找能够使其绩效快速回升到预期水平的方法，导致其产生较为激进的战略行为。

由此可见，较大的负面绩效预期缺口是迫使决策者正视企业潜在问题，挑战现状，并激励决策者对新的战略、实践以及新的合作对象进行探索和尝试的原动力。与之相对的是，较小的负面绩效预期缺口却通常使得决策者在原有策略的基础上进行较小的修改。许多研究均显示，较差的组织绩效通常导致组织决策者采取一系列激进的战略行为，而差强人意的组织绩效却不会给组织决策者这样的刺激（Nohria 和 Gulati，1996；Audia 等，2000；Greve，2003；Audia 等，2006）。由以上的分析可知，企业风险性战略行为的显著程度是其负面绩效预期缺口绝对值的增函数，企业绩效低于预期越多，其下一时期产生风险性战略行为的可能性越高。

对于投资银行而言，跨越自身小团体边界及其间结构洞而与外部的投资银行进行合作这一战略行为充满了风险与不确定性。由于缺乏小团体内部集体治理机制以及声望传播机制的保护，此类网络拓展战略在为投资银行带来机会的同时也存在着较大的合作风险。然而，当投资银行具有较大的负面绩效预期缺口时，根据上文的分析，它更有可能放弃保守型的网络根植战略而采取具有较大风险的网络拓展行为。正如访谈中几位投资银行家所述，在绩效低于预期时，投资银行在其熟悉环境外选择承销合作伙伴的可能性增大。一位投资银行家的表述具有较强的代表性：

"有段时间，我们投行在半年内没有任何承销项目。每次开会的时候气氛都很紧张，讨论过好几套方案，其中有不少方案就包括和圈子外的投行合作的内容。"

综上所述，在面临较大的负面绩效预期缺口时，投资银行决策者更倾向于采取新的战略，与新的合作对象合作，投资银行跨越小团体边界及其间结构洞与外部投资银行开展承销合作的可能性增加；而当负面绩效预期缺口较小时，投资银行通常会采用渐进的方式对原有的策略进行微调以提升绩效使之达到预期，其采用网络拓展行为的可能性较小，而采用网络根植行为的可能性较大。因此，本书提出以下假设：

假设 4（H4）：在绩效预期缺口为负的情况下，历史绩效预期缺口越大，投资银行网络拓展行为越显著。

假设 5（H5）：在绩效预期缺口为负的情况下，同类绩效预期缺口越大，投资银行网络拓展行为越显著。

较大的负面绩效预期缺口会促使企业决策者采取较为冒险的战略，而较大的正面绩效预期缺口也能对企业决策者产生同样的作用。与上文所述绩效仅略高于预期的情况不同，较大的正面绩效预期缺口通常会导致企业采取风险性的战略行为。产生这一现象的原因主要有两个：其一，当企业的实际绩效远高于绩效预期时，企业通常能够获得额外的富余资源，或者能够以较低的成本获得原本需要较大的代价才能获得的资源，这使得企业能够尝试性地开展风险较高但预期回报亦较高的项目。其二，较大的正面绩效预期缺口能够增强企业决策者的信心，使其对自己的决策能力更为自信。过度自信也在一定程度上增加了其采取风险性战略的可能性。

不少研究表明，当一个部门或是一个企业实际绩效远高于预期时，该部门或企业通常能够获得上级或外界更多的资源支持（Nohria 和 Gulati，1996；Greve，2003；Hallen，2008）。例如：此类企业通常能够成功地在资本市场上二次融资，获得大量的资金支持；优秀的人才也因为企业较好的前景而加入，使企业获得充足的人力资源；企业还能够从高质量的供应商或渠道商处获得更大的支持。虽然有文献指出，具有较大正面绩效预期缺口的企业并不是总能获得富余资源（Pek-Hooi 等，2004），但企业亦能以较低的成本获得原来需要较高代价才能获得的资源。例如：具有较大正面绩效预期缺口的企业由于往往被外界解读为处于上升通道而能够在银行获得优惠条件的贷款，或是在资本市场上以较低的成本融得资金。这些额外获得的富余资源或（和）成本优势形成了企业应对危机状况的大量缓冲资源，通常会使企业尝试或至少投入部分资源进行高风险高收益的项目，在条件合适的情况下则会导致企业进行规模较大的机构变革和策略改变，从而表现为一系列风险倾向性的企业行为。

另外，当企业形成较大的正面绩效预期缺口时，企业决策者通常会表现出对自身能力与决策能力的认同，并对自己未来的决策行为具有较高的自信度。而现有的实际绩效与绩效预期间的较大差距也提供了较大的缓冲空间，降低了激进策略失败所导致的威胁。因此，企业决策者思维模式与行为模式的改变也会导致企业出现风险较大的战略行为。

综上所述，较大的正面绩效预期缺口由于会为企业带来额外的富余资源并为决策者未来决策的失败提供较大的缓冲，因此产生了与较大的负面绩效缺口类似的结果，即企业采取诸如进行重大机构变革与策略调整，开展高风险高收益的项目，与新的合作对象开展承销合作等一系列具有较高风险倾向性的行为。而当企业绩效仅略高于预期时，该预料之中的微小成功则印证了以往所采取战略的正确性，强化了决策者和其他利益相关人对该战略的认同，从而导致决策者不愿意采取风险较大的战略。因此，本书提出以下假设：

假设6（H6）：在绩效预期缺口为正的情况下，历史绩效预期缺口越大，投资银行网络拓展行为越显著。

假设7（H7）：在绩效预期缺口为正的情况下，同类绩效预期缺口越大，投资银行网络拓展行为越显著。

由以上的分析可知，投资银行具有风险性的网络拓展行为的显著程度并不是投资银行绩效的单调递减函数，而是取决于投资银行实际绩效与绩效预期之间的缺口。投资银行网络拓展行为显著性在投资银行绩效预期的两侧呈对称V形分布。在绩效预期缺口为正时，斜率为正；而在绩效预期缺口为负时，斜率为负。而由于威胁与机会相比对决策者风险行为的影响更大，所以在绩效预期缺口为负的区域斜率的绝对值要大于绩效预期缺口为正的理论曲线的斜率的绝对值。图4-1显示了该理论假设曲线。

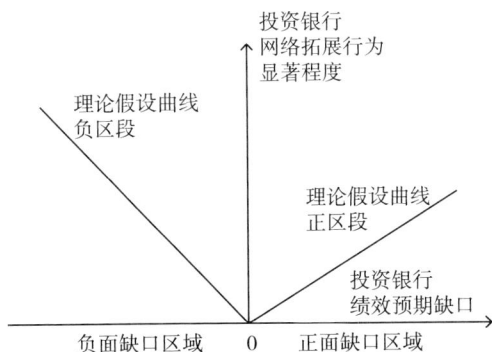

图4-1　绩效预期缺口与网络拓展行为理论假设示意图

资料来源：笔者绘制。

三、绩效预期缺口组合的交互影响与共同作用

上述部分就绩效预期缺口对投资银行"根植—拓展"战略选择的影响做出了一定的分析，但并未对历史绩效预期缺口与同类绩效预期缺口做出区分。然而这两者的组合对企业风险行为的影响却可能与任意一种绩效预期缺口单独对风险的影响不一致。

Greve（1998）在对无线电行业的研究中指出，当两类绩效反馈不一致的时候，企业决策者的注意力可能在两类绩效预期缺口之间来回转移。该学者将决策者注意力转移到负面绩效缺口的现象称之为"火警法则"（Fire Alarm Rule），而将决策者注意力转移到正面缺口的现象称之为"自我强化法则"（Self-enhancing Rule）。但对于以上法则规律，该学者并未发现支持性的实证证据。有鉴于绩效预期缺口的组合对企业风险行为的不同作用，本书就各类绩效预期缺口组合对投资银行"根植—拓展"战略选择的影响进行一定的分析。

企业决策者在进行绩效评估的时候通常将历史绩效预期与同类绩效预期结合起来综合考虑，并将两者与企业实际绩效对比。历史绩效预期与同类绩效预期所提供的绩效反馈对企业决策者的意义存在较为明显的差异。历史绩效预期缺口所提供的反馈向决策者所指示的是一种纵向的趋势：随着时间的推移企业绩效到底是在改善过程中还是在恶化过程中，抑或是处于稳定状态中。与之相反，同类绩效预期缺口的反馈向决策者提供了一个横向比较的标杆：企业绩效与同类企业相比到底是较高、较低还是相近。历史绩效预期缺口与同类绩效预期缺口的综合比两者中任意一个预期缺口向企业决策者提供的信息更为全面。当前企业绩效运动的趋势为决策者预测企业在未来的一段时间内与同类企业相比的相对绩效提供了重要的参照信息。

两类绩效预期缺口对投资银行"根植—拓展"战略选择的影响可以分为一致反馈与差异反馈两种情况。一致反馈指的是投资银行的历史绩效预期缺口与同类绩效预期缺口同时为正或同时为负；而差异反馈则指两类绩效预期缺口呈现出一正一负的不一致状态。图4-2以四个象限的方式显示了投资银行在历史与同类两种绩效预期缺口的交互作用下网络拓展行为显著程度的假设情况。

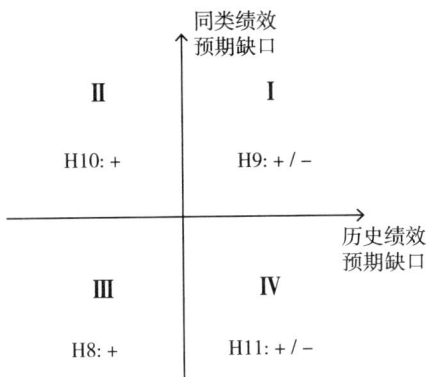

图 4-2　各类绩效预期缺口组合交互作用假设示意图

资料来源：笔者绘制。

当投资银行位于图 4-2 的第三象限，即历史和同类绩效预期缺口均为负的情况时，投资银行表现出较为显著的网络拓展行为（图 4-2 中以"+"的符号表示）。这种情况意味着投资银行的实际绩效在低于历史绩效预期的同时还低于同类绩效预期；换言之，该投资银行的绩效水平不仅低于其同类投资银行，而且还处于一个下行的趋势中，未来有可能和同类的投资银行差距更大。这种由双重负面绩效预期缺口所造成的威胁对投资银行决策者造成的压力要远大于单一的负面绩效预期缺口所带来的压力。因此，假如投资银行位于此类双重威胁的第三象限，那么它有较大的可能放弃在小团体内部网络根植战略而采取网络拓展战略，跨越小团体边界与较为陌生的投资银行开展承销合作。且两类缺口越大，投资银行所受的压力也越大，其网络拓展行为也越显著。因此本书提出以下假设：

假设 8（H8）：在历史绩效预期缺口与同类绩效预期缺口均为负的情况下，两类绩效预期缺口越大，投资银行网络拓展行为越显著。

当投资银行位于图 4-2 的第一象限，即两类绩效预期缺口均为正的情况下，投资银行处于极其有利的情况。位于这一象限意味着投资银行不仅在当前同类的比较中居于优势，而且由于该投资银行绩效具有上升趋势，在未来的时期很有可能将这一优势进一步放大。对于处于这一有利情况下的企业的风险行

·101·

为，现有文献存在一定的矛盾之处。有的研究认为，较大的正面绩效预期缺口导致企业获得额外的富余资源并为决策者未来决策的失败提供较大的缓冲，这些富余资源与决策失败缓冲增强了决策者的信心，使其之后的战略行为更具风险性（March 和 Shapira，1992），有的研究则显示，当企业处于极其有利的地位时，企业决策者会变得安于现状，较少改变原有战略，表现出较强的风险厌恶特性以及战略上的保守性（Milliken 和 Lant，1991；Jonghoon 和 Gargiulo，2004）。

以本书的逻辑进行总结，前者的研究认为一类绩效预期缺口的正面反馈强化了另一类绩效预期缺口的正面反馈对投资银行决策者的作用，且由此产生额外的富余资源，以及为决策者未来决策的失败提供的较大缓冲，导致了投资银行一系列具有较高风险倾向性的行为，包括风险性的网络拓展行为。而后者的研究则认为两类正面绩效预期缺口相结合对投资银行的影响并非是单类绩效预期缺口对投资银行风险行为影响的简单叠加，当投资银行绩效高于同类绩效又位于上升的趋势中时，决策者对其所采取的战略产生较高的认同感并安于现状，从而较少改变现有策略，且两者的缺口越大，投资银行厌恶风险的特性表现得也越为明显，其采取保守型网络根植战略的可能性也就越大。相应地，该类投资银行网络拓展行为的显著程度就越低。

由于对这一问题的讨论涉及不同行业的决策者的惯常思维模式，因此对于投资银行业这一特定行业，本书提出以下两个互斥假设：

假设 9a（H9a）：在历史绩效预期缺口与同类绩效预期缺口均为正的情况下，两类绩效预期缺口越大，投资银行网络拓展行为越显著。

假设 9b（H9b）：在历史绩效预期缺口与同类绩效预期缺口均为正的情况下，两类绩效预期缺口越大，投资银行网络根植行为越显著。

图4-2 中的第二象限与第四象限代表了两类绩效预期缺口的差异反馈状态。当投资银行位于第二象限时，其历史绩效预期缺口为负而同类绩效预期缺口为正。这表明尽管投资银行当前绩效与其同类投资银行相比存在着优势，但由于其绩效从历史绩效的比较来看处于下滑的趋势中，目前的绩效优势地位有可能在未来无法保持。这一潜在的绩效威胁对决策者产生压力，为保持其目前

的相对绩效优势并扭转绩效下滑的趋势，投资银行决策者通常会采取诸如进行重大机构变革与战略调整，开展高风险高收益的项目，跨越小团体边界与新的合作对象开展承销合作等一系列具有较高风险倾向性的行为。因此，本书提出如下假设：

假设 10（H10）：在历史绩效预期缺口为负而同类绩效预期缺口为正的情况下，两类绩效预期缺口越大，投资银行网络拓展行为越显著。

当投资银行位于第四象限时，其历史绩效预期缺口为正而同类绩效预期缺口为负。这表明，虽然该投资银行目前的绩效表现不如同类投资银行，但其绩效与历史绩效相比处于上升的趋势中。正如前文所述，该类绩效反馈的差异对投资银行决策者风险行为的影响存在两种可能。一方面，与历史水平相比较强的绩效显示投资银行绩效处于上升趋势中，会使决策者对自身的决策能力产生较强的信心并使之形成超越同类投资银行的战略目标；再加上由正面历史绩效预期缺口带来的富余资源或低成本资源为决策者未来战略行为失败提供了资源缓冲，投资银行决策者会采取诸如战略重新定位、开拓新市场、网络拓展行为等一系列具有较高风险特性的行为。另一方面，正面历史绩效预期缺口却也可能使投资银行决策者对以往所采取的战略、方案产生较强的认同感，并认为固守原来的战略或在一定程度上予以微调将使该投资银行保持上升趋势。即便当前绩效与其他投资银行相比处于劣势，但只要该上升趋势保持不变，最终将达到甚至超越同类投资银行。在这种情况下，正面历史绩效预期缺口与负面同类绩效预期缺口的综合作用将导致投资银行表现出一定的风险厌恶性，且绩效预期缺口越大，该投资银行厌恶风险的特性越显著，其采取网络根植战略的可能性增大。相应地，其网络拓展行为的显著程度也就越小。因此，本书提出以下两个互斥假设：

假设 11a（H11a）：在历史绩效预期缺口为正而同类绩效预期缺口为负的情况下，两类绩效预期缺口越大，投资银行网络拓展行为越显著。

假设 11b（H11b）：在历史绩效预期缺口为正而同类绩效预期缺口为负的情况下，两类绩效预期缺口越大，投资银行网络根植行为越显著。

第四节　投资银行战略选择对其绩效的双重影响

一、承销机会信息与合作性信息

Burt（2005）指出组织间网络的拓扑结构可被视为是信息筛选机制，大量信息以非均衡的方式散布在网络中，关于行业运作机理的大量知识分别高度集中于一组组具有专业知识与经验的行动者中，在网络中形成一个个异质的知识集群。该类知识集群中的知识可被网络中介者（Broker）提取出来并重新组合。通过跨越相互没有联系的行动者之间的结构洞所形成的开放性网络，网络中介者可获得经济租。因此很多研究都支持开放性网络对绩效影响的正面作用，认为跨越结构洞的行动者具有机会信息优势与控制力优势，通过利用商业机会与中介行为可提升行动者的绩效（Baum、Calabrese 和 Silverman，2000；Beckman 和 Haunschild，2002；Rowley 等，2004；Gargiulo 等，2009）。而另有部分学者基于 Coleman（1990）的封闭性网络观点，认为企业受益于紧密的组织间直接关系，封闭性网络内的组织间信任、规范、合作效率，以及集体治理有利于绩效（Dyer 和 Nobeoka，2000；Soda, Usai 和 Zaheer，2004）。

通过对现有研究的分析可以发现，开放性与封闭性这两种类型的网络通过两种不同类型的信息以及不同的作用机理对绩效产生影响，因此有必要对这两种类型的信息进行区分并厘清两类信息对绩效的不同影响机理。Kogut（2000）认为企业间网络具有两种功能，其一是向企业提供关于商业机会的情报，其二是协调企业间的合作。对于投资银行业而言，这两种网络功能分别为投资银行焦点网络中的两类信息所支持：①关于承销合作机会的信息。②关于承销合作对象的能力、可靠性和行之有效的合作机制等合作性方面的信息。承销机会信息包括新的承销项目、承销项目所需能力，以及潜在合作对象合作承销意愿等信息；合作性信息则涵盖潜在合作对象的能力、合作记录，以及合作机制等方面信息。其中，合作记录提供了投资银行在历次承销合作中的合作对象、合作态度、合作结果及其不良行为或机会主义行为等信息，而合作机制信息所提供的是以往与该投资银行承销合作中确保合作顺利进行并防范不良行为的行之有效的机制详情。

开放性网络能够向投资银行提供广泛散布在业内各个区块的承销机会信息，但却无法像封闭性网络那样提供有效的合作性信息传递渠道。由上文多方面的分析可知，在承销合作网络中投资银行倾向于聚集成多个小团体，在小团体中形成高密度、紧密的合作关系，但较少与小团体外的投资银行的进行合作。因此在同一个小团体内，投资银行相互了解，具有相近的承销机会信息集合，能够获取相同的资源，并且拥有近似的看法与观点。

由于在小团体间缺乏足够的连接关系，承销机会信息在整个承销合作网络中是以不均衡的方式分布的。跨越了不同的小团体间结构洞而形成桥接关系的投资银行能够提取这些不均衡分布在各个网络区隔中的信息，获得承销机会的信息优势，并对该类信息在网络不同区隔间的流动起到推动作用。假如某个小团体内的投资银行较少与外界合作，该小团体内的信息交换将是陈旧且冗余的。不存在外部合作关系的投资银行所能获得的承销机会信息仅限于小团体内部流转的信息；而与小团体外部较多合作的投资银行能获得更为新颖及时的信息，其承销机会信息集合将包含多个小团体或网络区隔的承销机会信息。

然而承销机会信息本身并不能带来直接利益，投资银行需要通过承销合作来实现这一信息的价值，因此合作性信息对于投资银行来说同样重要。许多研究显示，封闭性网络中储存了大量的合作性信息，而开放性网络却在此类信息的储存与传播上表现不佳（Uzzi，1996；Kogut，2000；Soda、Usai 和 Zaheer，2004）。假如承销合作网络较为封闭，即网络中大部分投资银行间都存在合作关系时，关于各个投资银行的能力、合作态度、合作结果、不良行为，以及合作机制等信息，将很容易累积储存起来并散播给网络中的各个投资银行。

二、战略选择与承销机会

由上文的分析可知，承销合作网络中的投资银行小团体是一个内部密度较高，成员连接较紧密，而对外较为封闭的子网络。当投资银行采取网络根植战略，与小团体外部投资银行合作时，它跨越了小团体内外投资银行间的结构洞，提升了其自我中心网络（Ego Network）的开放度。与外界形成合作关系的投资银行起到了小团体内部与外部投资银行的桥梁作用。和小团体中拥有较少外部合作关系的投资银行相比，具有较为广泛频繁的跨小团体边界合作关系的投资银行的自我中心网络开放程度较高，拥有明显的承销机会信息优势。因此，网络拓展战略增加了投资银行跨越的结构洞，提升了其自我中心网络的开放度，有利于其获得及时广泛的承销机会信息。

承销机会由承销项目的参与资格和所参与承销项目的规模两部分组成，由于投资银行承销所获的收益一般是承销项目规模的一个固定比例（Chen 和 Ritter，2000），承销机会是投资银行绩效的一个重要维度。假如在一段时间内投资银行能够参与多个承销项目，且这些项目具有较大的规模，则代表了投资银行获得了较好的承销机会。

投资银行的网络拓展战略通过以下机制对其承销机会的获取施加正面影响：

第一，投资银行利用网络拓展行为所带来的承销机会信息优势可及时获悉小团体内外新的承销项目、承销所需能力，以及潜在合作对象的承销合作意愿，并可主动向潜在合作者展示其互补能力与资源，提出参与合作的请求。即便自身并不具备这些互补能力与资源，投资银行亦可采取中介桥接的策略，从其广泛且异质的合作者中获取所需的能力与资源，以尝试取得在承销项目中的参与资格（Shipilov 和 Li，2008）。

第二，网络拓展行为导致投资银行在小团体外的网络中留下承销合作的记录以及基本的合作性信息，部分小团体外的潜在合作者能够在其自我中心网络中感知并搜索到该信息，并依据实际情况可能向该投资银行发出承销合作邀请。与仅从小团体内获得承销机会的投资银行相比，采取拓展行为的投资银行获得承销邀请的概率更大。

第三，由上述两点可知，采取网络拓展行为的银行通常具有较多的承销项目选择。由于资源约束，在某一时期内投资银行可能只能选择多个项目中的一个。由于投资银行承销所获的收益是承销规模的一个固定比例，面临较多选择时投资银行通常选择承销规模较大的项目以获取更高的承销费用。因此，其他条件相同的情况下，具有较多选择的投资银行所承销的承销项目平均规模要大于面对较少选择或者仅有唯一选择的投资银行（Li 和 Rowley，2002）。由此可见，网络拓展行为有助于提升投资银行参与承销项目的数量，提高平均承销规模。因此，本书提出以下假设：

假设 12（H12）：网络拓展行为有利于投资银行承销合作机会的获取。

三、战略选择与合作契合度

通过合作承销，投资银行可将承销合作机会与各自能力与资源的互补转化为绩效。但是投资银行间能力与资源的共享过程中存在的障碍阻碍了承销合作的顺利进行，降低了合作产生的绩效。阻碍投资银行合作的主要障碍表现为合作性信息的匮乏（Shipilov、Rowley 和 Aharonson，2006）。

参与组织间合作是存在一定风险的：一旦形成合作关系，合作中一方就有可能通过获取对方资源、习得对方能力与知识、保留自身资源与能力、降低合作承诺，以及攫取更多合作成果等方式，侵害另一方的利益。例如，Rowley（2003）指出投资银行可以通过参与承销合作获得关于主承销商客户（证券发行人）、承销方法与承销渠道的专有信息与知识，并可利用该信息和知识与主承销商竞争后续承销项目。而诸如合作对象的能力、合作记录、历史不良行为，以及以往行之有效的合作机制等合作性信息的匮乏会导致投资银行间缺乏信任，进而导致过度的防范机制，影响高质量的信息交换与承销协同优势的发挥，降低承销合作的效率与效益。最终导致的结果是承销团无法让市场形成对其所承销证券的应有需求，证券承销价格低于预期价格。因此，了解合作对象的能力、诚信合作意愿和以往行之有效的合作机制详情对于投资银行将合作关系转化为绩效的过程而言至关重要。

投资银行可以通过以下两种方式来获取潜在合作者的合作性信息：首先，通过以往直接的承销合作，投资银行可掌握对目标对象合作性的直接信息。其次，通过咨询与目标对象和自身都进行过承销合作的第三方，投资银行亦可获得对目标对象合作性的间接信息。以上两种方法在投资银行采取网络根植战略时均可实现。但当投资银行因采取网络拓展战略而面对小团体外的潜在合作对象时，它通常只能依赖历史上与之直接合作过程中所获得的信息，而在投资银行与潜在合作对象没有历史合作关系时，则完全缺乏合作性信息。

具体而言，当投资银行采取网络根植行为时，由于面对的是小团体内的潜在合作对象，投资银行可同时参照直接与间接的合作性信息。小团体内紧密的合作关系导致投资银行通常可以找到针对潜在合作对象的多个第三方信息来源。此类信息可能是以正式信息交换的方式或是以流言的方式获得。流言是行动者借以建立并维持关系的强大信息交换途径，对于了解网络中某个行动者行为模式特别有效；高密度的合作关系通常伴随着高密度的流言（Gambetta，1994）。因此，采取网络根植行为的投资银行可以通过多种途径了解并验证小团体内的潜在合作对象的合作性信息，能更全面地获悉其资源与能力，侦知其不良行为，了解在何种机制下能够开展良好顺畅的合作。

假如小团体内的投资银行在某次承销合作时行为不端，其损害的不仅是本次合作的单个合作对象，还损害了自身的声望。在小团体这类高密度网络环境中，某个行动者的不良行为信息将广泛散播到小团体各个行动者中，该行动者将因其不良行为而受到集体的惩罚（Walker、Kogut 和 Shan，1997）。小团体内的集体治理与监督机制加之声望扩散机制导致不良行为的成本较高，一定程度上增强了小团体内投资银行间合作的信任，而投资银行与小团体外部行动者的承销合作却不受此类集体治理机制与声望扩散机制的保护。

由此可见，由投资银行网络根植战略所导致的小团体内承销合作中，合作各方均能获得高质量的合作性信息以及集体治理机制的保护，相互之间合作契合度较高。相反，在投资银行采取网络拓展战略而与小团体外部行动者的承销合作中，合作性信息相对匮乏，而且此类合作缺少集体治理与监督机制，以及声望扩散机制的保护，因此在此类合作中双方的信任度较低。过度的防范机制、低质量的信息交流与承销协同优势的缺失导致承销合作契合度较低，使得证券承销价格低于预期。由此可见，投资银行网络根植行为有利于其承销合作契合度的提升；而网络拓展行为却降低了一定时期内投资银行承销合作项目的平均合作契合度。因此，本书提出以下假设：

假设 13（H13）：网络拓展行为不利于投资银行承销合作契合度。

第五节 概念模型提出

至此，本书建立了内外因素作用于投资银行战略选择以及战略选择对绩效两个维度正负双向影响的概念模型（见图4-3）。

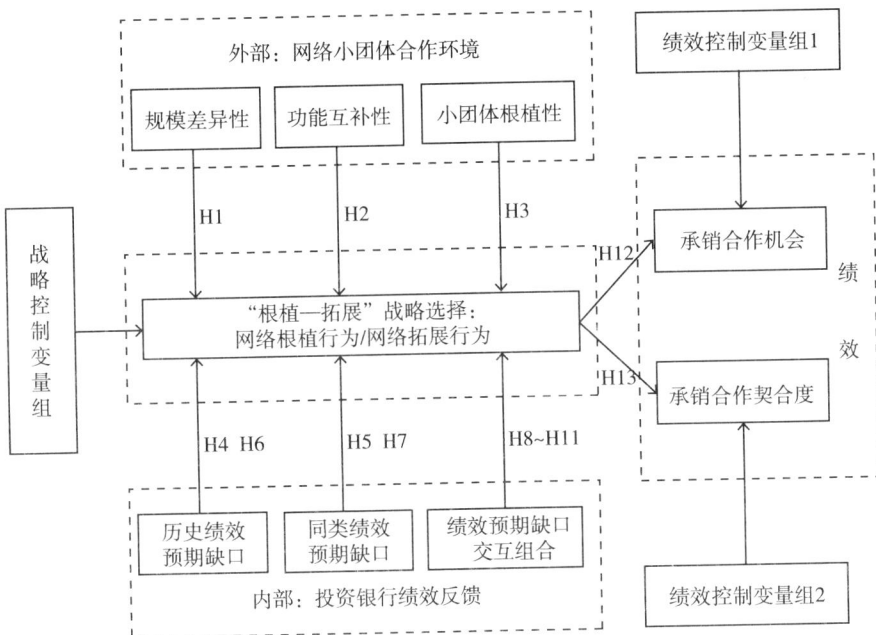

图4-3 整体概念模型

建构这个模型的基本思路是：在网络视角下，紧密围绕在投资银行周围的局部网络（小团体）环境对其"根植—拓展"战略选择产生重要影响。由规模差异性、功能互补性和小团体根植性三类主要因素刻画的小团体内合作环境的优劣直接作用于投资银行"根植—拓展"的战略选择。由于战略对接、合作效率、盈利模式差异，以及合作公平性等诸多方面的原因，与所属小团体其他成员规模差异程度较大的投资银行更有可能放弃在小团体内的网络根植战略而采取跨越小团体边界及其间结构洞的网络拓展行为；由于内部竞争、低质量信息交换，以及深层次合作机制缺失等原因，与小团体其他成员功能互补程度较低的投资银行亦更有可能采取网络拓展战略去小团体外部寻找与之形成互补关系、能发挥其功能比较优势的合作对象；此外，由于无法有效利用小团体集体治理机制、声望扩散机制，以及拓展成本较低等原因，小团体根植程度较低的投资银行同样表现出较为显著的网络拓展行为。反之，当投资银行与所属小团体其他成员具有较低的规模差异度、较高的功能互补度，或在小团体内根植程度较高时，投资银行则更有可能采取网络根植战略。

根据绩效反馈理论，实际绩效与预期的差距对企业的风险性战略行为的产生有着极其重要的影响。因此投资银行的绩效预期缺口对其采取风险型的网络拓展行为抑或是保守型的网络根植行为的战略选择有着直接的作用。本书将绩效预期缺口划分为反映绩效运动趋势的历史缺口和对比同类投资银行绩效所形成的同类缺口，并借鉴绩效预期理论提出假设：对历史或同类任意一种绩效预期缺口而言，无论投资银行实际绩效是低于预期还是高于预期，只要是偏离原预期水平对会对其风险性的网络拓展行为造成正面推动作用；而当绩效越接近预期，投资银行在小团体内部开展合作的网络根植行为则越显著。以此为出发点，本书做了进一步拓展，就历史或同类这两类绩效预期缺口各种组合的交互作用，以及对投资银行"根植—拓展"战略选择的共同影响进行了理论分析，并提出相应假设。

在此基础上，本书分析探讨了投资银行"根植—拓展"的战略选择对其绩效的作用机理。本书识别了跨越小团体间结构洞的网络拓展战略行为对投资银行获取承销机会信息与合作性信息这两类信息的不同影响，在此基础上将投资银行的绩效分解为两个维度：承销合作机会与承销合作契合度，并分别分析了投资银行的网络拓展行为对这两个绩效维度的差异性影响。投资银行跨越小团体边界与其间结构洞的网络拓展行为提升了投资银行自我中心网络的开放度，由此形成的机会信息优势与中介桥接优势使其能够获得更多的承销合作机会，对绩效有着正向提升作用。但同时网络拓展行为也使投资银行失去了小团体集体治理机制，以及声望扩散机制的保护，并且使其自我中心网络中关于合作对象能力、可靠度等合作性信息整体水平降低。这导致投资银行的承销合作中较高的不确定性，以及由此形成的过度防范机制和低质量的信息交换。这些因素都降低了投资银行与其合作对象进行承销合作的整体契合度，对其绩效产生负面影响。与之相反的是，投资银行的网络根植行为导致其自我中心网络的合作性信息增加而承销机会信息减少。投资银行在得到小团体各类机制保护的同时失去了机会信息优势与中介桥接优势；根植行为在对投资银行承销合作契合度产生正面影响的同时不利于其承销机会的获取。因此，"根植—拓展"这一战略选择对投资银行绩效两个维度产生了正负两种方向的作用。

第六节　本章小结

本章在结合第二章对文献的梳理和第三章对承销合作网络拓扑结构的分析的基础上，根据访谈结果和对研究问题的理论分析，建构了投资银行战略选择影响因素及其对绩效正负双向作用的概念模型，并提出了 15 条（含两对互斥假设）有待进一步研究检验的假设（见表 4-1）。

表 4-1　研究假设总结

编号	假设内容
H1	投资银行与小团体内其他成员规模差异程度越高，其网络拓展行为越显著
H2	投资银行与小团体内其他成员功能互补程度越低，其网络拓展行为越显著
H3	投资银行在其所属小团体内根植程度越低，其网络拓展行为越显著
H4	在绩效预期缺口为负的情况下，历史绩效预期缺口越大，投资银行网络拓展行为越显著
H5	在绩效预期缺口为负的情况下，同类绩效预期缺口越大，投资银行网络拓展行为越显著
H6	在绩效预期缺口为正的情况下，历史绩效预期缺口越大，投资银行网络拓展行为越显著
H7	在绩效预期缺口为正的情况下，同类绩效预期缺口越大，投资银行网络拓展行为越显著
H8	在历史绩效预期缺口与同类绩效预期缺口均为负的情况下，两类绩效预期缺口越大，投资银行网络拓展行为越显著
H9a	在历史绩效预期缺口与同类绩效预期缺口均为正的情况下，两类绩效预期缺口越大，投资银行网络拓展行为越显著

编号	假设内容
H9b	在历史绩效预期缺口与同类绩效预期缺口均为正的情况下，两类绩效预期缺口越大，投资银行网络根植行为越显著
H10	在历史绩效预期缺口为负而同类绩效预期缺口为正的情况下，两类绩效预期缺口越大，投资银行网络拓展行为越显著
H11a	在历史绩效预期缺口为正而同类绩效预期缺口为负的情况下，两类绩效预期缺口越大，投资银行网络拓展行为越显著
H11b	在历史绩效预期缺口为正而同类绩效预期缺口为负的情况下，两类绩效预期缺口越大，投资银行网络根植行为越显著
H12	网络拓展行为有利于投资银行承销合作机会的获取
H13	网络拓展行为不利于投资银行承销合作契合度

具体而言，假设 1（H1）至假设 3（H3）主要分析了投资银行所属小团体合作环境对其根植—拓展战略选择的影响；假设 4（H4）至假设 11（H11）阐述了投资银行绩效预期缺口及各类预期缺口交互组合对其战略选择的影响；而假设 12（H12）、假设 13（H13）则厘清了投资银行战略选择对其绩效不同维度的正负双向作用。

第五章 数据收集与研究设计

第一节 研究样本与数据收集

一、数据来源

依据社会科学的基本研究方法，本书在开始实地访谈与大规模数据收集之前，对三位投资银行家进行了开放式的试访谈，以深入了解投资银行业的情况，确定研究思路的可行性、访谈提纲的合理性，并对研究数据的获取渠道、方法进行了一定的了解。

在试访谈以及其后的正式访谈中，多位投资银行家均指出获取合作承销项目信息的最佳途径是通过第三方机构所提供的金融数据库，且大量金融数据库中以万得（Wind）、彭博（Bloomberg）、迪罗基（Dealogic）三家信息服务机构所提供的金融数据质量为优。这三个数据库为大多数投资银行的研究人员所使用。但在访谈中亦有几位投资银行家指出：由于本书所需要的承销团主承销商、副主承销商组成，以及股票发行前的询价区间等信息均为非主流研究数据，由第三方机构所提供的数据库中有一定的可能会出现遗漏和差错，因此最佳质量的数据来源应为香港交易及结算有限公司（香港证券交易所）所提供的"披露易"（HKExnews）服务。

"披露易"是香港证券交易所设立的专门为发放证券发行人资讯的信息服

务系统。其主要目的是为证券发行人按监管规定进行第三方存档及信息披露提供一个中央电子平台，并为投资者、研究人员以及其他金融工作者提供一个准确、完整的信息获取渠道。该系统有其专用域名①，并独立于香港证券交易所。披露易系统涵盖了两大范畴的信息：

一是证券发行人直接公布的信息。这是证券发行人（融资人）通过电子呈交系统直接递交的信息，当中包括根据主板或创业板《上市规则》的规定经过审批的发行人文件和未经审批的发行人文件。这部分文件也包括由上市公司的主要股东或董事按《证券及期货条例》通过披露权益系统存档的披露信息。

二是对证券发行人进行监管的信息。这部分信息主要是由香港交易所发出有关对主板及创业板上市公司进行监督管理的信息，这类信息主要包括《有关除牌程序及停牌公司之报告》《有关长时间停牌公司之报告》以及《有关上市规则执行的公告》等为主的监管类公告。

根据访谈所获得的建议以及笔者访谈后的确认，本书所需的承销团主承销商、副主承销商组成，以及股票询价区间等数据在"披露易"服务提供下载的证券发行人公告中均有记录。该类数据主要在证券发行人对其证券进行发售之前公布的《招股说明书》或《发行公告》中"董事、监事及参与发售各方"以及"包销"或"发售框架"等章节加以说明。

此外，在对国外经济学与管理学影响因子较高的 *Academy of Management Review*、*Academy of Management Journal*、*Administrative Science Quarterly* 等顶级期刊的相关文献进行阅读后，笔者发现国外大多数对于投资银行业承销合作网络的研究均采用第三方机构提供的数据库二手数据作为研究数据的来源。

有鉴于投资银行业内人士的建议以及相关研究的较为普遍的数据收集方法，本书没有采用问卷调查方式进行研究数据的收集，而是采用二手数据作为研究数据的来源。针对研究人员采用第三方数据服务机构所提供的数据库作为组织管理学领域研究的数据来源的方法，周长辉（2008）指出，由于缺乏企

---

① "披露易"的域名为：http://www.hkex.com.hk/。

业自报机制，数据服务公司所提供的数据在系统性、全面性和客观性等各方面可能会存在一定的缺陷，因此研究人员在数据的针对性、适用性及可靠性方面需要十分谨慎。本书以这一警示作为指导数据收集和处理的基本原则，采用多种方式以保证数据的客观性、准确性以及于本书的针对性。例如，在数据收集过程中笔者发现，在上述"披露易"提供的证券发行人公告中亦有少量小规模承销项目公告中的发售各方以及发售框架等内容有所缺失。因此，本书在采用在披露易公告信息的基础上，通过与万得、彭博、迪罗基三个业内质量较优的金融数据库数据进行交叉对比，以及投资银行网站信息交叉对比的方式，获取研究数据以保证数据的正确性与完整性。

二、数据收集过程与数据说明

香港的资本市场起源于 1841 年，随后经历了曲折和多变的发展历程最终成为今日的国际金融中心和世界第三大金融资本市场。香港资本市场虽然起始较早，但在 1994 年经历了较大的变革，随后进入了结构较为稳定的时期，并在 1997 年前后迎来了中国内地大量的投资银行。为保证研究的一致性以及对中国投资银行业的指导意义，本书将 1994～1997 年作为研究移动窗口中的起始窗口，并将整个研究观测期设定为 1994～2010 年。该观测期由香港市场上合作承销事件较为稀少的时期开始。1994 年和 1995 年香港资本市场的承销合作事件分别仅为 8 次和 3 次，但到了 2000 年仅一年承销合作事件就有 50 次，且之后该数量相对稳定。表 5-1 显示了研究观测期历年香港承销合作事件的基本统计信息。本书的观测期包含了香港市场承销活动最为活跃的一段时期。相对丰富的网络数据与时间纵向研究设计使本书在一定程度上避免了网络研究中常见的边界设定（Boundary Setting）问题。

表 5-1　历年承销合作事件基本统计信息

年份	合作承销事件总数（次）	承销事件总数（次）	合作承销事件占比（%）
1994	8	21	38.10
1995	3	19	15.79

续表

年份	合作承销事件总数（次）	承销事件总数（次）	合作承销事件占比（%）
1996	17	34	50.00
1997	44	68	64.71
1998	15	27	55.56
1999	22	39	56.41
2000	50	86	58.14
2001	42	88	47.73
2002	39	111	35.14
2003	37	64	57.81
2004	46	66	69.70
2005	33	68	48.53
2006	42	61	68.85
2007	46	83	55.42
2008	14	29	48.28
2009	36	65	55.38
2010	37	94	39.36

资料来源：笔者整理。

由于所需数据较为庞杂，本书的数据收集过程与后期承销合作网络实证构筑的处理过程从 2010 年 6 月至 2011 年 3 月，共持续 10 个月左右的时间。进行研究数据收集与处理的人员主要有四位，除笔者外还有一位管理学博士、两位管理学硕士对数据的进行采集、对比，并对缺损数据进行补充调研工作，而研究数据的 MATLAB 矩阵转换与计算以及后期数据分析则由笔者进行。本书的数据收集与后期基本处理工作可分为以下四个阶段：

第一阶段（2010 年 6 月）：数据库数据获取与投资银行名单确定。

由于在香港资本市场进行承销活动的投资银行都在香港证券及期货事务监察委员会（香港证监会）备案，因此本书以香港证监会所提供的投资银行名单为基础，通过与上文所述三大金融数据提供商所提供的数据库中投资银行名单进行对比，确定在香港资本市场上开展承销项目的投资银行总名单。

以该名单为出发点，本书随后利用三个数据库数据筛选出符合以下两个条件的投资银行：①在 1994～2010 年进行过承销项目。②与其他投资银行有合作承销的事件发生。将满足这两个条件的投资银行提出并放入本书的样本名单内。

因为通过三个数据库独立进行的名单筛选具有高度的一致性，本书将该结果作为研究样本名单，并在之后"披露易"提供的公告数据收集过程中关注其他可能的未被三个数据库列入的投资银行。在整个数据收集工作完成后，并未发现在观测期内进行过合作承销项目的其他投资银行，因此将该名单作为最终样本名单。该名单中共包括 191 家投资银行。

第二阶段（2010 年 7 月至 11 月）：合作承销事件及主承销商、副主承销商等各类数据收集。

在这一阶段，本书的数据收集小组从"披露易"平台处下载了观测期内所有 IPO 承销事件的发行通告或招股说明书。由于部分股票发行后并未上市，或发行并上市后由于种种原因退市了，为保证研究数据的完整性与正确性，本书将这部分未上市与退市的股票以及创业板的股票的发行信息亦包括在内。对原始发行文件的下载和整理的阶段共获得与股票发行信息相关的文件 2833 份。其中，每个承销事件都收集有相应的初始招股说明书（Primary Prospectus）与发行通告或招股说明书（Prospectus），有的承销事件则存在多个发行公告文件。

在获得原始发行文件之后，本书将这部分文件中与研究内容相关的信息提取并形成承销活动的事件矩阵（Event Matrix）。本书采集并记录在时间矩阵的信息主要包括证券发行人名称、发行人代码、所属行业、发行日期、主承销商名称、副主承销商名称（以上两个称谓在香港资本市场文件中分别称为牵头经办人与副牵头经办人）、承销证券的总数量、证券承销价格的询价区间（有上限和下限两个数值），以及证券发行价格等。这一系列数据通常在招股说明书或发行公告的各个章节均能找到。其中发行人名称、代码、承销证券的总数量、询价区间等信息通常在招股说明书或发行公告的封面或首页显示；发行日期通常在文件所附的发行时间表中可获得，并可对比数据库信息进行验证；而最为重要的主承销商与副主承销商信息可从"董事、监事及参与发售各方""包销"或"发售框架"等章节获取。

在完成了事件矩阵基本编制后，本书将该事件矩阵与万得、彭博、迪罗基三个金融数据库获取的数据进行交叉比对，对于事件矩阵中缺失的数据或四个数据来源中不一致的部分在第三阶段补充调研中加以修正。最终获得的数据涵盖了 1994~2010 年 191 家投资银行在香港证券市场进行的 1023 次 IPO 股票承销事件，其中 531 次承销为组成承销团的合作承销事件，合作承销事件共形成 1957 个投资银行间承销合作关系。表 5-1 显示了研究观测期历年香港承销合作事件的基本统计信息，图 5-1 则更为直观地显示了合作承销事件总数占承销事件总数的比例，从图中可以看出，除 1995 年合作承销事件所占的比重较为特殊，仅为 15% 左右，其他时期中该比重曲线一直围绕着 50% 左右的数值上下波动。事实上，合作承销事件数量占承销事件总数量的比例在整个观测期平均为 51.91%，即平均两次承销事件中即有一次为合作承销事件，这说明投资银行承销活动的网络现象极为显著。

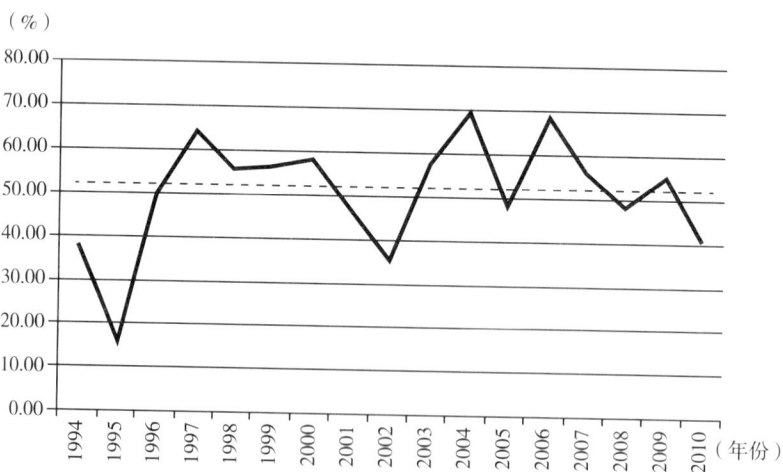

图 5-1　合作承销事件比例

资料来源：笔者绘制。

第三阶段（2010 年 12 月至 2011 年 1 月）：缺失与相悖数据补充调研。

对于第二阶段本书整理的事件矩阵中缺失而又无法在万得、彭博、迪罗基三个数据库中取得，或者数据库数据对比中发现的不一致之外，数据收集小组首先进行相应投资银行网站的信息搜索和对比，在所需信息依然无法获得的情况下，采用电子邮件询问或由笔者较为熟悉的投资银行家通过行业内合作关系直接电话询问。由于所需信息量较小，且属于半公开信息，均非涉及投资银行的相关利益，所以采用直接询问所取得的结果较为理想，但缺点是耗时较长；而就通过电子邮件询问的方式而言，从结果看其响应及反馈效果均不理想。此外，本阶段还对 2010 年最后两个月发生的承销事件进行了补充记录。

第四阶段（2011 年 2~3 月）：数据初步处理与承销合作网络的实证构筑。

由于本书数据较多，在数据处理中采用人力手工处理较为困难，所以本书在利用 Matlab 软件编写了 30 余个自定义函数对数据进行矩阵变换与计算。这一阶段所做的主要工作是：①将原事件矩阵转化为各个研究窗口的相邻矩阵（Adjacency Matrix）以构筑各时期承销合作网络，便于后期对各投资银行的各个特征值的计算以及 UCINET 对各网络属性的衡量和 NETDRAW 的作图；②对各研究窗口中的投资银行小团体进行识别以便于后期对网络拓展行为的衡量，以及对小团体的规模相似性、功能互补性、根植性、小团体成员承销总额等一系列与小团体相关的变量的衡量；③设计利用原事件矩阵获取投资银行在一定时期承销总额以及平均合作契合度等绩效指标的算法。

第二节　企业间网络实证构筑

一、事件矩阵、相邻矩阵与承销合作网络的构筑

对企业间网络进行实证研究的第一步通常是将现实网络在实证研究中再现。本书对投资银行业承销合作网络的实证构筑主要通过建立事件矩阵、将事

件矩阵转化为相邻矩阵、构筑网络这三步实现。

本书在数据收集的同时建立事件矩阵，在摘录招股说明书相应信息时将上文所述的研究数据直接输入事件矩阵。而转化相邻矩阵所需的信息主要是投资银行名单、承销事件的主承销商和副主承销商三类信息。在本书中，一个承销事件的主承销商被编码为"2"，而副主承销商被编码为"1"。表 5-2 以 2006~2009 年研究窗口中的 3 次合作承销事件为例显示了本书的事件矩阵构筑方法。

表 5-2　合作承销项目事件矩阵示例

名称	代码、发行时间等信息（略）	CCB	CES	CIC	FSC	GJS	MS	MUF	PS	RBS	SCB
银泰百货		1	1		1		2			1	1
大成食品				1		1			1		2
味千（中国）				1				1			2

注：CCB 表示建银国际，CES 表示光大银行，CIC 表示中国国际金融，FSC 表示第一上海，GIS 表示国泰君安，MS 表示摩根士丹利，MUF 表示三菱 UFJ 证券，PS 表示宝来证券，RBS 表示苏格兰皇家银行，SCB 表示渣打银行。后文余同。

资料来源：笔者整理。

由各项目的招股说明书可知，银泰百货承销项目的主承销商是 MS（摩根士丹利），因此在事件矩阵中该单元格内代码为 2；该项目副主承销商分别是 CCB（建银国际）、CES（光大银行）、FSC（第一上海）、RBS（苏格兰皇家银行）以及 SCB（渣打银行），因此本书在上述各家投资银行相应的单元格内填写代码 1。同样地，对于大成食品项目而言，主承销商 SCB（渣打银行）代码为 2，而副主承销商 CIC（中国国际金融）、GJS（国泰君安）、PS（宝来证券）则代码为 1。由于篇幅所限，此处仅列出与这三次合作承销事件相关的投资银行。实际事件矩阵由全部 191 个投资银行构成，不参与某次承销事件的投资银行在该事件的矩阵行内单元格编码均为 0。

上述编码方式能较为方便地将事件矩阵转化为相邻矩阵。相邻矩阵是反映各网络行动者之间关系方向与关系强度的矩阵。由于主承销商从证券发行人处获得承销项目的承销权，并根据以往承销团的成员组成及承销结果、客户所处行业、承销所需的专业知识、一级市场分销渠道等多方面因素选择副主承销商。投资银行间的合作主要由承销团中主承销商与副主承销商之间的关系所承载，同一承销团的副主承销商之间通常不存在高质量的信息交换与深层次的合作（Li 和 Rowley，2002）。因此，承销团内的合作网络关系通常是由主承销商指向副主承销商的，一对多的矢量网络关系。所以在本书中，事件矩阵与相邻矩阵的转换规则是：在同一个合作承销事件中，形成由代码为 2 的投资银行指向代码为 1 的投资银行，而代码为 1 的投资银行之间没有关系；在一段时期内，投资银行节点和方向均相同的关系相互叠加，形成关系强度数值。表 5-3 以表 5-2 的三次合作承销事件为例，显示了这三次事件的相邻矩阵。

表 5-3　投资银行相邻矩阵示例

	CCB	CES	CIC	FSC	GJS	MS	MUF	PS	RBS	SCB
CCB-GJS										
MS	1	1		1					1	1
MUF-RBS										
SCB			2		1		1	1		

资料来源：笔者计算整理。

相邻矩阵通常是 n×n 的相对稀疏的矩阵，矩阵大量存在着值为 0 的元素。在表 5-3 中省略了原事件矩阵 CCB—GJS 及 MUF—RBS 所有为 0 的行，只保留了赋值行。本书将相邻矩阵的列设为关系的接受方（Receiver），而相邻矩阵的行则代表关系的发出方（Sender），即矩阵元素 a_{ij} 代表了由行动者 i 出发指向行动者 j 的关系，而 a_{ij} 的值则代表了该关系的强度。由于行动者 i 指向行

动者 j 的关系即使存在，行动者 j 指向行动者 i 的关系也并不一定存在，所以
该矩阵是非对称矩阵。例如，在表 5-2 的银泰百货承销项目中，MS 为主承销
商，而 CCB 为副主承销商，因此形成了由 MS 指向 CCB 的关系，在矩阵的 MS
行和 CCB 列形成的单元格内赋值为 1；而 CCB 在这三次合作承销事件中并未
做过主承销商，因此在 CCB 行中所有元素均为 0，代表 CCB 未发出任何关系。
由于 SCB 在这三次事件中有两次为主承销商，且均邀请了 CIC 作为副主承销
商，因此在 SCB 行 CIC 列的单元格内赋值为 2。由此形成的相邻矩阵可方便后
期对各投资银行的各个特征值的计算，并可导入 UCINET 软件对各网络属性进
行衡量以及利用 NETDRAW 作图。图 5-2 显示了利用这 3 次合作承销事件的
相邻矩阵所形成的承销合作网络。

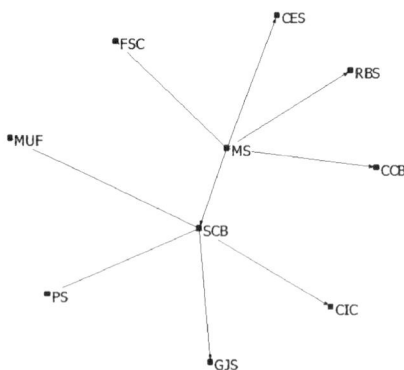

图 5-2　三事件简单承销合作网络示意图

资料来源：笔者绘制。

本书沿用 Rowley 等（2005）的方法，利用 4 年期移动研究窗口中由承
销团合作承销关系所形成的相邻矩阵来构筑该网络。采用 4 年期研究窗口主
要出于投资银行间承销团关系存续时间以及刻画该类关系的准确性的考虑，
这部分内容在本书第三章第二节已有较详细叙述，此处不再赘述。图 5-3
显示了上述 3 次合作承销事件所在的 2006~2009 年研究窗口的行业整体承
销合作网络。

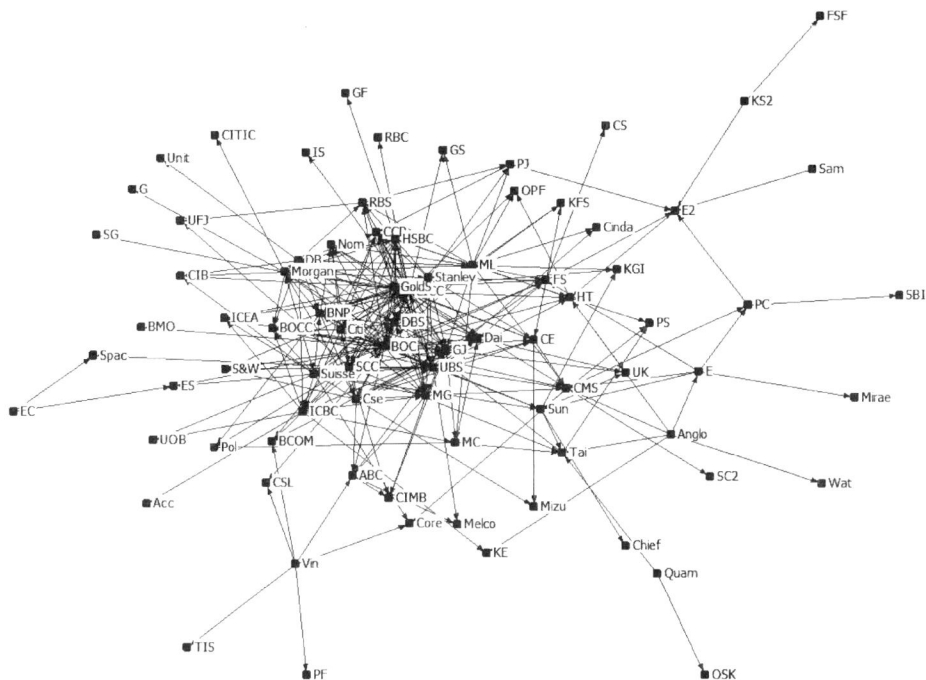

图 5-3 2006~2009 年香港投资银行业承销合作网络拓扑结构图

资料来源：笔者绘制。

二、投资银行小团体的识别

本书中网络拓展行为、小团体的规模相似性、功能互补性、根植性、小团体成员承销总额等一系列变量的衡量都依赖于在承销合作网络中对投资银行的小团体进行准确的识别，因此用于识别小团体的实证算法的选择十分重要。

根据定义小团体是内部密度相对较高，具有较强的凝聚性的中观网络结构；小团体内的组织通常是紧密联系在一起的，因此许多网络研究人员使用网络距离或可及性（Reachability）来识别小团体。在企业间网络中两个行动者之间的网络距离是由居于两者之间最短路径上的中介企业的个数决定的。在本书的实证研究背景下，一个投资银行与另一个投资银行在承销合作网络中的网络距离为 2，则这两个投资银行间最短路径上仅有 1 个中介投资银行存在。例如，图 5-2 中投资银行 MS 与 PS 之间的网络距离即为 2，两者最短路径之间只有 SCB 一个中介投资银行存在。对小团体结构最严格的理论定义要求小团体内所有的成员之间都直接相连，因此在这类小团体内所有行动者之间的网络距离均为 1。而在实证研究中对小团体的定义通常取决于在该实证设定环境下多短的网络距离才能将一群行动者凝聚成小团体。

本书遵循 Baum 等（2004）与 Rowley 等（2005）的实证方法，采用 UCI-NET 内置的 N-Clan 算法识别小团体。N-Clan 算法将一定网络区域内所有相互间网络距离不超过 N 的一批节点识别为一个小团体。本书沿袭上述两位学者的方法将 N 设定为 2，由此形成的小团体成员间的最短路径不超过 2。采用 2-Clan 算法识别小团体主要出于以下两方面的考虑：

首先，研究显示投资银行与其历史合作伙伴或者其历史合作伙伴的合作对象形成承销合作关系的可能性较高，而与超过了这一网络距离的投资银行形成合作关系的可能性则显著下降（Chuang 等，2000；Li 和 Rowley，2000）。这一研究结果表明，投资银行通常认为 2 步范围内的合作能够有效克服关于潜在合作对象能力与可靠性的信息不对称问题。这一结果亦与本书对银行家的访谈结果相符。因此投资银行业内的合作对象选择模式使得投资银行倾向于自然形成网络距离不超过 2 的小团体。

其次，本书在第三章对承销合作网络小世界现象的分析结果显示，承销合作网络的特征路径在整个观测期内的平均值为 3.037。这表明两个投资银行间的中介投资银行平均而言为 2 个，由超过 2 的网络距离计算得到的小团体将包括整个行业承销合作网络的大部分，这一网络结构的内部密度相对较低，亦不符合小团体的定义。

基于以上考虑，本书采用 2-Clan 算法识别投资银行小团体。在整个研究观测期 14 个 4 年期移动研究窗口中共识别出 150 个小团体，在各个研究窗口中平均 70.42% 的投资银行具有小团体归属；在所有研究时期中，至少在其中一个研究窗口中具有小团体归属的投资银行有 159 家，占总共 191 家投资银行的 83.25%。小团体内部的网络密度平均值为 0.268，而小团体间的网络密度平均为 0.0069，前者是后者的近 40 倍。这一结果不仅与小团体内部关系稠密而外部关系稀疏的理论描述相印证，也说明采用本研究的方法所识别出的小团体确实是独立的小团体，而不是大型的相互重叠的网络区域的子区域。

图 5-4 与图 5-5 以拓扑结构图的方式显示了采用 2-Clan 算法识别的小团体归属图。其中图 5-4 显示的是小团体数量最少的 1995~1998 年研究窗口，小团体数量仅为 4；而图 5-5 显示的是小团体数量最多的 1999~2002 年研究窗口，小团体数量为 17。两图中节点旁的数字表示该节点代表的投资银行的小团体归属。例如：2 代表该节点投资银行归属于本书窗口的第 2 个小团体，而图中的 0 则代表该节点投资银行没有小团体归属。图 5-4 已将不同的小团体用矩形虚线框框选出来。由图 5-4 可知，在 1995~1998 年研究窗口中 1 号小团体构成了该时期承销合作网络中最主要的小团体：其成员数量最多，且包含了网络中最中心的几大投资银行所形成的核心群体；而 3 号小团体则属于边缘小团体，仅由 3 个成员构成。

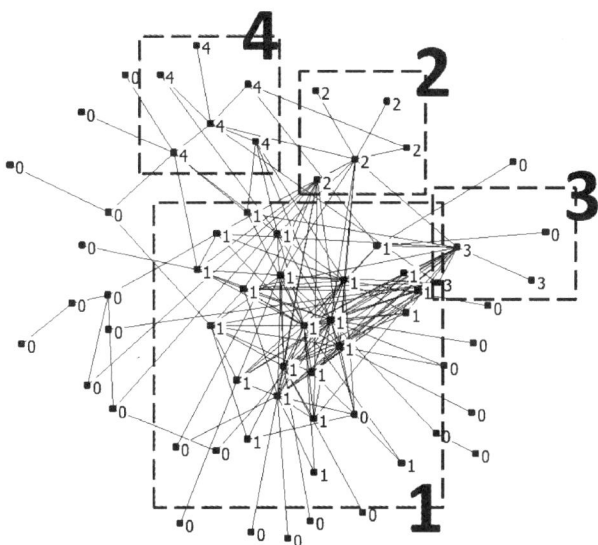

图 5-4　1995~1998 年香港投资银行小团体归属图

资料来源：笔者绘制。

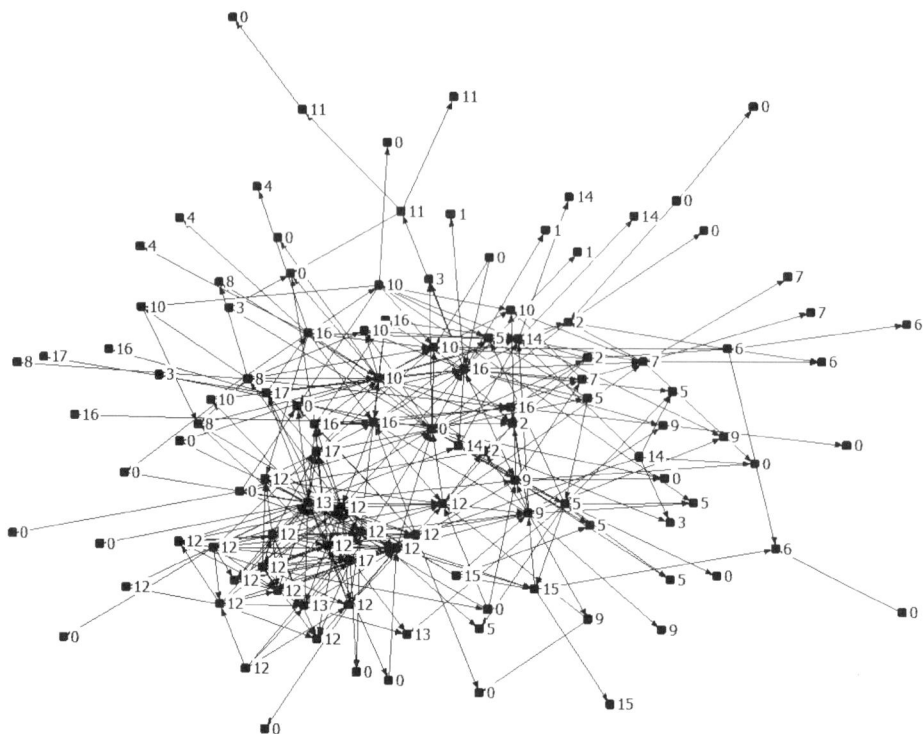

图 5-5　1999~2002 年香港投资银行小团体归属图

资料来源：笔者绘制。

第三节　变量设计与测度

为保证研究变量的信度及效度，对于理论自变量与控制变量，本书参考并采用了国内外文献中已使用过的、较为通行的变量测度及计算方式；而对于绩效衡量指标则进行了一定的创新，依据研究目的将普遍采用的承销规模指标分解为承销机会获取与合作契合度乘数两个指标。本书的理论自变量测度主要包括小团体成员规模差异程度、小团体成员功能互补程度、小团体根植程度、历史和同类绩效预期缺口及其交互作用；而因变量测度则包括网络拓展行为显著程度、承销机会获取以及合作契合度。

一、理论自变量及其测度

1. 规模差异程度

本书采用各研究窗口内投资银行主导或者参与的各个承销项目的金额总和作为该投资银行的规模衡量指标（Rowley 等，2005；Shipilov，2006）。为保证各个时期的规模可比性，本书利用香港特区政府统计处所公布的 CPI（消费者物价指数，此处用作通货膨胀系数）对该规模指标加以调整，以 1994 年为基准期，基准期之后每年的投资银行规模都除以该时期的通货膨胀系数 CPI。

香港资本市场有大约一半数量的承销项目由一个投资银行单独承销，而另一半数量的承销项目则采用承销团的方式进行合作承销，其总金额通常在承销团成员中以一定比例加以分配。按照 Pollock 等（2004）以及 Chen 和 Ritter（2000）所述的投资银行业惯例，并根据笔者对投资银行家的访谈结果，本书采取以下方式进行承销金额分配：对于非承销团承销的单独承销项目，投资银行获得 100% 的承销金额；对于组成承销团承销的项目，主承销商获得 50% 的承销金额分配，而剩余 50% 在副主承销商间进行均分。因此，投资银行在某个时期的规模计算不仅包括了该投资银行单独进行的承销项目的金额，还包括了该投资银行在承销合作项目中所分得的份额。

在对投资银行规模加以衡量的基础上，小团体成员规模差异程度指标通过计算该投资银行与同属一个小团体的其他投资银行的规模距离得到，研究人员通常采用 D-measure（Wagner、Pfeffer 和 O'Reilly，1984）的算法对类似本书规模差异度的组内异质性指标进行衡量。其计算公式如下：

$$D_{s_i} = \frac{1}{n} \Big[\sum_{j=1}^{n} (s_j - s_i)^2 \Big]^{\frac{1}{2}} \tag{5-1}$$

其中，s_i 代表焦点投资银行 i 的规模，s_j 代表与焦点投资银行同一小团体的其他投资银行 j 的规模，n 代表小团体中投资银行的数量。当焦点投资银行 i 与同属一个小团体的其他投资银行规模差异程度越大，则 D 值越大，而 D 值的最小值为 0。这一衡量方法与变异系数（Coefficient of Variation）相似。不同的是，变异系数在公式中减去的是变量（研究对象的规模）的均值，而此处减去的直接就是研究对象的规模。

由于不同的小团体本身亦具有较大的规模差距，本书最后用于分析的小团体成员规模差异程度指标是通过将此处的 D 值除以该小团体成员规模均值的方式进行标准化后的结果，这一标准化过程使本书对不同小团体进行的分析具有一致性和可比性。假如该变量在实证检验中回归系数为正，则对假设 1 形成支持，即较高的规模差异程度导致更为显著的网络拓展行为。

2. 功能互补程度

正如上文所述，对投资银行业的案例研究显示投资银行间最核心也是最显著的功能互补是主承销商与副主承销商之间的互补。有的投资银行专门承担主承销商或者副主承销商的职能，较少以另一种身份开展业务，而有的投资银行则对两种业务均有涉及，这样就形成了投资银行功能专业性的连续变量。

本书采用 Baum 等（2004）的方法，利用投资银行专精于主承销商职能的程度来衡量其功能的专业性。将目标研究窗口内投资银行 i 在合作承销事件中承担主承销商职能的次数除以其在该研究窗口内参与合作承销的总次数就得到了该投资银行功能专业性的衡量指标。该指标取值范围在 0~1。假如该指标取值为 1，则代表该投资银行在所有的合作承销中都承担主承销商的功能，该投资银行完全专精于主承销商；而如果该指标取值为 0，则代表该投资银行在所有的合作承销中都承担副主承销商的功能。由于该变量亦属于组内异质性变量，因此本书此处依然采用上述 D-measure 算法来衡量小团体成员功能互补性，其计算公式为：

$$D_{f_i} = \frac{1}{n} \left[\sum_{j=1}^{n} (f_j - f_i)^2 \right]^{\frac{1}{2}} \tag{5-2}$$

其中，f_i 代表焦点投资银行 i 对于主承销商职能的专精程度，f_j 代表与焦点投资银行同一小团体的其他投资银行 j 的规模，n 代表小团体中投资银行的数量。当焦点投资银行 i 与同属一个小团体的其他投资银行功能互补程度越高，则该 D 值越大。该衡量功能互补程度的 D 值亦通过除以小团体成员的功能专业性均值的方式进行标准化使不同小团体之间进行的分析具有一致性和可比性。假如该变量在实证检验中回归系数为负，则对假设 2 形成支持，即较低的功能互补程度导致更为显著的网络拓展行为。

3. 小团体根植程度

本书沿用 Rowley 等（2005）的小团体根植性指标对投资银行的小团体根植程度进行衡量，该根植性指标计算公式为：

$$I_i = d_i - c_i \qquad (5-3)$$

其中，d_i 为投资银行 i 在其所属的小团体内的网络关系密度，通过计算在小团体中与投资银行 i 具有承销合作关系的投行数量占小团体投行总数量的百分比得到。c_i 为投资银行 i 所在小团体的凝聚度指标，衡量的是在小团体所有成员投资银行间合作承销关系的实际数量占全部可能合作承销关系数量的百分比。其计算公式如下：

$$c_i = \frac{T_i}{n(n-1)/2} \qquad (5-4)$$

其中，n 为小团体成员总数量，T_i 是在小团体所有成员与自身小团体内部成员间的合作承销关系总数量。对于小团体根植程度较高的投资银行而言，其小团体内的网络密度要高于小团体整体平均的凝聚度，因此具有较高的 I_i 值；而对于在小团体内网络密度低于小团体整体凝聚度的投资银行而言该指标为负，反映出该投资银行较低的小团体根植程度。若该变量在实证检验中回归系数为负，则对假设 3 形成支持，即较低的小团体根植程度导致更为显著的网络拓展行为。

4. 历史绩效预期缺口

由于绩效预期缺口是投资银行实际绩效与绩效预期之间的差值，在该指标的度量中，投资银行的绩效衡量方法较为关键。组织的绩效在各类研究中通常以市场份额以及销售额、利润、资产收益率等一系列财务指标进行衡量。由于许多研究都表明投资银行业的竞争模式决定了投资银行向证券发行人收取的承销费用通常是承销总规模的一定比例，而这一比例在整个投资银行业内变化不大。Ljungqvist 和 Wilhelm（1999）以及 Chen 和 Ritter（2000）均指出在北美资本市场上各投资银行向证券发行人收取的承销费用通常为证券发行项目承销总额的7%左右，而本书对香港投资银行业数据的整理以及对投资银行家的访谈亦显示，香港投资银行业也存在类似的现象，投资银行一般收取承销总额的3%作为承销费用，且这一比例相当稳定。因此，本书沿用Baum等（2005）以及Shipilov（2006）的方法，采用投资银行在某研究窗口中的承销总额作为它在这一时期用于计算绩效预期缺口的绩效度量指标。这一指标亦经过香港特区政府统计处所公布的通货膨胀率调整以保证绩效在各个研究期的可比性。

本书依据Lant（1992）以及Greve（2003）的方法计算历史绩效预期值，其计算公式如下：

$$E_{i,t} = \alpha P_{i,t-1} + (1-\alpha) E_{i,t-1} \tag{5-5}$$

其中，$E_{i,t}$表示投资银行i在t时期的历史绩效预期；$P_{i,t-1}$表示投资银行i在t-1时期的绩效；$E_{i,t-1}$则为t-1时期投资银行i的历史绩效预期；α为衰变系数。α的值越大，则投资银行上一时期绩效对其形成绩效预期的影响越大，而以前的历史绩效预期对当期的历史绩效预期影响越小，其作用是使投资银行对绩效预期的更新速度加快。本书沿袭Lant（1992）与Greve（2003）的实证研究方法将α值设为0.5，即投资银行绩效与以往的历史绩效预期对当期历史绩效预期各占一半的影响。

投资银行的历史绩效缺口由投资银行当期的绩效值减去投资银行的历史绩效预期值得到。若该差值结果为正，则为正面历史绩效预期缺口；反之，则为负面历史绩效预期缺口。关于绩效预期缺口对企业风险行为的影响，现有研究提出了很多函数形式（Greve，2004）。由于只需验证绩效预期缺口为正或为负的情况下对投资银行网络拓展行为显著程度的影响，因此本书使用这些函数形式中的分段函数对绩效预期缺口变量进行操作。

本书亦采用Greve（2004）提供的分段函数的方法将历史绩效预期缺口值分为两段：正面历史绩效预期缺口与负面历史绩效预期缺口。当投资银行的历史绩效预期缺口为正的时候，正面历史绩效预期缺口变量的值即为该缺口值本身，而负面历史绩效预期缺口变量的值设为0；反之，当投资银行的历史绩效预期缺口为负的时候，正面历史绩效预期缺口变量的值为0，而负面历史绩效预期缺口变量的值出于方便研究解释的目的设为该缺口值的绝对值。

5. 同类绩效预期缺口

同类绩效预期缺口是企业决策者将自身绩效与行业中具有可比性的同类企业的绩效进行比较后的结果。所以，最简单的同类绩效比较就是将投资银行自身的绩效与整个投资银行业内所有的成员绩效的平均值进行比较。这种比较的计算公式为：

$$C_{i,t} = \frac{\sum_{j=1,j\neq i}^{N} P_{j,t}}{N} \qquad (5-6)$$

其中，$C_{i,t}$ 为投资银行 i 在 t 时期与其他投资银行比较所形成的同类绩效预期，$P_{j,t}$ 是 t 时期除投资银行 i 以外的其他投资银行的绩效，N 为业内投资银行总数量。

这一变量衡量方法较为简单但却存在一定的问题。企业通常将同类群体的绩效作为参照物对自身当前的绩效进行评估，而可观测性和可比性是决定企业将哪些组织作为参照的同类群体的重要影响因素（Porac 等，1995；Greve，1998；Baum 等，2000）。本书对投资银行业的访谈结果亦显示，投资银行对于规模间的差距非常敏感。规模较小的投资银行在寻找绩效参照时会寻找与之规模相应的投资银行；同样地，规模较大的投资银行也会寻找具有相应规模的投资银行进行绩效比较。虽然行业内规模较大的投资银行的绩效对规模较小的投资银行的绩效预期并非完全没有影响，但其影响程度较小，反之亦然。为了将这一效应融入同类绩效预期缺口的度量中，本书以公式（5-6）为基础采用以下算法来计算投资银行的同类绩效预期：

$$C_{i,t} = \frac{\sum_{j=1,j\neq i}^{N} [P_{j,t}/(|s_{i,t-1} - s_{j,t-1}| + 1)]}{N} \qquad (5-7)$$

其中，$C_{i,t}$ 为投资银行 i 在 t 时期与其他投资银行比较所形成的同类绩效预期，$P_{j,t}$ 是 t 时期除投资银行 i 以外的其他投资银行的绩效，N 为业内投资银行总数量，$s_{i,t-1}$ 是投资银行 i 在 t-1 时期的规模。$|s_{i,t-1} - s_{j,t-1}|$ 代表了投资银行 i 与投资银行 j 之间的规模差异，起到了调节系数的作用。投资银行 j 与投资银行 i 的规模差异越大，则投资银行 j 的绩效 $P_{j,t}$ 所除的调节系数就越大，该投资银行的绩效对投资银行 i 的同类绩效预期形成的贡献度也就越小，而与投

资银行 i 规模相差较小的投资银行则对同类绩效预期 $C_{i,t}$ 的形成影响最大。

与历史绩效预期缺口相似的处理方法，投资银行的同类绩效缺口值也由投资银行当期的绩效值减去同类绩效预期值的方式得到；且当投资银行的同类绩效预期缺口为正的时候，正面同类绩效预期缺口变量的值即为该缺口值本身，而负面同类绩效预期缺口变量的值设为 0；当投资银行的同类绩效预期缺口为负的时候，正面同类绩效预期缺口变量的值为 0，而负面同类绩效预期缺口变量的值为该缺口值的绝对值。

6. 两类绩效预期缺口的交互作用

本书采用两类绩效预期缺口的交互相乘项对两类绩效预期一致反馈与差异反馈的多个假设进行检验与分析。为简化叙述，本书将投资银行正面历史绩效预期缺口简称为正历史缺口，将负面同类绩效预期缺口称为负同类缺口，以此类推。用于两类绩效预期缺口交互作用检验的四个交叉项变量分别是：正历史缺口×正同类缺口、负历史缺口×负同类缺口、正历史缺口×负同类缺口、负历史缺口×正同类缺口。

二、网络拓展行为与投资银行绩效的测度

1. 投资银行网络拓展行为显著程度

Baum 等（2005）曾在其研究中将网络行动者跨越自身所在局部网络（Local Network）而与外部网络中的行动者连接的行为称为拓展（Extension）行为，并认为一个行动者与自己局部网络外的行动者关系数量占其总关系数量的比例可以用来衡量该行动者从其局部网络向外拓展的程度。本书借用这一概念，将投资银行跨越自身所在小团体这一局部网络结构而与小团体边界外的投资银行开展承销合作的战略行为称为投资银行的网络拓展行为，并使用投资银行跨越小团体的合作关系数量与该投资银行所有合作数量的比值来度量该战略行为的显著程度。这个数值越高，该投资银行的网络拓展行为越显著，而相应的，该投资银行的网络根植行为越隐微。

网络拓展行为显著程度在本书中是一个较为特殊的变量。在投资银行小团体合作环境与绩效预期缺口对其战略行为的影响模型中，网络拓展行为显著度

是作为因变量存在的；而在投资银行战略行为对其绩效的双重影响模型中，它又作为重要的理论自变量存在。

在实际操作过程中，当前研究时期 t 内投资银行 i 的所有承销合作关系将依据上一时期（t-1）中投资银行 i 的小团体归属进行筛选，将投资银行在与不属于其小团体的行动者的承销合作关系中挑选出来，并将该类关系的总数量除以承销合作关系总数量以得到其网络拓展行为显著程度指标 $E_{i,t}$。该指标取值范围在 0~1。当该指标取值为极限值 1 时，代表投资银行当期所有的合作对象均来自小团体外，该投资银行表现出最为显著的拓展行为；而当该指标取值为 0 时，则代表投资银行当期所有合作对象均来自于小团体内部，该投资银行没有表现出任何网络拓展行为，而表现出作为显著的网络根植行为。

2. 投资银行绩效的双维度测量

正如上文所述，许多文献均指出投资银行向证券发行人收取的承销费用通常是承销总规模的一个固定比例。例如，在北美资本市场上各投资银行向证券发行人收取的承销费用通常为证券发行项目承销总额的 7% 左右，本书对香港投资银行业数据的整理以及笔者对投资银行家的访谈亦显示，香港投资银行一般收取承销总额的 3% 作为承销费用，且这一比例相当稳定。因此对投资银行绩效的大多数研究将一段时期内的总承销金额作为投资银行的绩效衡量指标，即：

$$F_i = \sum_{j=1}^{n} N_j X_j \tag{5-8}$$

其中，F_i 表示投资银行 i 的绩效，N_j 表示投资银行 i 的第 j 次承销项目的承销证券数量，而 X_j 表示第 j 次承销项目的证券发行价格，n 表示在一段时期内投资银行 i 参与的承销项目数量。

本书利用 IPO 承销项目正式启动前证券发行人与投资银行在香港证监会备案的初始招股说明书（Primary Prospectus）中的数据将上述绩效分解为两个不同维度的指标：承销机会获取 A 与合作契合度 B。当股票发行人选定了某投资银行作为其股票发行的主承销商后，该投资银行会将本次发行的价格信息以询价区间的方式（例如每股 8~10 元）在证监会备案。由于这一价格区间代表了拥有信息优势的主承销商对本次发行的最终发行价格的真实预估，该预估价格是建立在股票发行企业盈利能力、成长性、市场环境等一系列信息集合上的。投资者通常将该价格区间的中点值（按上例则为9元）作为预期发行价格（Benveniste 和 Spindt，1989；Hanley，1993）。在初始招股说明书备案与最终股票发行日之间的这段时期，承销团成员与各类一级市场投资者接洽，对所承销股票进行销售，这一过程即为需求创造过程。在股票发行日，主承销商依据市场需求情况确定最终发行价格，或称为"IPO价格"，该价格可能高于亦可能低于预期价格，即询价区间的中点。

成功的证券承销依赖于承销团成员的默契合作，以及对承销团成员异质投资者资源的充分利用等多方面因素。但在与不熟悉的投资银行合作时，合作方的能力、合作记录、历史不良行为等信息的匮乏通常导致承销团成员投间缺乏信任，引起过度的防范机制，阻碍高质量的信息交换与承销协同优势的发挥，降低承销合作的效率与效益。其结果是承销团无法让市场形成对其所承销证券的应有需求，证券承销价格低于预期。现有研究显示假如承销团合作默契，能有效增加投资者对所发行股票的需求，其IPO价格就会高于初始招股说明书中的预期发行价格（询价区间的中点）；但假如合作承销并不能有效激起一级市场投资者的投资需求，IPO价格则低于预期发行价格（Hanley，1993）。因此，股票实际发行价格和预期价格之间的差异可反映承销团的合作契合度（Hanley，1993；Li 和 Rowley，2002）。

因此，本书将某个承销项目的规模 N_jX_j 记为 $N_jP_jm_j$，其中 N_j 为承销股票总数量，P_j 为预计承销价格，其值位于询价区间的中点，即：

$$P_j = (P_{jh} + P_{jl})/2 \qquad (5-9)$$

其中，P_{jh} 与 P_{jl} 分别代表了询价区间的上限与下限，这一数据可从初始招股说明书中获得。m_j 是合作契合度指标，$m_j = X_j/P_j$，它代表了承销团成员间合作的契合程度，同时也代表了本次合作承销事件能够在何种程度上激发一级市场投资者对所发行股票的需求。当需求高于预期时，m_j 大于1，而当需求低于预期时，m_j 小于1。因此，N_jP_j 可被认为是预期规模，而 m_j 则代表了合作契合度乘数，较好的合作契合度会放大原有的预期规模，而较差的合作契合度则会使实际承销规模低于预期。

由于承销机会由承销项目的参与资格和所参与承销项目的规模两部分组成，假如在一段时间内投资银行能够参与多个承销项目，且这些项目具有较大的规模，则代表了投资银行获得了较好的承销机会，本书中衡量承销机会获取的变量 A 是承销项目数量与承销项目平均规模的乘积，即：

$$A = n\overline{NP} \qquad (5-10)$$

其中，n 为研究窗口时期内投资银行所参与的承销项目数量，$\overline{NP}$ 则是承销项目的平均规模，$\overline{NP}$ 的计算公式为：

$$\overline{NP} = \sum_{j=1}^{n} N_j P_j / n \qquad (5-11)$$

而衡量焦点投资银行与其他投资银行合作契合度的变量 B 则是研究窗口时期内该投资银行参与承销项目的合作契合度乘数的加权平均值，即：

$$B = \overline{M} = \sum_{j=1}^{n} w_j m_j \qquad (5-12)$$

其中，w_j 为依据承销规模计算的权重。在网络拓展行为显著程度 E 对承销机会获取 A 影响的模型检验中，若 E 的回归系数为正，则对假设 12 形成支持；而在网络拓展行为显著程度 E 对合作契合度 B 影响的模型检验中，若 E 的回归系数为负，则对假设 13 形成支持。这两个绩效维度指标的乘积即为现有研究最常用的市场绩效指标——承销总额，但跨越结构洞的网络拓展行为对这两个绩效维度的作用效果却正好相反。

三、控制变量及其测度

除上述理论自变量外，还存在不少因素可能影响投资银行的战略选择和绩效，忽略这些因素可能会对理论自变量回归系数的估算产生一定的影响，为保证研究的准确性，本书设置了一系列的控制变量对此类因素的影响进行控制。在进行估算时与理论自变量一样，t 时期的控制变量与 t+1 时期的因变量形成回归关系。控制变量的选取主要考虑投资银行业现有研究中提出的对投资银行战略行为及绩效存在一定影响的因素。

1. "根植—拓展"战略选择影响因素模型的控制变量

对于"根植—拓展"战略选择的影响因素模型，除理论自变量外其他影响因素可分为投资银行微观个体、中观小团体、宏观行业整体三个层面。

在投资银行个体层面上，投资银行自身的信息集合与合作对象选择权对其网络拓展行为存在一定的影响，因此本书对投资银行的主承销商专精程度与网络中心度做出控制。作为主承销商，投资银行对于建立合作关系方面具有主动权，因此对形成与小团体外投资银行的合作关系具有较多的选择权，而中心度较高的投资银行距离网络中各个投资银行的距离相对较近，具备更强的信息优势与网络资源，便于其形成跨局部网络的合作关系。

投资银行的业务范围对其网络拓展行为亦有影响。例如，主要从事采掘类行业证券承销的投资银行对其所专长的行业具有大量的承销经验，而对于其他行业却缺乏专业知识，在一定程度上限制了其网络拓展行为。相反，业务范围较广的投资银行能够开展多种行业的承销经营，较利于其网络拓展行为。因此，本书利用香港证券交易的分类方式，将承销业务分为六大类，并利用赫芬达尔指数（Herfindahl Index）对其业务范围进行衡量。赫芬达尔指数计算方法如下：

$$H_{i,t} = \sum_{j=1}^{n} (S_{j,t}/k_{i,t})^2 \qquad (5-13)$$

其中，$H_{i,t}$ 表示投资银行 i 在 t 时期的赫芬达尔指数，$S_{j,t}$ 表示投资银行 i 在行业 j 的承销项目数量，$k_{i,t}$ 表示投资银行 i 在 t 时期承销项目的总数量，n 表示行业总数，在本书的研究设定中，n 取值为 6。赫芬达尔指数越高代表投资银行业务范围越狭窄，当该值取其最大值为 1 时，说明该投资银行的所有业务均集中于一个行业，其网络拓展行为受到较大的限制。为便于解释，本书取赫芬达尔指数的相反数作为业务范围衡量的指标。就理论而言，这个指标越高，代表投资银行业务范围更为广泛，其网络拓展行为越显著。

投资银行自身风险偏好对其形成跨小团体边界的网络拓展行为也有着一定

的影响。这一影响因素可以从投资银行自我中心网络（Ego Network）的两个变量上体现出来：历史合作者数量、第三方合作者数量。其中历史合作者指的是与焦点投资银行反复多次进行合作的投资银行。在实证操作中，本书将投资银行有过合作关系的投资银行设定为历史合作者，即两次合作以上的合作者为历史合作者。第三方合作者指的是焦点投资银行合作伙伴的合作对象。这两者的数量越多，表明焦点投资银行越倾向于与历史合作对象进行合作，风险偏好性较低，其进行网络拓展行为的可能性较低。

其他微观个体因素还包括投资银行进入行业时间的长短以及与之合作的非局域合作者的网络中心度。由于加入行业时间较短的投资银行与其他投资银行未建立相对稳固的合作关系，所以相对于加入时间较长的投资银行而言，其网络拓展行为的可能性更大。非局域合作者的行业地位越高（以中心度量化），与之相关的信息在行业网络中流传也就越广泛，与之合作的不确定性也就越低，因此投资银行与网络中心度较高的非局域合作者之间更容易产生网络拓展行为。

在网络中观结构层面上，本书对投资银行所在小团体一段时间内的合作承销项目总金额做出控制，对属于承销总金额较大的小团体的投资银行而言，小团体内合作能够带来较大利益，因而其网络拓展行为的动力较弱。

在整个行业层面上，由于行业内其他投资银行的战略行为以及风险行为趋势对焦点投资银行具有一定的影响，焦点投资银行可能表现出对其他投资银行的效仿或跟随行为，因此本书对这一跟随效应进行控制，该类变量包括除焦点银行外其他银行的第三方合作者数量、历史合作者数量与非局域合作者数量。其中，非局域合作者指的是在与投资银行合作的对象中除去它的直接合作者与第三方合作者外的所有合作者，由于与非局域合作者间的合作存在较大的风险和不确定性，该类合作者的数量越多，焦点投资银行的风险倾向及其产生网络拓展行为的可能性就较高。

此外，本书对研究窗口内投资银行总数、小团体总数、行业承销合作项目的总数量进行控制。投资银行总数与小团体总数决定了行业内的竞争激烈程度以及小团体外部投资银行的多寡，因此这两个变量值越大，投资银行产生网络拓展行为的可能性就越大。而行业内承销合作项目的总数量代表了投资银行业的兴旺程度。在承销活动较为活跃，合作承销次数较多的时期，投资银行通常表现得较为冒险，较愿意与小团体外的投资银行合作。

2. "根植—拓展"战略选择对绩效影响模型的控制变量

由于投资银行战略选择对其绩效有着双重影响，因此控制变量也分为对承销机会获取的影响与对合作契合度的影响两组。

在投资银行网络拓展行为对其承销机会获取影响的模型中，除对投资银行的主承销商专精程度与网络中心度作出控制外，还对投资银行规模做出控制。专精于主承销商职能与网络中心度较高的投资银行通常能够获得较多的承销机会；与之相应的是，较大的投资银行更有可能获得较大的承销项目与较多的承销机会，因而对其承销机会获取也有着正向作用。在行业层面上，本书对一段时期内行业承销项目总数量以及香港恒生指数作出控制。正如上文所述，投资银行业较为活跃的时期，投资银行获得的承销机会也较多。此外许多关于证券市场联动的文献还表明，二级市场的繁荣程度影响着一级市场的承销项目数量与规模，因此本书将研究窗口时期内每日恒生指数的平均数作为投资银行拓展行为对其获取承销机会的行业控制变量。

在投资银行网络拓展行为对其合作契合度影响的模型中，本书考虑合作双方重复合作次数、规模差距、主承销商专精程度，以及网络中心度这四个控制变量。合作双方重复合作次数计算的是在上一个研究时期内与当前合作的投资银行的合作次数，与历史合作次数较多的投资银行所组成的承销团合作契合度相对较高。与之对应的是，与规模差距较大的投资银行进行合作承销则契合度相对较低，此处规模差距是与合作对象的规模差异，与理论变量规模差异程度不同，上文所述规模差异程度指投资银行与小团体成员规模的差异。专精于主承销商功能的投资银行具有选择合作伙伴的主动权，与不同投资银行合作的经验较为丰富，该类合作经验对合作契合度有一定的正面影响，网络中心度较高的投资银行的信息优势亦可能导致较高的合作契合度。

第四节 数据分析方法与工具

一、网络分析方法与工具

采用网络视角的研究通常强调网络结构与网络位置对行动者行为的解释与绩效的影响，强调节点之间的关系而非节点本身的属性（彭新敏，2009）。传统方法在对行动者各方面属性的描述上已较为完善，却无法对行动者的网络关系进行较好刻画与描述；因此在采用网络视角的研究中通常采用专门的网络推断模型、衡量分析方法与工具。

本书采用了网络研究中较为通行的分析方法，通过事件矩阵的建立、相邻矩阵的转换，以及组织间网络的刻画三个步骤，实现投资银行承销合作网络的构筑与描述（详见本章第二节）。而本书所采用的网络分析工具是 Borgatti、Everett 和 Freeman 等编写制作的 UCINET 软件。该软件包含了凝聚子群识别（小团体、集聚系数、互惠度、同质性、网络距离、可及性等），区域识别（组成分析、K 核心等），自我中心网络属性描述（结构洞、网络效率指数、居间指数等），各类中心度分析等一系列网络分析程序，以及大量诸如聚类分析、角色和地位分析和拟合中心/边缘模型等基于过程的分析程序。本书采用的是其最新版本 UCINET。该软件工具在本书的小团体识别、小世界现象分析、各类变量计算等多个方面起到了重要的作用。

此外，网络的拓扑结构图能够较为直观地展示网络的密度、节点间距离、节点的中心度等多种属性，为网络分析提供了另一种分析视角，因而对基于网络的分析和研究贡献颇多；本书使用的是美国肯塔基州立大学 Steve Gorgatti 教授开发的 NETDRAW 软件，由于其便于操作和有助于开放式思考的特性，该软件被广泛运用于网络分析研究，在各类社会科学顶级期刊中采用该软件进行网络拓扑图绘制的研究占了很大的比例。

二、数据处理、统计分析的方法与工具

本书实证分析数据是将各个研究窗口内的观测值汇集在一起的面板数据。与普通截面数据、时间序列数据相比，面板数据具有增加自由度、减少多重共线性、控制个体异质性、提高参数估计有效性、可进行动态分析与微观个体分析等诸多优势。

但是面板数据的参数估算也相对较为复杂。在进行面板数据参数估算模型形式选择时，通常通过以下两个步骤来确定采用混合回归模型（Pooled Regression），是采用固定效应的定截距模型（Fixed-effect GLS），还是采用随机效应的变截距模型（Random-effect GLS）进行参数估计：

首先，采用 F 检验决定是否应选用混合回归模型还是变截距模型，如果 F 统计量显著，则该面板数据不适合采用混合模型，不能将所有观测值汇集起来用普通最小二乘法（OLS）进行参数估算。

其次，假如面板数据无法采用 OLS 简单回归，则应采用 Hausman 检验以确定应当建立固定效应的变截距模型还是随机效应的变截距模型。Hausman 统计量与其满足的分布如下：

$$H = [b-\beta]' [b-\beta] \sim \chi^2(k-1) \tag{5-14}$$

其中，b 是将面板数据经过固定效应 GLS 模型参数估计的结果，而 β 则是随机效应 GLS 模型参数估计的结果，且分别采用固定效应模型与随机效应模型的协方差矩阵进行计算；H 渐进服从自由度为 k-1 的卡方分布。若 Hausman 统计量在给定显著水平下大于临界值，即拒绝原假设的情况下，应当选择固定效应模型，反之则应选择随机效应的变截距模型进行参数估算。

本书实证数据为典型的面板数据，所以主要采用 STATA 软件进行模型参数估算而用 SPSS 软件进行辅助性统计分析。上述统计软件选择方式的原因在于 SPSS 软件的统计分析较为直观与模块化，但在进行较为复杂或需要个性化要求的统计分析时，编写相应的代码与语言亦较为复杂；而 STATA 软件在处理面板数据方面专业性较强，较适合变截距回归模型的处理。因此，本书使用 SPSS 13.0 软件进行数据初期的完整性、异常值检查，以及数据描述性统计分

析、Pearson 相关矩阵分析和多重共线性问题的识别；而采用 STATA 进行固定效应与随机效应 GLS 模型的参数估算与检验。

此外，由于本书数据较为庞杂，采用人力手工处理不具可行性，因而本书使用 MATLAB 编写了相应的一系列自定义函数，用于事件矩阵与相邻矩阵的转换以及大部分的变量指标计算。

第五节　本章小结

本章作为从理论概念模型向实证定量分析的过渡章节，详细说明了本书的数据来源、数据收集过程、变量设计、指标测度、数据处理及分析的工具与方法。本章首先介绍了研究所采用数据的来源与收集过程：本书通过资本市场承销事件的公开数据自建数据库，并通过多个第三方机构提供的数据进行交叉对比、投资银行网站信息核对等方式确保数据的准确性与完整性。随后，本章介绍了本书构建事件矩阵、将事件矩阵转化为相邻矩阵，并通过相邻矩阵构筑承销合作网络的方法，以及在该承销合作网络内识别投资银行小团体的实证技术与软件工具。在此基础上，综合相关文献对概念模型中所涉及的变量进行了概念化和操作化处理，并描述了各个变量的定义与测度指标。

第六章 投资银行战略选择及其绩效影响：实证研究与假设检验

根据研究目的与研究问题，本章利用从香港证券市场收集的数据，采用相应的实证分析方法对上一章提出的各假设进行检验，并在此基础上对检验结果加以解释和讨论。

第一节 描述性统计分析与 Pearson 相关分析

本研究共收集了 1994~2010 年 191 家投资银行在香港证券市场进行的全部 1023 次 IPO 股票承销活动，其中 531 次承销为组成承销团的合作承销，占所有承销活动的 52%；合作承销共形成 1957 个投资银行间承销合作关系。在整个研究观测期 14 个 4 年期移动研究窗口中共识别出 150 个小团体，在各个研究窗口中平均 70.42% 的投资银行具有小团体归属；在所有研究时期中，至少在其中一个研究窗口中具有小团体归属的投资银行有 159 家，占到了投资银行总数量的 83.25%。

虽然本书获取的原始数据有很高的完整性，但由于本书主要研究的是影响投资银行在小团体内根植或是跨越小团体边界拓展的战略选择的影响因素，以及该战略选择对绩效的作用，而某些投资银行在特定研究窗口中不隶属于任何一个小团体，即前文所述的无归属投资银行；根据"根植—拓展"战略选择的定义，无法对该类无归属投资银行战略行为的显著程度进行测量，导致这些投资银行在某些研究窗口中的数据缺失。此外，并非所有投资银行在整个观测期内一直存续，有的投资银行在存在了一定时间后退出了香港证券市场，而有的投资银行在观测期的中途进入行业网络，这也在一定程度上引起数据在某些年份的缺失。由于以上种种原因，本书汇集各研究窗口数据最终形成的是非平衡面板数据。

本书在第三章对香港投资银行业承销合作网络进行拓扑结构分析时已对研究数据进行了较为详细的描述性统计分析，故此处不再赘述。本章对在原始数据基础上形成的几个主要变量指标的描述性统计量进行一定的分析。表 6-1 与表 6-2 分别显示了网络拓展行为影响因素理论模型（模型 1）与网络拓展行为的绩效影响理论模型（模型 2 与模型 3）的各变量的描述性统计量，以及各变量间的 Pearson 相关系数。

由表 6-1 可知，网络拓展行为显著程度取值在 0 与 1 之间，但其均值仅为 0.095。这表明平均而言，仅有不到 10% 的投资银行间合作关系是跨小团体边界的网络拓展行为的结果，这与小团体相关理论一致。对几类绩效预期缺口的数据进行比较可知，同类绩效预期缺口通常要比历史绩效预期缺口要大。历史正面与历史负面绩效预期缺口规模大致相当，而由于规模权重系数的引入，各投资银行用于同类比较的绩效预期不再是行业绩效平均值，正面同类绩效预期缺口规模在均值上要高于负面同类缺口。投行主承销商专精程度均值为 0.213，这表明了在投资银行业专精于主承销商职能的投资银行是少数，大部分投资银行主要承担的是副主承销商的职能。而投行网络中心度与投行主承销商专精程度这两个变量间相对较高的相关系数（0.218，$p < 0.01$）则表明了少数专精于主承销商职能的投资银行通常亦是业内行业地位较高，处于较中心位置的投资银行。

对各变量间的 Pearson 相关系数进行分析可知，表 6-1 显示的模型 1 中，因变量网络拓展行为与除正面历史绩效缺口外的所有理论自变量均存在显著的相关性，这为之后的回归分析提供了很好的变量相关基础。唯一的非显著相关理论自变量与因变量之间的相关系数也相对较高，接近于 $p < 0.05$ 的显著性水平。

表 6-1　网络拓展行为影响因素模型（模型 1）变量 Pearson 相关系数矩阵

变量	最小值	最大值	均值	标准差	1	2	3	4	5
1. 网络拓展行为	0.00	1.00	0.095	0.274	1.000				
2. 小团体规模差异程度	0.00	1.89	0.604	0.397	0.225**	1.000			
3. 小团体功能互补程度	0.00	2.56	0.665	0.495	-0.084*	0.045	1.000		
4. 小团体根植程度	-0.62	0.64	0.000	0.255	-0.189**	-0.023	0.029	1.000	
5. 正面历史绩效预期缺口	0.00	0.03	0.002	0.011	0.069	-0.028	0.022	0.048	1.000
6. 负面历史绩效预期缺口	-0.02	0.00	-0.002	0.010	0.107**	0.135**	0.018	-0.122**	-0.016
7. 正面同类绩效预期缺口	0.00	0.05	0.007	0.025	0.075*	0.055	-0.019	0.033	0.372**
8. 负面同类绩效预期缺口	-0.02	0.00	-0.004	0.009	0.118**	0.014	-0.003	-0.007	0.019
9. 投行主承销商专精程度	0.00	1.00	0.213	0.265	-0.017	0.057	-0.034	-0.056	-0.017
10. 投行网络中心度	0.00	3.66	0.280	0.559	0.025	0.071*	0.023	-0.056	0.039
11. 投行业务范围	-1.00	-0.17	-0.650	0.351	0.194**	0.048	-0.083*	-0.105**	0.005
12. 投行历史合作者数量（/10）	0.00	1.70	0.221	0.513	-0.068	-0.032	-0.075*	-0.018	0.046
13. 投行第三方合作者数量（/10）	0.10	5.40	0.738	0.822	0.027	-0.099*	-0.041	-0.004	-0.023
14. 投行进入本行业时间	0.00	14.00	4.246	5.711	-0.056	0.118**	0.084*	0.072*	-0.007
15. 投行非局域合作者网络中心度	0.00	3.98	0.290	0.536	0.037	-0.012	0.019	0.059	-0.025
16. 投行所属小团体网络销总金额	16.59	27.17	22.021	2.200	-0.379**	0.003	-0.011	0.195**	-0.023
17. 其他投行历史合作者数量（/100）	0.71	1.36	0.913	0.335	-0.012	0.016	-0.032	0.027	0.017
18. 其他投行第三方合作者数量（/100）	1.97	7.52	3.757	2.116	0.053	0.004	-0.026	-0.066	-0.039
19. 其他投行非局域合作者数量（/100）	0.31	0.82	0.530	0.194	0.077*	-0.029	0.019	-0.026	0.001
20. 行业投行总数量（/10）	6.40	12.90	9.529	1.916	0.038	-0.01	0.057	-0.033	0.055
21. 行业小团体总数量	4.00	17.00	10.714	3.750	0.132**	0.055	-0.104**	-0.081*	0.024
22. 行业承销项目总数量（/100）	0.72	1.68	1.343	0.313	0.074*	0.042	0.055	0.049	0.17

续表

变量	6	7	8	9	10	11	12	13	14
1. 网络拓展行为									
2. 小团体规模差异程度									
3. 小团体功能互补程度									
4. 小团体根植程度									
5. 正面历史绩效预期缺口									
6. 负面历史绩效预期缺口	1.000								
7. 正面同类绩效预期缺口	-0.024	1.000							
8. 负面同类绩效预期缺口	-0.049	-0.025	1.000						
9. 投行主承销商专精程度	-0.008	0.009	-0.007	1.000					
10. 投行网络中心度	-0.025	-0.006	0.013	0.218**	1.000				
11. 投行业务范围	-0.010	0.121**	0.177**	0.081*	0.078*	1.000			
12. 投行历史合作者数量（/10）	-0.076*	-0.056	-0.024	-0.017	0.080*	-0.016	1.000		
13. 投行第三方合作者数量（/10）	0.006	-0.039	-0.025	-0.016	-0.051	0.101*	-0.002	1.000	
14. 投行进入行业时间	0.012	0.020	0.031	0.096*	0.074*	0.015	0.012	-0.023	1.000
15. 投行非局域网络合作承销总金额	0.019	-0.034	0.045	-0.032	0.091*	0.024	0.012	-0.052	0.019
16. 投行所属小团体承销总金额	0.000	-0.022	0.001	-0.020	-0.033	0.017	0.043	-0.012	0.024
17. 其他投行历史合作者数量（/100）	0.038	0.021	0.094*	-0.003	0.060	0.027	0.072*	-0.04	0.003
18. 其他投行第三方合作者数量（/100）	0.022	0.034	0.075*	-0.009	0.007	0.026	-0.044	0.091*	0.003
19. 其他投行非局域合作者数量（/100）	-0.018	0.012	0.019	-0.018	-0.001	0.006	-0.037	0.011	0.006
20. 行业投行总数量（/10）	-0.020	0.019	0.267**	-0.048	-0.032	-0.002	-0.005	-0.043	0.003
21. 行业小团体总数量（/100）	0.071*	-0.068	0.020	0.048	0.028	0.015	-0.042	-0.031	0.007
22. 行业承销项目总数量（/100）	0.020	0.020	0.037	-0.011	-0.055	0.016	0.088*	0.008	0.072*

续表

变量	15	16	17	18	19	20	21	22
1. 网络拓展行为								
2. 小团体规模差异程度								
3. 小团体功能互补程度								
4. 小团体根植程度								
5. 正面历史绩效预期缺口								
6. 负面历史绩效预期缺口								
7. 正面同类绩效预期缺口								
8. 负面同类绩效预期缺口								
9. 投行主承销商专精程度								
10. 投行网络中心度								
11. 投行业务范围								
12. 投行历史合作者数量（/10）								
13. 投行第三方合作者数量（/10）								
14. 投行进入主行业时间								
15. 投行非局域合作者网络中心度	1.000							
16. 投行所属小团体历史承销总金额（/100）	-0.162**	1.000						
17. 其他投行历史第三方合作者数量（/100）	-0.047	0.054	1.000					
18. 其他投行历史第三方非局域合作者数量（/100）	0.001	0.059	0.05	1.000				
19. 其他投行非局域合作者数量（/10）	0.071*	0.012	-0.054	0.054	1.000			
20. 行业投行总数量（/10）	-0.035	-0.059	-0.023	-0.063	-0.034	1.000		
21. 行业小团体总数量	-0.044	0.015	0.004	-0.027	0.050	0.071*	1.000	
22. 行业承销项目总数量（/100）	0.055	0.417**	-0.024	-0.002	0.071*	0.094*	0.113**	1.000

注：* 表示 $p<0.05$，** 表示 $p<0.01$。

表6-2 网络拓展行为绩效影响模型（模型2与模型3）变量 Pearson 相关系数矩阵

变量	最小值	最大值	均值	标准差	1	2	3	4	5	6	7	8	9	10
1. 承销合作机会	1.00	24.20	15.940	6.475	1.000									
2. 合作契合度	0.70	1.49	0.972	0.360	-0.046	1.000								
3. 网络拓展行为	0.00	1.00	0.095	0.274	0.176**	-0.283**	1.000							
4. 投行主承销商专精程度	0.00	1.00	0.212	0.264	0.202**	0.169**	-0.028	1.000						
5. 投行网络中心度	0.00	3.66	0.297	0.588	0.198**	0.071	-0.039	0.218**	1.000					
6. 投行规模	14.97	24.67	19.773	2.307	0.323**	0.024	0.078*	0.099*	0.042	1.000				
7. 行业承销项目总数量	72.00	168.00	134.312	31.344	0.048	0.000	0.021	0.017	-0.040	0.006	1.000			
8. 恒生指数	6.54	31.96	15.914	3.581	0.095*	0.025	-0.005	0.054	0.024	-0.012	-0.014	1.000		
9. 合作双方重复合作次数	0.00	9.00	2.364	1.807	0.013	0.190**	-0.030	0.010	-0.010	-0.027	-0.106*	0.057	1.000	
10. 合作双方规模差距	17.89	1260.35	286.556	261.472	0.007	-0.182**	-0.037	-0.049	0.029	-0.013	-0.025	0.035	-0.225**	1.000

注：* 表示 $p < 0.05$，** 表示 $p < 0.01$。

　　理论自变量之间的显著相关关系主要体现在绩效预期缺口的几个变量上，负面绩效预期缺口与小团体规模差异程度呈显著正相关，而与小团体根植程度呈显著负相关，但两对关系的相关系数不高，均没有超过 0.3。正面历史绩效预期缺口与正面同类绩效预期缺口间存在 0.372 的显著正相关关系，这可能会引起多重共线性问题（Multicollinearity）。自变量间的多重共线性将会导致较大的估计值标准差等问题，引起回归系数估计值的精确度下降，但估计值仍是无偏的；即多重共线性不会引起严重的估算问题，却使得研究人员难以推断特定变量的影响（Kennedy，1992；Greene，1993）。因此，这两者之间较为显著的相关性可能会对后期回归中这两个变量的解释造成一定的问题，其负面影响需要通过层级回归模型进一步确定。

　　理论自变量与控制变量之间的显著相关主要体现在小团体规模差异程度与投行第三方合作者数量、小团体根植程度与投行所属小团体承销总金额、正面同类绩效预期缺口与投行业务范围、负面同类绩效预期缺口与投行业务范围，以及行业投行总数量。这些关系的相关系数虽然显著却未超过 0.3，对回归结果影响不大。

　　控制变量之间的显著相关关系主要体现在行业投行总数量、行业小团体总数量与行业承销项目总数量三者之间的关系，以及投行主承销商专精程度与投行网络中心度之间的关系。前者体现了行业发展的自身规律，而后者则显示行业地位较高、居于网络中心的投资银行通常也承担着主承销商的职责。这些控制变量之间虽然显著相关，但是相关系数均未超过 0.3；而且控制变量的存在主要是对理论自变量外的影响因素进行控制，使理论自变量系数的估算更准确并对理论自变量解释更为合理，因此控制变量间的多重共线性并不会对控制变量整体外的系数估算产生影响，亦不会对理论自变量的解释以及假设的检验产生影响。

　　由表 6-2 显示的网络拓展行为的绩效影响模型的相关系数可知，因变量承销合作机会和合作契合度均与理论自变量网络拓展行为在 p < 0.01 的水平上显著相关。而理论自变量与控制变量的显著相关关系主要体现在网络拓展行为与投行规模上，两者虽然在 p < 0.05 水平显著，但相关系数远小于 0.3，对

理论自变量参数解释影响不大。控制变量之间的显著相关关系除上文所述的投行主承销商专精程度与投行网络中心度的关系以外，还主要体现在合作双方重复合作次数与合作双方规模差距的关系上。这两个变量显著负相关的关系在一定程度上说明了规模差距较大的投资银行间反复多次合作的可能性较低，这也与前文所述的规模差异性相关理论相契合。由于控制变量间多重共线性不会对控制变量整体外的系数估算产生作用，此处两例显著的相关关系并不影响假设检验。

从上文各变量间相关关系的分析可知，在本书各模型中，除网络拓展行为与正面历史绩效预期缺口这对关系外，因变量与其他所有理论自变量显著相关；而理论自变量与控制变量间以及控制变量自身之间的相关系数均处于较低的水平，表明变量间多重共线性较小。这对后期的 GLS 回归分析构成了较好的相关关系基础。

第二节　参数估算与假设检验

本书采用层级回归模型（Hierarchical Regression Model）进行数据分析，以便于对各类型理论自变量的影响，以及理论自变量交互项对因变量的影响做出较为明晰的解释，并利用回归系数的稳定性来检查模型可能存在的多重共线性问题。层级回归模型是验证交互项或权变关系最直接有效的方法，在实证研究中获得了广泛应用（Darrow 和 Kahl，1982）。其基本原理是通过检验自变量交互项的回归系数来确定交互项对因变量的影响。假如交互项的回归系数显著不为零，则表明交互项对因变量的影响不可忽略，并可根据该回归系数的正负来确定交互项对因变量的影响方向；再通过与交互项中一个自变量回归系数的比较，可确定另一个自变量对其权变调节作用。为避免加入交互项后带来多重共线性问题，本书按照通用的实证方法在回归前对涉及交互项的各类绩效预期缺口变量进行了中心化和标准化处理（温忠麟，2005）。各模型层级回归的过程为：先建立完全由控制变量构成的基准模型，随后逐步加入代表各类因素的理论自变量组加以回归，最后加入自变量的交互项形成完整的回归模型。

本书以 4 年期移动研究窗口为基础进行回归分析，$t-1$ 时期投资银行 i 的小团体规模差异程度、功能互补程度、根植程度、各类绩效预期缺口等变量作为自变量，与 t 时期该投资银行的网络拓展行为显著程度（因变量）形成回归关系，而 t 时期的网络拓展行为显著程度作为自变量又与 $t+1$ 时期该投资银行的承销合作机会以及平均合作契合度这两个绩效因变量分别形成回归关系。本书将各个时期的数据汇集在一起形成非平衡面板数据。与单纯的截面数据、时间序列数据相比，面板数据具有增加自由度、减少多重共线性、控制异质性、提高参数估计有效性等诸多优势。在进行面板数据模型形式选择时，通常采用 F 检验决定是否应选用混合回归模型还是变截距模型，如果 F 统计量不显著，表明截面间数据以及截面内数据差异度不大，则该面板数据可采用混合回归模型（Pooled Regression Model），将所有观测值汇集起来用普通最小二乘法（OLS）进行参数估算。但在本书中，由于投资银行存在一定的规模差异，兼之移动研究窗口有重叠时期，从理论上来看不具备采用混合 OLS 进行估算的条件，对各个模型进行 F 检验亦证实了这一点。本书的 3 个模型的 F 统计量在 $p < 0.01$ 水平呈显著状态，因此不能采用混合回归模型。根据通行的实证方法，假如面板数据无法采用 OLS 简单回归，则应采用 Hausman 检验以确定应当建立固定效应模型还是随机效应的变截距模型。该检验原理是：假如原假设成立，Hausman 统计量逐渐服从自由度为 K 的卡方分布，其中 K 为回归元个数。若该统计量大于给定显著水平下的临界值，则应据拒绝原假设，选择固定效应模型，反之则应选择随机效应模型。本书 3 个模型的 Hausman 检验结果显示，这 3 个模型均在 $p < 0.001$ 水平上显著。因此在本书中对网络拓展行为影响因素模型（模型 1）、网络拓展行为对承销机会获取的影响模型（模型 2），以及网络拓展行为对合作契合度的影响模型（模型 3），均采用随机效应 GLS 进行回归分析。

由于在 GLS 估算模型变量的过程中，无法以 OLS 过程中相同的方式将总平方和分解为回归平方和与残差平方和，这使得 R 平方统计量在 GLS 回归中不能作为一个检查模型解释效力的诊断工具。因此，在随机效应 GLS 模型中通常采用 Wald's X^2 值对模型显著程度与解释力进行分析。模型 1 具体回归结果如表 6-3 所示，而模型 2 与模型 3 的回归结果如表 6-4 所示。

表 6-3 网络拓展行为影响因素模型随机效应 GLS 回归结果

变量	模型 1a	模型 1b	模型 1c	模型 1d
投行主承销商专精程度	-0.7603 (-1.19)	-0.7799 (-0.96)	-0.8171 (-1.17)	-0.7896 (-1.21)
投行网络中心度	0.2790 (1.45)	0.2812 (1.41)	0.2938 (1.52)	0.2925 (1.37)
投行业务范围	0.6015*** (4.22)	0.5633*** (3.91)	0.5451*** (3.76)	0.5700*** (3.79)
投行历史合作者数量	-0.3917# (-1.82)	-0.3836# (-1.69)	-0.3775 (-1.55)	-0.3921 (-1.43)
投行第三方合作者数量	0.1485 (0.92)	0.1412 (0.95)	0.1468 (0.87)	0.1432 (0.91)
投行进入行业时间	-0.0365 (-1.37)	-0.0387 (-1.37)	-0.0379 (-1.23)	-0.0381 (-1.38)
投行非局域合作者网络中心度	0.4568 (0.74)	0.4839 (0.85)	0.4659 (0.82)	0.4769 (0.73)
投行所属小团体承销总金额	-0.0468*** (-11.37)	-0.0476*** (-10.49)	-0.0451*** (-10.14)	-0.0458*** (-9.08)
其他投行历史合作者数量	-0.7282 (-1.07)	-0.7054 (-0.96)	-0.7232 (-1.13)	-0.7387 (-1.01)
其他投行第三方合作者数量	0.0623 (1.61)	0.0602 (1.60)	0.0629 (1.74)	0.0616 (1.53)
其他投行非局域合作者数量	1.0750* (2.47)	1.0654* (2.54)	1.1008* (2.31)	1.0505* (2.46)
行业投行总数量	0.1162 (1.46)	0.1177 (1.32)	0.1160 (1.11)	0.1145 (1.37)
行业小团体总数量	0.0679 (2.50)	0.0669* (2.41)	0.0658* (2.58)	0.0692* (2.56)

续表

变量	模型 1a	模型 1b	模型 1c	模型 1d
行业承销项目总数量	0.5527# （1.78）	0.5210# （1.73）	0.5219# （1.78）	0.5187# （1.91）
规模差异程度		0.5028*** （5.56）	0.5177*** （5.78）	0.4917*** （4.84）
功能互补程度		−0.2566** （−2.63）	−0.2578* （−2.16）	−0.2464* （−2.23）
小团体根植程度		−0.3353** （−2.82）	−0.3434** （−3.01）	−0.3425** （−2.71）
正面历史绩效预期缺口			1.1309 （1.60）	1.1466# （1.67）
负面历史绩效预期缺口			0.9353*** （7.12）	0.9187*** （6.85）
正面同类绩效预期缺口			0.4244* （1.99）	0.4345* （2.18）
负面同类绩效预期缺口			2.2912*** （4.55）	2.3889*** （4.28）
正面历史缺口×正面同类缺口				0.5571 （1.19）
负面历史缺口×负面同类缺口				2.2909*** （4.73）
正面历史缺口×负面同类缺口				−1.8371* （−2.28）
负面历史缺口×正面同类缺口				1.3350* （2.19）
常数项	−2.9422*** （−5.77）	−3.0097*** （−6.91）	−3.1073*** （−6.84）	−2.9132*** （−7.12）
Wald's χ^2	743.75	935.27	1059.55	1101.74

注：# 代表 $p < 0.1$，* 代表 $p < 0.05$，** 代表 $p < 0.01$，*** 代表 $p < 0.001$，t statistics in parentheses（t 统计量列于圆括号中）。

表 6-4　网络拓展行为的绩效影响模型随机效应 GLS 回归结果

变量	模型 2a 承销合作机会	模型 2b 承销合作机会	模型 3a 合作契合度	模型 3b 合作契合度
投行主承销商专精程度	20.5265 *** (7.91)	19.3139 *** (7.65)	1.2361 ** (2.50)	1.1433 ** (2.21)
投行网络中心度	8.0019 ** (2.84)	8.2698 ** (2.85)	0.6122 (1.11)	0.6145 (1.10)
投行规模	2.6327 *** (11.42)	2.5066 *** (10.79)		
行业承销项目总数量	0.2065 (1.24)	0.2197 (1.27)		
恒生指数	1.8081 * (1.98)	1.7719 * (2.01)		
合作双方重复合作次数			0.1793 ** (2.67)	0.1752 ** (2.66)
合作双方规模差距			−0.0013 ** (−3.14)	−0.0013 ** (−3.14)
网络拓展行为		15.6614 ** (3.12)		−1.3138 *** (−5.10)
常数项	6.7100 *** (4.79)	5.9813 *** (4.20)	0.9432 *** (6.70)	0.9579 *** (6.92)
Wald's χ^2	583.49	650.51	371.22	497.19

注：* 代表 $p < 0.05$，** 代表 $p < 0.01$，*** 代表 $p < 0.001$，t statistics in parentheses（t 统计量列于圆括号中）。

1. 投资银行的小团体合作环境对其网络拓展行为的影响

表 6-3 中的模型 1a 是网络拓展行为影响因素模型（模型 1）的控制变量基准模型，在此基础上加入投资银行小团体合作环境类理论自变量形成模型 1b；而后在模型 1b 的基础上再加入反映单项绩效预期缺口影响的理论自变量形成模型 1c；最后加入反映各类绩效预期缺口交互作用影响的理论自变量形成层级回归的完整形式模型 1d。

从表6-3层级回归各模型的回归结果来看，除投行历史合作者数量这一控制变量的回归系数在4个模型中的显著度发生较大变化以外，其他所有变量的回归系数呈现出相对稳定的状态，并没有表现出由多重共线性引起的不稳定或无效现象。因此，在该模型中各变量间的部分相关关系并不会对各变量的理论解释造成太大的影响。

在模型1a的各个控制变量中，投行业务范围的回归系数为0.6015，且 $p < 0.001$，从表6-3的4个模型来看，这一显著为正的状态十分稳定，这表明业务范围较广的投资银行能够在多个行业与其他投资银行进行承销合作，对其网络拓展行为有着显著的正向作用。投行历史合作者数量反映的是投资银行在合作伙伴选择战略上较为保守的态度，理论推断该变量对网络拓展行为有着负面的影响。实证结果表明，虽然模型1a和模型1b中该变量回归系数为负，且 $p < 0.1$ 的水平显著，但其显著水平较低，并在模型1c与1d中呈不显著状态，因此实证推断该变量对网络拓展行为起着一定的负面影响，但该影响并不明显。投行所属小团体承销总金额的回归系数在4个模型中均为负，且表现出极强的显著性与稳定性（均在 $p < 0.001$ 的水平显著负相关），这体现了对于内部合作利益较大小团体而言，其成员向外寻找合作伙伴的动力较弱，网络拓展行为发生可能性较低，而其网络根植行为较为显著。此外，其他投行非局域合作者数量与行业承销项目总数量对投资银行网络拓展行为也表现出显著的正向作用。前者显示了投资银行对同行网络战略的跟随效仿效应，而后者则体现了行业的繁荣程度对投资银行合作战略的影响。整个控制变量基准模型的 Wald's χ^2 值为583.49，在 $p < 0.001$ 显著。这表明了一系列控制变量对因变量网络拓展行为的影响作用。控制变量组本身即对投资银行网络拓展行为具有一定的解释力。

模型1b在控制变量组的基础上加入了代表投资银行小团体合作环境的3个理论自变量：规模差异程度、功能互补程度与小团体根植程度。其中规模差异程度的回归系数为0.5028（$p < 0.001$），显著为正，且在层级回归的后两个模型中回归系数大致也在0.5左右且均显著为正。这表明投资银行与其所属小团体内的其他成员规模差距越大，其网络拓展行为越显著，所以假设1成立。

功能互补程度的回归系数为-0.2566 且在 p < 0.01 水平显著，在模型 1c 与模型 1d 中该变量回归系数亦大致在-0.25 左右，虽然显著程度有所降低（p < 0.05），但仍显著为负。这表明投资银行与其所属小团体内的其他成员规模差距越小，其网络拓展行为越显著，因此假设 2 成立。小团体根植程度的回归系数在层级回归的 3 个模型中为-0.34 左右且显著程度均较高（p < 0.01），这表明投资银行在所属小团体内的根植程度越高，其网络拓展行为越显著，故假设 3 成立。模型 1b 的卡方值在模型 1a 的 743.75（p < 0.001）基础上大幅提升至 935.27。

2. 投资银行绩效预期缺口对其网络拓展行为的影响

模型 1c 在模型 1b 的基础上加入了投资银行的单类绩效预期缺口变量。其中，负面历史绩效预期缺口的回归系数在模型 1c 以及完整层级回归模型 1d 中均大致为 0.9 且显著程度较高（p < 0.001）。这表明与根据历史绩效趋势形成的绩效预期相比，较低的实际绩效将会导致投资银行网络拓展行为，故假设 4 成立。负面同类绩效预期缺口的回归系数在两个模型中回归系数均显著为正（p < 0.001），这表明与同时期其他投资银行的绩效水平相比，较低的自身绩效将会导致投资银行的网络拓展行为，故假设 5 成立。

正面历史绩效预期缺口在模型 1c 中回归系数为正但并不显著，在模型 1d 中也仅在 p < 0.1 的水平显著。对该回归系数的 t 统计量进行分析可知，该系数 t 值在模型 1c 与 1d 分别为 1.60 与 1.67，处于 0.1 显著度临界值的边缘。这表明虽然显著程度不高，但正面历史绩效预期缺口对网络拓展行为有着正向作用，因此假设 6 得到实证支持。正面同类绩效预期缺口回归系数在模型 1c 与模型 1d 中取值在 0.4 左右，且在 p < 0.05 的水平显著。这表明正面同类绩效预期缺口越大，投资银行网络拓展行为越显著，因此假设 7 成立。

模型 1d 是在模型 1c 的基础上加入各类绩效预期缺口的交互项变量而形成的完整层级回归模型。从该模型的回归结果可知，除正面历史绩效预期缺口与正面同类绩效预期缺口对投资银行网络拓展行为的共同影响（假设 9a 与假设 9b）未得到实证支持外，其他交互项的影响均呈显著状态。其中，两类负面绩效预期缺口的交互项回归系数为正且显著程度较高（p < 0.001），这表明当

投资银行实际绩效低于历史趋势与同类的预期绩效越多，投资银行网络拓展行为越显著。因此假设 8 得到证实。而对于两类绩效预期缺口为一正一负的情况，两个交互项变量的回归系数均在 $p < 0.05$ 的水平上显著，而回归系数的正负则表明当投资银行的实际绩效低于根据历史绩效趋势形成的预期绩效水平，却高于根据其他投资银行绩效形成的预期绩效水平时，两类绩效预期缺口越大，投资银行的网络拓展行为越显著；而该投资银行实际绩效高于历史绩效预期，却低于同类绩效预期时，两类绩效预期缺口越大，投资银行的网络根植行为越显著，因此假设 10 与假设 11b 成立。

3. 网络拓展行为对投资银行绩效的双重影响

本书对模型 2 与模型 3 同样采用了层级回归模型。表 6-4 中模型 2a 是网络拓展行为对承销合作机会影响模型的控制变量基准模型。由表中模型 2a 与模型 2b 的各控制变量回归系数比较可知，所有回归系数均表现出较为稳定的状态。因为在选取变量时，本书选择了以往研究中对投资银行绩效具有一定影响的因素作为控制变量，所以在模型 2a 中大部分的控制变量均表现出对投资银行获取承销合作机会较为显著的影响，且模型 2a 的卡方值已达 583.49，在 $p < 0.001$ 水平上显著，这也表明了控制变量组对承销合作机会获取的影响显著。

其中，投资银行主承销专精程度与投行规模这两个变量的回归系数为正，且不为零的显著程度较高（$p < 0.001$）。前者表明了由于主承销商通常所具有的广泛的历史合作关系以及投资银行间合作通常具有较强互惠性的原因，专精于主承销商职能的投资银行能较多地获得承销合作机会；而后者则清晰显示了规模较大的投资银行获取的承销合作机会也较多。这与以往的研究结果以及笔者的访谈结果一致。投行网络中心度对承销合作机会的获取显著的正向作用（$p < 0.01$）表明了中心度较高的投资银行所具有的信息优势使其能够获取更多的承销机会。恒生指数的回归系数为 1.8081，且在 $p < 0.05$ 水平显著则体现了二级市场活跃程度对证券发行承销的一级市场的正面影响。

模型 2b 在模型 2a 的基础上加入了网络拓展行为这一理论自变量。该变量的回归系数为 15.6614，且在 $p < 0.01$ 的水平显著不为零，这表明投资银行具有一定风险性的网络拓展行为使其获得了信息优势与中介桥接优势，对其获取

承销合作机会起了正向推动的作用。假设 12 得到了实证的支持，而由卡方值可知，模型 2 的整体显著程度也得到了较大的提升，这从一个方面表明投资银行的网络拓展行为亦是影响其绩效的重要因素。

对比模型 3a 与模型 3b 可知，模型 3 的回归系数稳定，并没有受到变量间多重共线性的干扰。模型 3a 是网络拓展行为对承销合作契合度影响模型的控制变量基准模型。由卡方值可知该控制变量组整体对因变量合作契合度的影响在 $p < 0.001$ 水平显著。其中，投行主承销商专精程度的回归系数显著为正 （$p < 0.01$），这表明主承销商由于具有选择合作伙伴的主动权，与不同投资银行合作的经验较为丰富，对合作契合度有一定的正面影响。合作双方重复合作次数这一变量的回归系数显著为正 （$p < 0.01$），则体现了历史合作次数较多的投资银行双方对各自机构、惯例、战略等各方面的熟悉，提升了双方的合作契合度；而合作双方规模差距回归系数的显著为负 （$p < 0.01$），则表明由于组织间信任、目标与战略对接以及合作公平性等诸多方面的原因，导致合作的双方投资银行规模差异越大，其合作契合度越低。模型 3b 在模型 3a 的基础上加入了网络拓展行为。该变量的回归系数显著为负 （$p < 0.001$），且其显著程度为模型 3 中各变量中最高。这表明了由于合作的不确定性、过度防范机制，以及低质量的信息交换等诸多方面的原因，跨越小团体边界的网络拓展行为对投资银行的合作契合度有着显著的负面作用。因此，假设 13 得到了实证支持。

第三节　实证结果总结与讨论

一、关于小团体合作环境影响的解释与讨论

在理论假设部分，本书对投资银行所在小团体的合作环境对其"根植—拓展"战略选择的影响问题提出了 3 条假设。经实证检验，3 条假设均得到了验证，其结果总结于表 6-5 中。

表 6-5　小团体合作环境对网络拓展行为影响的检验结果

编号	假设内容	检验结果	结论
H1	投资银行与小团体内其他成员规模差异程度越高，其网络拓展行为越显著	显著为正	支持
H2	投资银行与小团体内其他成员功能互补程度越低，其网络拓展行为越显著	显著为负	支持
H3	投资银行在其所属小团体内根植程度越低，其网络拓展行为越显著	显著为负	支持

资料来源：笔者整理。

上述研究结论表明：投资银行所属小团体的合作环境对投资银行"根植—拓展"战略选择有着显著的影响。假设 1 的成立表明了与小团体其他成员规模相差较大的投资银行在规则、惯例、程序等诸多方面的不可比性，导致它在小团体内的承销合作中不能与合作对象有效对接；规模差异所引起的结构、战略、信息等各维度的差异，使得合作中的投资银行对合作对象的战略意图、行为的理解能力受到较大的影响，合作效率相对较低；此外，规模相差较大的投资银行的盈利模式的不一致以及合作的公平性等原因也影响了投资银行间的深层次合作。这些因素导致与小团体内其他成员规模差距越大的投资银行在小团体内开展承销合作项目的障碍也越大，因此其跨越小团体边界与小团体外的投资银行开展合作的网络拓展行为显著程度也就越高；相应地，其采取小团体内部网络根植战略的可能性则越小。

假设 2 得到了实证的支持，本书认为由于功能相近的组织通常需要相同的资源与市场，由功能相近的组织所构成的小团体很有可能经历激烈的内部竞争。同样地，与小团体内其他成员功能互补程度较低的投资银行也面临着小团体内较为激烈的竞争。例如，若小团体是由少数几个承担主承销商功能的投资银行与大量承担副主承销商功能的投资银行构成，承担副主承销商功能的投资银行与小团体内其他投资银行的功能互补程度就较低。为争取少数几个主承销商发出的承销合作项目的参与资格，这些副主承销商间会产生激烈的内部竞争。这也正是 2001~2003 年香港香港投资银行业出现的情况。同样地，假如小团体内的投资银行均具备主承销商的功能，由于小团体内高密度的关系，信息流动高速顺畅，这些主承销商为争夺客户（证券发行人）也会产生激烈的内部竞争。上述的内部竞争在一定程度上能够促进创新，但破坏了投资银行间成功承销合作所必需的深层次合作及高质量信息交换，不利于承销合作项目的开展。此类竞争越激烈，功能互补程度较低的投资银行也越有可能采取网络拓展行为，在小团体外部寻找能发挥自身功能优势，实现功能互补的合作伙伴。

假设3亦通过实证研究得以证实，本书认为在小团体内根植程度较高的投资银行对于小团体内的规范具有较深的理解，其合作声望也能得到多方印证，其推荐与负面评价也具有较高的可信度，因此根植程度较高的投资银行能够更好地利用小团体内共同治理机制与声望效应。小团体内的合作关系对根植程度较高的投资银行而言具有更高的价值，其采取网络拓展行为的可能性较低。与之相反的是，在小团体内较为边缘的投资银行在小团体内的声望较低，话语权较小，无法有效利用小团体的共同监督与治理机制，小团体内的合作关系对其而言价值也较低，因而采取网络拓展行为的可能性较高。

无论是规模差异程度的增大、功能互补程度的降低还是根植程度的变化，其发展通常都会经历一个过程，而非突发性的变化。投资银行通常在合作环境相对理想的情况下才会与小团体内其他成员间形成相对高密度的合作关系。当投资银行自身规模、功能逐渐发生变化或者是其所在小团体成员的规模、功能逐渐发生变化时，迫使该投资银行采取网络拓展行为的压力亦逐渐增大。小团体环境对网络拓展行为的动态影响过程还需进一步研究加以深化明晰。

二、关于投资银行绩效预期缺口影响的解释与讨论

在理论假设部分，本书对绩效预期缺口对网络拓展行为的影响提出了10条假设（包括两对互斥假设）。其中假设9a、假设9b以及假设11a未通过检验。假设检验结果总结于表6-6。

表 6-6　绩效预期缺口对网络拓展行为影响的检验结果

编号	假设内容	检验结果	结论
H4	在绩效预期缺口为负的情况下，历史绩效预期缺口越大，投资银行网络拓展行为越显著	显著为正	支持
H5	在绩效预期缺口为负的情况下，同类绩效预期缺口越大，投资银行网络拓展行为越显著	显著为正	支持
H6	在绩效预期缺口为正的情况下，历史绩效预期缺口越大，投资银行网络拓展行为越显著	显著为正	支持
H7	在绩效预期缺口为正的情况下，同类绩效预期缺口越大，投资银行网络拓展行为越显著	显著为正	支持
H8	在历史绩效预期缺口与同类绩效预期缺口均为负的情况下，两类绩效预期缺口越大，投资银行网络拓展行为越显著	显著为正	支持
H9a	在历史绩效预期缺口与同类绩效预期缺口均为正的情况下，两类绩效预期缺口越大，投资银行网络拓展行为越显著	不显著	不支持
H9b	在历史绩效预期缺口与同类绩效预期缺口均为正的情况下，两类绩效预期缺口越大，投资银行网络根植行为越显著	不显著	不支持
H10	在历史绩效预期缺口为负而同类绩效预期缺口为正的情况下，两类绩效预期缺口越大，投资银行网络拓展行为越显著	显著为正	支持
H11a	在历史绩效预期缺口为正而同类绩效预期缺口为负的情况下，两类绩效预期缺口越大，投资银行网络拓展行为越显著	显著为负	不支持
H11b	在历史绩效预期缺口为正而同类绩效预期缺口为负的情况下，两类绩效预期缺口越大，投资银行网络根植行为越显著	显著为负	支持

资料来源：笔者整理。

假设 4 至假设 7 这 4 条假设得到了实证支持，这表明，无论投资银行实际绩效是低于预期还是高于预期，只要是偏离预期水平就会对其网络拓展战略造成正面的推动作用，这印证了本书在理论假设部分提出的 V 形曲线的正确性。当投资银行的实际绩效低于历史或同类绩效预期时，对原有战略、规划的否定以及改变现状的压力，导致投资银行采取具有风险性的网络拓展行为；而当投资银行的实际绩效高于历史或同类绩效预期时，由此形成的富余资源与决策者思维模式的改变同样导致投资银行的网络拓展行为更为显著。但实证结果也显示，无论是历史还是同类的负面绩效预期缺口回归系数都要比正面绩效预期缺口的回归系数显著。这表明面对绩效低于预期的压力，各投资银行决策者的战略行为更为一致。

由于"正面历史缺口×正面同类缺口"这一交互项的回归系数不显著，导致假设9a与假设9b均未获得实证支持。本书认为当投资银行的实际绩效高于根据历史趋势形成的绩效预期且高于同类比较形成的绩效预期时，不同投资银行的决策者的决策模式不一致造成了这一变量对"根植—拓展"战略选择影响的模糊性。正面绩效预期缺口的双重肯定使得部分投资银行的决策者对其所采取战略的正确性产生较强的认同感，优于同类投资银行的绩效又降低了决策者的绩效压力，导致其安于现状，不改变现有战略的行为模式，降低了其采取风险性网络拓展行为的可能性。而对另一部分投资银行的决策者而言，由正面绩效预期缺口产生的富余资源，由现有绩效水平形成的对尝试新战略失败的缓冲空间，以及对自身能力的肯定，都会导致其尝试新的策略，使其采取网络拓展行为的可能性增加。由于两种类型的决策者均可能存在于投资银行业内，使得该变量对因变量的具体影响较为模糊。对投资银行决策者进行问卷调查，并根据调查结果将不同思维模式的决策者进行分类后分别进行实证分析，能够在一定程度上厘清此类绩效预期缺口交互情况对不同决策者行为模型的作用机制。这也是需要进一步研究加以确定的内容之一。

图6-1总结了通过检验的各类绩效预期缺口交互作用对投资银行网络拓展行为的影响。除两类绩效预期缺口均为正的第一象限外，其余交互作用均得到了实证支持。图中的"+"表示投资银行绩效预期缺口在该象限的交互项对其网络拓展战略有促进作用，而"-"则表示投资银行绩效预期缺口在该象限的交互项对其网络根植战略有正向推动作用。

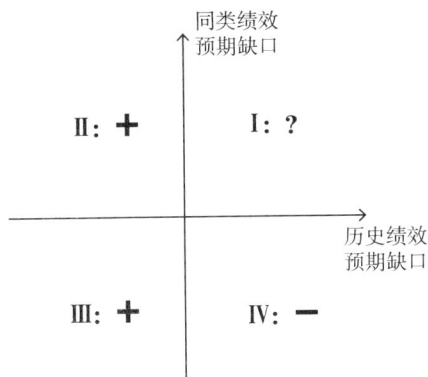

图 6-1　各类绩效预期缺口组合交互作用示意图

资料来源：笔者绘制。

三、网络拓展行为对绩效双重影响的解释与讨论

由于现有研究在投资银行合作对象选择战略对其绩效影响方面存在着分歧，本书将投资银行的绩效分解为两个维度：承销合作的机会获取以及承销合作的契合度。相应地，在理论假设部分本书就投资银行网络拓展行为对这两个维度绩效的影响提出了 2 条假设，这 2 条假设在实证研究中均得到了支持。表 6-7 总结了检验结果。

表 6-7　网络拓展行为对绩效双重影响的检验结果

编号	假设内容	检验结果	结论
H12	网络拓展行为有利于投资银行承销合作机会的获取	显著为正	支持
H13	网络拓展行为不利于投资银行承销合作契合度	显著为负	支持

资料来源：笔者整理。

假设 12 与假设 13 均得到了实证研究结果的支持，表明投资银行网络拓展行为对绩效的影响并非单方向的，该类跨越小团体边界与外部投资银行建立合作关系的战略行为在增加投资银行承销合作机会的同时，降低了它与其他投资银行合作的平均契合度。

本书认为网络拓展行为使投资银行跨越了小团体间的结构洞，提升了其自我中心网络的开放性，由此形成的信息优势与中介桥接优势使其能够获得更多的承销合作机会，对绩效有着正向提升作用。但同时网络拓展行为也使投资银行失去了小团体共同监督与集体治理机制，以及声望扩散机制的保护，并且使其自我中心网络中关于合作对象能力、可靠度等合作性信息的整体水平降低。这导致投资银行的承销合作中较高的不确定性，以及由此形成的过度防范机制和低质量的信息交换。这些因素都降低了投资银行与其合作对象进行承销合作的整体契合度，对其绩效产生负面影响。因此，本书认为对绩效两个维度正负两种方向的作用导致了"根植—拓展"这一战略选择结果的复杂性。然而，现有相关研究都是建立在战略行为的单向绩效作用上的，这导致了实证研究结果在投资银行跨网络结构洞战略行为对绩效影响问题上的较大分歧。

第四节　本章小结

基于第四章的理论概念模型与第五章的研究设计，本章利用 SPSS 计算得到的变量间 Pearson 相关系数矩阵对研究的理论变量与控制变量进行了相关分析；并通过 F 检验与 Hausman 检验确定对本书的面板数据采用随机效应 GLS 作为实证模型形式进行回归。在此基础上，根据采用 STATA 计算得到的实证结果对本书提出的 15 个假设进行检验。具体而言，投资银行小团体合作环境对其战略选择影响的 3 个假设以及战略选择对投资银行绩效作用机理的 2 个假设均得到了验证，而在绩效预期缺口对投资银行战略选择的系列假设中，有 3 个假设未获实证支持。本章最后部分对实证分析与假设检验的结果，特别是未获实证支持的假设进行了解释与讨论。

第七章 研究结论与展望

第一节 研究结论

随着近几年来我国投资银行业逐渐由依赖社会网络和市场资金的粗放式经营模式向依赖承销合作网络和自身定价能力的集约式经营模式的转型，投资银行越来越重视承销合作网络在分散风险、拓宽证券销售渠道、发现承销项目参与机会、提升行业声望与地位等多方面的重要作用。同时，内外经济环境的变化以及资本市场改革的深入导致我国投资银行业出现了竞争加剧与绩效分化共存的现状。在这一行业转型的时期，对投资银行的合作网络战略及其绩效影响进行研究具有重要的现实意义。然而，目前的相关研究存在着对承销合作网络中观层面关注不够、投资银行战略选择对其绩效的影响机理解释混乱，以及欧美市场研究结论与经验对我国投资银行业指导针对性未经证实等诸多问题。

在这一背景下，本书的研究聚焦于投资银行业承销合作网络中观层面，关注影响投资银行在局部网络中根植抑或是拓展的战略选择的内外因素及其作用机理，并尝试厘清投资银行跨越小团体边界及其间结构洞的战略行为对其绩效的影响机制。为了使研究更为深入，本书集中于"根植—拓展"选择这个对投资银行承销合作战略而言最为重要的战略选择。在借鉴网络理论和绩效反馈理论相关内容的基础上，本书围绕战略选择的局部网络环境因素、绩效预期缺口，以及战略选择的绩效作用机制等相关主题展开分析与论证。通过理论研究、访谈、理论模型构建、实证检验等一系列方法，以及 STATA、SPSS、UCINET、NETDRAW 等统计工具的综合运用，明晰了投资银行战略选择和绩效等相关问题的内在关联，得到了如下结论：

（1）投资银行在其所属小团体中较高的规模差异度、较低的功能互补度，以及较低的局部网络根植度，均会导致其采取跨越小团体边界与外部行动者合作的网络拓展行为。

目前的研究对承销合作网络的微观对偶关系层面与宏观行业网络层面的问题研究较为深入，而对介于两者之间的中观网络层面的问题缺乏关注，对投资银行在局部网络中战略选择的研究也处于空缺状态。本书聚焦于小团体这一普遍存在而又对居于其内的行动者产生直接影响的中观网络结构，阐释了影响投资银行在局部网络中"根植—拓展"战略选择的因素及其作用机理。就网络行动者的"根植—拓展"战略选择而言，选择小团体内部成员作为合作对象的网络根植行为体现的是对现有资源与合作关系的深度挖掘，而选择小团体外部行动者为合作对象的网络拓展行为更多体现的是对未知信息与资源的广泛探索。

本书识别出三类影响投资银行"根植—拓展"战略选择的小团体因素，即规模差异性、功能互补性以及小团体根植性。研究发现由于战略对接、合作效率、盈利模式差异，以及合作公平性等诸多方面的原因，与所属小团体其他成员规模差异程度较大的投资银行更有可能采取跨越小团体边界及其间结构洞的网络拓展行为；由于内部竞争、低质量信息交换，以及深层次合作机制缺失等原因，与小团体其他成员功能互补程度较低的投资银行更有可能采取拓展战略去小团体外部寻找与之形成互补关系、能发挥其功能比较优势的合作对象；而小团体根植程度较低的投资银行则由于无法有效利用小团体集体治理机制和声望扩散机制，以及拓展行为成本较低等原因，也更有可能出现跨越小团体边界的拓展行为。反之，当投资银行与所属小团体其他成员具有较低的规模差异度、较高的功能互补度与根植程度时，投资银行则更有可能采取网络根植战略。

（2）历史绩效预期缺口、同类绩效预期缺口，以及各类绩效预期缺口组合的交互影响与共同作用，会对投资银行的"根植—拓展"战略选择产生显著影响，但作用效果存在差异。

为全面深入地了解投资银行"根植—拓展"战略选择的影响因素，本书研究除外部网络环境因素外，亦分析了绩效预期缺口这一影响投资银行战略选择的重要内部因素。绩效反馈理论虽然阐释了企业绩效与其预期之间的缺口对企业风险行为的重要影响，却对各类绩效预期缺口的交互作用缺乏解释。

本书的研究将绩效预期缺口划分为反映绩效运动趋势的历史缺口和对比同类投资银行绩效所形成的同类缺口，并分析了各类绩效预期缺口组合交互作用以及对投资银行风险性的网络拓展战略的影响。通过研究发现，对历史或同类一种绩效预期缺口而言，无论投资银行实际绩效是低于预期还是高于预期，只要是偏离原预期水平就会对其风险性的网络拓展行为造成正面推动作用；而当绩效越接近预期水平，投资银行在小团体内部开展合作的网络根植行为则越显著。就历史或同类这两类绩效预期缺口交互作用以及对投资银行"根植—拓展"战略选择的共同影响而言，当投资银行绩效低于历史与同类两个维度的预期时，双重绩效缺口所引起的战略否定、改变现状的内外压力等因素导致投资银行表现出较为显著的网络拓展行为；当投资银行绩效低于历史预期却高于同类预期时，潜在绩效威胁、富余资源等因素同样导致投资银行显著的拓展行为；而当投资银行绩效高于历史预期却低于同类预期时，战略认同、绩效缓冲等因素却会导致投资银行表现出较为显著的网络根植行为。

（3）投资银行跨越小团体间结构洞的网络拓展行为对其绩效的承销合作机会维度有着正向作用，但对其合作契合度维度有着负面作用；而投资银行在小团体内部的网络根植行为对绩效这两个维度的作用则正好相反。

对加拿大和英国投资银行业的实证研究结果的分歧表明，投资银行跨越结构洞的合作伙伴选择战略对其绩效的作用机理尚未被完全厘清。本书识别了跨越结构洞的战略行为对投资银行获取承销机会信息与合作性信息这两类信息的不同影响，在此基础上将投资银行的绩效分解为两个维度：承销合作机会与承销合作契合度，并分别分析了投资银行的"根植—拓展"战略选择对这两个绩效维度的差异性影响。这两个绩效维度指标的乘积即为现有研究最常用的市场绩效指标——承销总额，但投资银行的同一战略行为对这两个绩效维度的作用效果却正好相反。

通过研究发现，投资银行跨越小团体边界与其间结构洞的网络拓展行为提升了投资银行自我中心网络的开放度，由此形成的机会信息优势与中介桥接优势使其能够获得更多的承销合作机会，对绩效有着正向提升作用。但同时网络拓展行为也使投资银行失去了小团体集体治理机制以及声望扩散机制的保护，而且使其自我中心网络中关于合作对象能力、可靠度等合作性信息的整体水平降低。这导致投资银行的承销合作中较高的不确定性以及由此形成的过度防范机制和低质量的信息交换。这些因素都降低了投资银行与其合作对象进行承销合作的整体契合度，对其绩效产生负面影响。与之相反的是，投资银行的网络根植行为导致其自我中心网络的合作性信息增加而承销机会信息减少。投资银行在得到小团体集体治理机制保护的同时失去了机会信息优势与中介桥接优势；根植行为在对投资银行承销合作契合度产生正面影响的同时不利于其承销合作机会的获取。因此，对绩效两个维度正负两种方向的作用导致了"根植—拓展"这一战略选择结果的复杂性。然而，现有相关研究都是建立在战略行为的单向绩效作用上的，这导致了在投资银行跨结构洞战略行为对其绩效影响问题上现有实证研究结果的较大分歧。

第二节　研究结论的理论价值与现实指导意义

一、理论价值

本书从中观层面出发，阐释了影响投资银行在局部网络内"根植—拓展"战略选择的内外因素以及该战略选择对绩效的作用机制，本书结论的理论意义主要表现在以下几个方面：

首先，本书由中观结构视角出发，阐明了影响投资银行在局部网络中根植或拓展的战略选择的因素及其作用机理，弥补了微观对偶关系与宏观行业网络间的中间环节，为相关研究提供了新的研究视角。

其次，本书厘清了投资银行跨越结构洞的战略行为对绩效不同维度的正负双向作用机制。研究结果弥合了现有相关研究的分歧缺口，深化了投资银行"行为—绩效"视角的研究。

再次，本书的结果明晰了投资银行实际绩效与绩效预期间的缺口对其"根植—拓展"战略选择的影响，丰富了绩效反馈理论。

最后，以香港投资银行业实证对象的研究填补了对欧美发达国家以外承销合作网络研究的空白，亦为国内相关实证研究的开展提供相应的参考。

二、现实指导意义

在我国投资银行业向依赖承销合作网络和自身定价能力的集约式经营模式转型且投资银行日益重视承销合作网络与网络合作战略的背景下，本书的结论具有一定的现实指导意义。

首先，从本书的结果可以看出网络拓展行为对投资银行的绩效而言是一把双刃剑。通过跨越小团体边界的承销合作关系，投资银行能够获得及时广泛的承销项目信息，并可获得较多中介桥接的机会；然而对小团体外投资银行合作信息的低程度积累以及小团体集体治理机制的缺失会引起投资银行整体承销合作契合度的降低。因此，投资银行在选择网络拓展战略时应该对其风险有清晰的认知，而相关监管部门或行业自律组织亦应加以引导，避免投资银行盲目的网络拓展行为。例如，当资本市场处于衰退期时，市场整体承销项目较少，承销风险较大。此时应使投资银行专注于小团体内的承销合作，利用较高的合作契合度提升现有承销合作项目的效率与效益；而在市场投资资金较为充裕，证券发行市场、交易市场较为繁荣的时期，证券发行价格通常较高，承销项目较多，承销风险较小，网络拓展战略在这一时期则是较好的选择。此外对规模较大、具有富余缓冲资源的投资银行，以及希望积极拓宽业务边界或是希望降低对特定合作对象依赖程度的投资银行而言，采取网络拓展行为是较好的选择。反之则应专注于小团体内的承销合作项目，选择网络根植战略。

其次，就小团体的战略层面而言，在小团体内具有较多既得利益、根植程度较高的投资银行可考虑实施积极的网络合作战略，维持小团体成员的规模同质性，提升功能互补性，增强小团体内的分工合作，降低内部竞争与摩擦，以维护小团体的稳定性，提升小团体整体效益。对处于小团体边缘的投资银行，由于其在小团体内投入成本较低，采取拓展行为的可能性较高，小团体的核心投资银行或可通过与之积极合作，增强其在小团体内的稳定性和根植性，或可将与该类投资银行的合作关系作为与外界的信息通道，扩大自身的承销机会信息集合。

最后，投资银行在选择形成新的承销合作关系或加入新的小团体时，与对方或与目标小团体成员间的规模差异可以作为合作稳定性的重要参考指标。规模的同质性对合作各方的信任建立，组织架构、战略、信息各个维度的有效对接，以及合作的公平性与长期性都有着积极的正面作用。除非与潜在合作对象或目标小团体成员具有较强的功能互补性，期待长期稳定合作的投资银行在资源有限的情况下应避免规模差异较大的承销合作。

第三节　研究的局限性

任何理论研究都会因研究者所关注的问题、视角、样本选取、研究方法等原因，导致研究结论只具有一定范围和程度的适用性；因此，尽管本书的大多数假设都得到了支持，基本达到了预期研究目标，并获得了一些有价值和创新性的研究结论，但由于研究问题的复杂性和时间的制约，本书尚存在许多不足之处，具体体现在以下两大方面：

1. 研究维度的局限性

首先，本书的研究维度的局限性体现在战略选择上。正如前文所述，投资银行的战略选择是多维度的，除本书的研究所关注的"根植—拓展"战略选择外，投资银行战略还包括多元化战略、市场区隔战略、承销后管理战略、异质投资者战略等。这些战略选择对投资银行的绩效都有着一定的影响，而本书为了使理论更深入，对当前投资银行业转型期所面临的问题更有针对性，将研究目光聚焦于"根植—拓展"这一战略选择,而将其他相关战略选择维度纳入了控制变量。虽然"根植—拓展"战略选择对投资银行合作伙伴选择过程而言是最为重要的战略维度,但对于投资银行而言战略选择是多维度行为选择的组合,不同战略间可能存在交互影响。为使分析更为客观全面,未来的研究可考虑不同战略组合产生的原因、不同战略选择间交互作用,以及其对投资银行绩效的影响机理。

其次,本书明晰了"根植—拓展"战略选择对投资银行绩效不同维度的正负双向作用机制,但囿于数据获取、时间限制等原因,未对该绩效影响机制的权变维度做出考量,即在何种情况下,投资银行的根植行为或拓展行为对其绩效的双向作用中正面影响占主导地位;又在何种情况下,负面影响占主导地位。对该类权变量的研究将进一步完善投资银行战略选择的绩效影响机制,使其更具现实指导意义。

2. 研究数据的局限性

由于本书涉及整个投资银行业,所需数据庞杂。考虑到数据的可获得性,本书主要通过对资本市场公开数据的整理,自建数据库并与第三方机构所提供的数据库进行交叉对比的方式进行研究数据准备,并在此基础上开展实证分析。尽管由资本市场公开数据与第三方机构提供的数据构成的数据集合具有较好的客观性与完整性,但有些数据的可得性问题依然对研究造成了限制,特别是对研究中投资银行间关系网络构筑方面存在制约。

投资银行除证券承销这一主营业务外,还为企业提供并购、剥离、资产重组等诸多咨询业务。虽然我国投资银行业绝大部分的收益来自于证券承销,承销合作网络体现了主要的投资银行间网络关系,但亦不能排除投资银行间在联合提供咨询服务中建立的合作关系对其战略选择与绩效的影响。然而除上市公司的此类资本重组事件信息必须公开外,其他企业的并购、剥离等信息均为非公开信息。由于涉及投资银行利益,大部分投资银行对此类信息的公开较为保守。除少数第三方机构整理了一小部分投资银行咨询业务合作信息外,此类大部分信息仍处于非公开状态。因此,虽然对我国投资银行业而言承销合作网络体现了主要的投资银行间网络关系,但是此类数据的缺乏在一定程度上制约了投资银行间合作网络的完整构筑。

近年来，我国第三方信息提供机构发展十分迅速，各类金融数据库已在收集我国投资银行的大量信息，相信未来关于投资银行研究所面对的数据基础环境将有较大的改善。另外，将来研究还可以在公开数据与第三方机构提供数据的基础上结合问卷调查、深度访谈、典型案例研究等方式，通过跟踪调研、案例纵向对比与多案例横向对比分析对投资银行战略行为进行归纳总结，对投资银行的战略选择及其绩效影响问题进行更为深入的研究。

第四节　未来研究展望

本书对投资银行战略选择及其绩效影响的研究获得了一些创新性的结论，并具有一定的理论意义与实践指导意义。但是正如上文所述，由于受到主客观条件的制约，本书在某些方面还存在一定的局限性，需要今后广泛深入的后续研究加以完善。综合研究结论和研究局限，笔者认为本研究可以从以下几个方向进行延续与深入：

1. 战略权变因素对投资银行绩效的影响

本书明晰了"根植—拓展"战略选择对投资银行绩效不同维度的正负双向作用机制。但正如上文所述，本书未对该绩效影响机制的权变维度做出考量。在何种情况下，投资银行的网络拓展行为对绩效的承销合作机会维度的正面影响要超过它对承销合作契合度这一绩效维度的负面影响，从而在整体上表现出对投资银行绩效的正面推动作用；又在何种情况下，网络拓展行为对后者的负面影响会超过对前者的正面影响，导致其对绩效整体表现出负面阻碍作用。同样地，投资银行网络根植行为对其绩效的作用亦有此类权变因素问题。本书认为，证券发行市场的承销项目数量、证券流通市场的资金量，以及投资银行的规模、业务边界、特定合作对象依赖度，都有可能在这一过程中对战略选择起到调节作用。对该类权变量的研究将进一步完善投资银行战略选择的绩效影响机制，使其更具现实指导意义，也是本书下一步所要进行的工作。

2. 决策者思维模式差异对投资银行战略选择的影响

虽然本书大部分假设通过了检验，但是回归系数不显著导致本书对投资银行在绩效同时高于历史预期与同类预期情况下的战略选择未形成有效结论。本书认为当投资银行处于上述情况绩效预期缺口状态时，不同投资银行的决策者的思维模式不一致造成这一变量对其战略选择影响的模糊性。正面绩效预期缺口的双重肯定使得部分投资银行的决策者对其所采取战略的正确性产生较强的认同感，优于同类投资银行的绩效又降低了决策者的绩效压力，导致其安于现状，不改变现有战略的思维模式，增加其采取保守型网络根植行为的可能性。而对另一部分投资银行的决策者而言，由正面绩效预期缺口产生的富余资源、现有绩效水平对尝试新战略失败的缓冲空间，以及对自身能力的肯定都会导致其尝试新的策略，进而使其采取风险型网络拓展行为的可能性增加。由于两种类型的决策者均可能存在于投资银行业内，使得该变量对因变量的具体影响不清晰。对投资银行决策者进行问卷调查，并根据调查结果将不同思维模式的决策者进行分类后分别进行实证分析，能够在一定程度上厘清此类绩效预期缺口组合情况对不同类别决策者行为模式的作用机制，完善投资银行绩效反馈模型。这也是对本书进一步深入和完善的目标方向之一。

3. 小团体合作环境与投资银行战略选择协同演化

本书聚焦于小团体这一普遍存在而又对其内行动者产生直接影响的中观网络结构，在识别出规模差异程度、功能互补程度以及小团体根植程度这三类影响投资银行战略选择的小团体合作环境因素的基础上，分析了以上三类因素对投资银行跨越小团体边界及其间结构洞选择合作伙伴的战略行为的影响。然而无论是规模差异程度的增大、功能互补程度的降低，还是局部网络根植程度的变化，其发展通常都会经历一个过程，而非突发性的变化。投资银行通常在合作环境相对理想的情况下才会与小团体内其他成员间形成相对高密度的合作关系。当投资银行自身规模、功能逐渐发生变化，或者小团体成员的规模、功能逐渐发生变化时，投资银行的局部网络合作环境也在发生变化。这一变化可能优化小团体合作环境，使投资银行采取网络根植行为，进一步融入所属小团体；亦可能导致投资银行在小团体内压力逐渐增大，迫使其采取网络拓展行为。在投资银行选择网络根植或拓展战略后其所属小团体环境也会因为此类战略选择而发生变化。研究小团体合作环境与投资银行战略选择间的相互作用与动态演化将进一步加深对投资银行在局部网络中的战略选择机理的认识，丰富中观网络视角的研究。

4. 多重网络研究体系对投资银行战略选择和绩效的影响

虽然承销合作网络反映了投资银行间关系网络的主要方面，但是投资银行业是一个多主体参与的行业：除投资银行外，律师事务所、会计师事务所、咨询公司、行业协会等许多其他的机构亦积极参与证券承销业务。本书在调研访谈中发现，并非所有拟发行证券融资的企业在其证券发行计划伊始即联系投资银行，不少企业首先联系律师事务所或会计师事务所、咨询公司以获得证券发行法律咨询服务或 IPO 前期资本及管理咨询服务。有些企业是通过该类市场中介机构选择投资银行，而与这些中介机构有着密切联系的各投资银行之间也因此存在或强或弱的联系。此外，正如前文所述，投资银行间由并购、剥离、资产重组等联合咨询业务形成的合作关系亦可能对其承销合作网络关系及其战略、绩效产生影响。由此可见，参与投资银行业的各类主体均根植于一个极为丰富和复杂的网络内。投资银行之间、各类中介机构之间，以及投资银行与中介机构之间形成的多重嵌套网络，对投资银行的战略行为与绩效有着深远的影响。对与未来的研究而言，对投资银行业多重网络的刻画、多重网络间比较、多重网络对投资银行及其他中介机构战略与绩效的影响均是非常有意义的研究方向。

5. 多层次网络研究体系对投资银行战略选择和绩效的影响

对承销合作网络的分析是一种单层次网络的分析。将投资银行业的合作关系按不同层次划分可以发现：投资银行间的合作关系是投资银行家间关系的综合体现；而承销合作网络内的关系除了投资银行节点之间的关系外还包括局部网络间的关系，例如小团体之间的互动关系；此外，不同地域的投资银行承销网络间也存在着相互作用的关系，例如，美国与英国投资银行业承销合作网络间就存在着较强的相互作用，不少投资银行在美国资本市场上形成的合作关系被"移植"到了英国资本市场（Pollock 等，2004）。

本书在访谈、调研中亦发现类似的现象：首先，不少投资银行家在回答投资银行间合作关系方面的问题时提及，跳槽的投资银行家对其先后供职的两家投资银行之间的合作关系有着较大的影响；此外，投资银行分析师的私交对承销合作关系的形成亦有一定的帮助。此类跨边界行动者对组织间关系的影响是低层次网络对高层次网络作用的体现。其次，在某些情况下，承销合作网络不仅表现为投资银行节点之间的关系，亦表现为局部网络结构之间的关系。例如，中国农业银行在香港证券市场的 IPO 项目由于其庞大的融资规模调动了整个投资银行业。该承销合作项目在进行过程中即表现出投资银行小团体间的竞争合作关系。最后，本书样本中一些投资银行在中国香港、中国内地，以及北美、欧洲各国均开展业务，投资银行间在其中某些地域市场开展的承销或咨询业务中形成的合作关系有可能对其他地域市场上的合作关系产生影响。此类移植性的关系影响体现了不同地域承销合作网络间的相互作用。

由此可见，投资银行业的网络除具备多重网络特征外，还是一个多层次的网络。研究各个层次网络的交互影响，分析较承销合作网络更低层次的个体网络以及较之更高层次的市场间网络对承销合作网络及其内部投资银行战略和绩效的作用将是一个具有理论创新意义和现实指导价值的研究方向。

参考文献

［1］ Ahuja G.. Collaboration Networks, Structural Holes, and Innovation: A Longitudinal Study ［J］. Administrative Science Quarterly, 2000, 45 （3）: 425-455.

［2］ Ahuja G.. The Duality of Collaboration: Inducements and Opportunities in the Formation of Interfirm Linkages ［J］. Strategic Management Journal, 2000, 21 （3）: 317-343.

［3］ Akerlof G.. The Market for "Lemons": Quality and the Market Mechanism ［J］. Quarterly Journal of Economics, 1970, 84: 488-500.

［4］ Alexander L., Felicia M. and William J. W.. Scaling the Hierarchy: Howand Why Investment Banks Compete for Syndicate Co－management Appointments ［J］. Review of Financial Studies, 2009, 22 （10）: 977-1077.

［5］ Ali A.. Analysts' Earnings Forecastsand the Long-Run Underperformance of Stocks Following Equity Offerings ［R］. Unpublished Working Paper, New York University, 2004.

［6］ Anand B. and Galetovic A.. Relationships, Competition and the Structure of Investment Banking Markets ［J］. Journal of Industrial Economics, 2006, 54 （2）: 151-199.

［7］ Anand B. and Khanna T.. Do Firms Learnto Create Value? The Case of Alliances ［J］. Strategic Management Science, 2000, 21 （3）: 295-315.

［8］ Anand N., Gardner H. K. and Morris, T.. Knowledge－based Innovation: Emergence and Embedding of New Practice Areas in Management Consulting

Firms [J]. Academy of Management Journal, 2007, 50 (2): 406-428.

[9] Audia P. G., Freeman, J. H. and Reynolds, P. D.. Organizational Foundings in Community Context: Instruments Manufacturers and Their Interrelationship with Other Organizations [J]. Administrative Science Quarterly, 2006, 51 (3): 381-419.

[10] Audia P. G., Locke E. A. and Smith, K. G.. The Paradox of Success: An Archival and a Laboratory Study of Strategic Persistence Following a Radical Environmental Change [J]. Academy of Management Journal, 2000, 43 (5): 837-853.

[11] Bae J. and Gargiulo M.. Partner Substitutability, Alliance Network Structure, and Firm Profitability in the Telecommunications Industry [J]. Academy of Management Journal, 2004, 47 (6): 843-859.

[12] Balkundi P. and Harrison D. A.. Ties, Leaders, and Time in Teams: Strong Inference about Network Structure's Effects on Team Viability and Performance [J]. Academy of Management Journal, 2006, 49 (1): 49-68.

[13] Balvers R., McDonald, B. and Miller, R.. Underpricing of New Issuesand the Choice of Auditor as a Signal of Investment Bank Reputation [J]. The Accounting Review, 1988, 63: 605-622.

[14] Baker W. E. and Faulker R. R.. Role as Resourcein the Hollywood Film Industry [J]. American Journal of Sociology, 1991, 97 (2): 279-309.

[15] Barber B. and Lyon J.. Detecting Long-run Abnormal Stock Returns: The Empirical Power and Specification of Test Statistics [J]. Journal of Financial Economics, 1997, 43 (3): 341-372.

[16] Barney J.. Firm Resourcesand Sustained Competitive Advantage [J]. Journal of Management, 1991, 17 (1): 99-120.

[17] Barney J. and Hansen M.. Trustworthiness as a Formof Competitive Advantage [J]. Strategic Management Journal, 1994, 15 (Supplement S1): 175-190.

[18] Baum J. A. C., Calabrese T. and Silverman B.. Don't Goit alone: Al-

liance Network Composition and Startup's Performance in Canadian Biotechnology [J]. Strategic Management Journal, 2000, 21 (3): 267-294.

[19] Baum J. A. C. and Ingram P.. Interoranizational Learningand Network Organization: Toward a Behavioral Theory of the Interfirm [C]. The Economics of Choice, Change, and Organization: Essays in Memory of Richard M. Cybert. Edward Elgar, Cheltenham, 2002.

[20] Baum J. A. C. and Lant T. K.. Hits and Misses: Managers' (Mis) Categorization of Competitors in the Manhattan Hotel Industry [J]. Geography and Strategy: Advances in Strategic Management, 2003, 20 (6): 118-155.

[21] Baum J. A. C., Li S. X. and Usher J. M.. Making thenext Move: How Experiential and Vicarious Learning Shape the Locations of Chains' Acquisitions [J]. Administrative Science Quarterly, 2000, 45 (4): 766-801.

[22] Baum J. A. C., Rowley T. and Shipilov A. V.. The Small Worldof Canadian Capital Markets: Statistical Mechanics of Investment Bank Syndicate Network, 1952-1989 [J]. Canadian Journal of Administrative Sciences, 2004, 21 (4): 307-325.

[23] Baum J. A. C., Rowley T., Shipilov A. V. and Chuang Y.. Dancing with Strangers: Aspiration Performanceand the Search for Underwriting Syndicate Partners [J]. Administrative Science Quarterly, 2005, 50 (4): 536-575.

[24] Baum J. A. C., Shipilov A. V. and Rowley T.. Where do Small Worlds Come from? [J]. Industrial and Corporate Change, 2003, 12 (4): 597-725.

[25] Beatty R. and Ritter J.. Investment Banking, Reputation, and the Underpricing of Initial Public Offerings [J]. Journal of Financial Economics, 1986, 15: 213-232.

[26] Beatty R. and Vetsuypens M.. Underpricing, Overpricingand Reputation: Are Underwriters Penalized for IPO Mispricing? Unpublished Working Paper, Southern Methodist University, Dallas, TX, 1995.

[27] Benveniste L. and Spindt P.. How Investment Bankers Determinethe Of-

fer Price and Allocation of New Issues [J]. Journal of Financial Economics, 1989, 24 (2): 343-361.

[28] Benveniste L. M., Ljungqvist A., Wilhelm W. J. and Yu Xiaoyun. Evidence of Information Spillovers in the Production of Investment Banking Services [J]. Journal of Finance, 2003, 58 (2): 577-608.

[29] Binay M., Gatchev V. and Piriinsky C.. The Roleof Underwriter-Investor Relationships in the IPO Process [J]. Journal of Financial and Quantitative Analysis, 2007, 42 (3): 785-810.

[30] Bonny B.. Investment Banking Finance Analyst [J]. Financial Management, 2010, 58 (3): 55-65.

[31] Booth J. and Chua L.. Ownership Dispersion, Costly Information, and IPO Underpricing [J]. Journal of Financial Economics, 1996, 41 (2): 291-310.

[32] Booth J. and Smith. R.. Capital Raising, Underwritingand the Certification Process [J]. Journal of Financial Economics, 1986, 15 (1-2): 261-281.

[33] Brass D., Galaskiewicz J., Greve H. and Tsai W.. Taking Stockof Networks and Organizations: A Multilevel Perspective [J]. Academy of Management Journal, 2004, 47 (6): 795-817.

[34] Burt R. S.. Secondhand Brokerage: Evidence on the Importance of Local Structure for Managers, Bankers, and Analysts [J]. Academy of Management Journal, 2007, 50 (1): 119-148.

[35] Butler A. W. and Huang P.. On the Uniformity of Investment Banking Spreads: The Seven Percent Solution is not Unique [J]. Journal of Multinational Financial Management, 2003, 13 (3): 265-272.

[36] Calabrese R.. Structural Holes: The Social Structure of Competition [M]. Harvard University Press, Cambridge, MA, 1992.

[37] Carter R., Dark, F. and Singh A.. Underwriter Reputation, Initial Returns, and the Long-run Performance of IPO Stocks [J]. Journal of Finance, 1998, 53 (1): 285-311.

［38］Cattani G. , Ferriani S. , Negro G. and Perretti F. . The Structure of Consensus: Network Ties, Legitimation, and Exit Rates of U. S. Feature Film Producer Organizations ［J］. Administrative Science Quarterly, 2008, 53 （1）: 145-182.

［39］Caves R. and Porter M. . From Entry Barriersto Mobility Barriers: Conjectural Decisions and Contrived Deterrence to New Competition ［J］. Quarterly Journal of Economics, 1977, 91 （2）: 241-261.

［40］Chemmanur T. and Fulghieri P. . Investment Bank Reputation, Information Production, and Financial Intermediation ［J］. Journal of Finance, 1994, 49 （1）: 57-79.

［41］Chen H. and Ritter J. . The Seven Percent Solution ［J］. Journal of Finance, 2000, 55 （3）: 1105-1131.

［42］Chua R. Y. J. , Ingram P. and Morris M. W. . From the Head and the Heart: Locating Cognition-and Affect-based Trust in Managers' Professional Networks ［J］. Academy of Management Journal, 2008, 51 （3）: 436-452.

［43］Chung S. , Singh H. and Lee K. . Complementarity, Status Similarityand Social Capital as Drivers of Alliance Formation ［J］. Strategic Management Journal, 2000, 21 （1）: 1-22.

［44］Clarke J. , Khorana A. , Patel A. and Rau P. R. . The Impact of All-Star Analyst Job Changes on their Coverage Choices and Investment Banking Deal Flow ［J］. Journal of Financial Economics, 2007, 84 （3）: 713-737.

［45］Cohen W. and Levithal D. . Absorptive Capacity: A New Perspectiveon Learning and Innovation ［J］. Administrative Science Quarterly, 1990, 35 （1）: 128-152.

［46］Cummins J. D. . Convergence in Wholesale Financial Services: Reinsurance and Investment Banking ［J］. Geneva Papers on Risk & Insurance-Issues & Practice, 2005, 30 （2）: 187-222.

［47］Davis G. E. , Yoo M. and Baker W. E. . The Small World of the Corporate Elite, 1982-2001 [J]. Strategic Organization, 2003, 1 (3): 301-326.

[48] Dyer J. and Nobeoka K.. Creating and Managinga High Performance Knowledge Sharing Network: The Case of Toyota [J]. Strategic Management Journal, 2000, 21 (3): 345-367.

[49] Dyer J. and Singh H.. The Relational View: Cooperative Strategiesand Sources of Interorganizational Competitive Advantage [J]. Academy of Management Review, 1998, 23 (4): 660-679.

[50] Dugar A. and Nathan S.. The Effectsof Investment Banking Relationships on Financial Analysts' Earnings Forecasts and Investment Recommendations [J]. Contemporary Accounting Research, 1995, 12 (1): 131-160.

[51] Dunbar C.. The Choice Between Firm-commitment and Best-efforts Offering Methods in IPOs: The Effect of Unsuccessful Offers [J]. Journal of Financial Intermediation, 1998, 7 (1): 60-90.

[52] Dunbar C.. Factors Affecting Investment Bank Initial Public Offering Market Share [J]. Journal of Financial Economics, 2000, 55 (1): 3-41.

[53] Dunbar C., Hwang C. and Shastri K.. Underwriter Analyst Recommendations: Conflictof Interest or Rush to Judgment? [R]. Unpublished Working Paper, University of Pittsburgh, Pittsburgh, PA, 1999.

[54] Eccles D. and Crane D.. Doing Deals: Investment Banks at Work [M]. Harvard Business School Press, Boston, MA, 1988.

[55] Farina V.. Strategizing in Investment Banking Network [J]. Journal of Strategy and Management, 2010, 3 (1): 20-31.

[56] Feng M. and McVay S.. Analysts' Incentivesto Overweight Management Guidance when Revising their Short-term Earnings Forecasts [J]. The Accounting Review, 2010, 85 (5): 1617-1646.

[57] Fleming L. and Bromiley P.. Swinging for the Fences: Aspirations, Performances, and Technological Breakthroughs [R]. Working Paper, Harvard Business School, 2003.

［58］Fleming L. and Waguespack D.. Brokerage, Boundary Spanning, and Leadership in Open Innovation Communities ［J］. Organization Science, 2007, 18 （2）: 165−180.

［59］Fleming L. , Mingo S. and Chen D.. Collaborative Brokerage, Generative Creativity, and Creative Success ［J］. Administrative Science Quarterly, 2007, 52 （3）: 443−475.

［60］Fligstein N.. A Political−cultural Approach to Market Institution ［J］. American Sociological Review, 1996, 61 （4）: 656−673.

［61］Flynn F. J. and Wiltermuth S. S.. Who's with Me? False Consensus, Brokerage, and Ethical Decision Making in Organizations ［J］. Academy of Management Journal, 2010, 53 （5）: 1074−1089.

［62］Galaskiewicz J. and Zaheer A.. Networks of Competitive Advantage ［C］. In S. Andrews and D. Knoke （eds）, Research in the Sociology of Organizations, JAI Press, Greenwich, CT, 1999: 237−261.

［63］Galaskiewicz J. , Bielefeld W. and Dowell, M.. Networks and Organizational Growth: A Study of Community Based Nonprofits ［J］. Administrative Science Quarterly, 2006, 52 （3）: 337−380.

［64］Garcia−Pont C. and Nohria, N.. Localversus Global Mimetism: The Dynamics of Alliance Formation in the Automobile Industry ［J］. Strategic Management Journal, 2002, 23 （4）: 307−321.

［65］Gargiulo M. , Ertug G. and Galunic C.. The Two faces of Control: Network Closure and Individual Performance among Knowledge Workers ［J］. Administrative Science Quarterly, 2009, 54 （2）: 299−333.

［66］Geyfman V. and Yeager T. J.. On the Riskiness of Universal Banking: Evidence from Banks in the Investment Banking Business Pre − and Post−GLBA ［J］. Journal of Money, Credit & Banking, 2009, 41 （8）: 1649−1669.

［67］Gimeno J.. Competition within and between Networks: The Contingent Effect of Competitive Embeddedness on Alliance Formation ［J］. Academy of Management Journal, 2004, 47（6）：820-842.

[68] Gomes-Casseres B.. The Alliance Revolution: The New Shape of Business Rivalry [M]. Harvard Business School Press, Boston, 1996.

[69] Granovetter M.. Economic Actionand Social Structure: A Theory of Embeddedness [J]. American Journal of Sociology, 1985, 91（3）：481-510.

[70] Greve H. R.. A Behavioral Theory of R&D Expenditures and Innovations: Evidence from Shipbuilding [J]. Academy of Management Journal, 2003, 46（6）：685-702.

[71] Greve H. R., Baum J. A. C., Mitsuhashi H. and Rowley T. J.. Built to Last but Falling Apart: Cohesion, Friction, and Withdrawal from Interfirm Alliances [J]. Academy of Management Journal, 2010, 53（2）：302-322.

[72] Greve H. R.. Organizational Learning form Performance Feedback: A Behavioral Perspective on Innovation and Change [M]. Cambridge: Cambridge University Press, 2004.

[73] Greve H. R.. Performance, Aspirations and Risky Organizational Change [J]. Administrative Science and Quarterly, 1998, 43（1）：58-86.

[74] Gulati R. and Gargiulo M.. Where do Inter-organizational Networks Come from? [J]. American Journal of Sociology, 1999, 104（5）：1439-1493.

[75] Gulati R. and Lawrence P.. Organizing Vertical Networks: A Design Perspective [C]. SMJ Special Issue Conference, Northwestern University, 2003.

[76] Gulati R. and Singh H.. The Architectureof Cooperation: Managing Coordination Costs and Appropriation Concerns in Strategic Alliances [J]. Administrative Science Quarterly, 1999, 43（4）：781-814.

[77] Gulati R. and Sytch M.. Dependence Asymmetry and Joint Dependence in Interorganizational Relationships: Effects of Embeddedness on a Manufacturer´s Performance in Procurement Relationships [J]. Administrative Science Quarterly, 2007, 52（1）：32-69.

[78] Gulati R.. Alliances andNetworks [J]. Strategic Management Journal,

1998, 19 (4): 293-317.

[79] Gulati R.. Does Familiarity Breed Trust? The Implications of Repeated Ties for Contractual Choice in Alliances [J]. Academy of Management Journal, 1995, 38 (1): 85-112.

[80] Gulati R.. Network Location and Learning: The Influence of Network Resources and Firm Capabilities on Alliance Formation [J]. Strategic Management Journal, 1999, 20 (5): 397-420.

[81] Gulati R., Nohria N. and Zaheer A.. Strategic Networks [J]. Strategic Management Journal, 2000, 21 (3): 203-215.

[82] Gulati R., Khanna T. and Nohria N.. Unilateral Commitmentsand the Importance of Process in Alliances [J]. Sloan Management Review, 1994, 35 (3): 61-69.

[83] Gulati R.. Social Structure and Alliance Formation Pattern: A Longitudinal Analysis [J]. Administrative Science Quarterly, 1995, 40 (4): 619-642.

[84] Guler I. and Guillén M. F.. Home Country Networks and Foreign Expansion: Evidence from the Venture Capital Industry [J]. Academy of Management Journal, 2010, 53 (2): 390-410.

[85] Hansen M. T., Mors M. L. and Løvås B.. Knowledge Sharing in Organizations: Multiple Networks, Multiple Phases [J]. Academy of Management Journal, 2005, 48 (5): 776-793.

[86] Lechner C., Frankenberger K. and Floyd S. W.. Task Contingencies in the Curvilinear Relationships between Intergroup Networks and Initiative Performance [J]. Academy of Management Journal, 2010, 53 (4): 865-889.

[87] Lerner J.. Venture Capitalists and the Decision to Go Public [J]. Journal of Financial Economics, 1994, 35 (3): 294-316.

[88] Ljungqvist A. P. and Wilhelm W. J.. The Seven Percent Solution? An International Perspective on Underwriting Spreads [J]. Social Science Electronic Publishing, 2001.

[89] Hallen B. L.. The Causes and Consequences of the Initial Network Positions of New Organizations: From Whom Do Entrepreneurs Receive Investments? [J]. Administrative Science Quarterly, 2008, 53 (4): 685-718.

[90] Hamel G., Doz Y. and Prahalad C.. Collaborate with your Competitors and Win [J]. Harvard Business Review, 1989, 67 (1): 133-139.

[91] Hanley K.. The Underpricing of Initial Public Offerings and the Partial Adjustment Phenomenon [J]. Journal of Financial Economics, 1993, 34 (2): 231-250.

[92] Hansen R. and Torregrosa P.. Underwriter Compensation and Corporate Monitoring [J]. Journal of Finance, 1992, 47 (4): 1537-1555.

[93] Harrigan R.. Strategies for Joint Ventures [M]. Lexington Books, Lexington, MA, 1985.

[94] Hawick K., Leist A. and Playne D.. Regular Lattice and Small-world Spin Model Simulations Using CUDA and GPUs [J]. International Journal of Parallel Programming, 2011, 39 (2): 183-201.

[95] Hayes S.. Investment Banking: Power Structure in Flux [J]. Harvard Business Review 1971, 49: 136-152.

[96] Huang R., Shangguan Z. and Zhang D.. The Networking Functionof Investment Banks: Evidence from Private Investments in Public Equity [J]. Journal of Corporate Finance, 2008, 14 (5): 738-752.

[97] Ingram P. and Torfason M. T.. Organizing the In-between: The Population Dynamics of Network-weaving Organizations in the Global Interstate Network [J]. Administrative Science Quarterly, 2010, 55 (4): 577-605.

[98] Jacob J., Rock S. and Weber D.. Do Non-investment Bank Analysts Make Better Earnings Forecast? [J]. Journal of Accounting, Auditing & Finance, 2008, 23 (1): 23-61.

[99] James C. and Wier P.. Borrowing Relationships, Intermediation, and the Costs of Issuing Public Securities [J]. Journal of Financial Economics, 1990,

28: 149-171.

[100] Jarillo J.. On Strategic Networks [J]. Strategic Management Journal, 1988, 9 (1): 31-41.

[101] Jensen M.. The Role of Network Resources in Market Entry: Commercial Banks' Entry into Investment Banking, 1991-1997 [J]. Administrative Science Quarterly, 2003, 48 (3): 466-497.

[102] Joham C., Metcalfe M. and Talukder, M.. Idea Adaption, Social Interactions and Small World Networks: An Australian Study [J]. Human Systems Management, 2011, 29 (3): 165-175.

[103] Johnson J. and Miller R.. Investment Banker Prestigeand the Underpricing of Initial Public Offerings [J]. Financial Management, 1988, 17 (2): 19-29.

[104] Jonathan M.. The Value of Reputation in Corporate Finance and Investment Banking [J]. Journal of Applied Corporate Finance, 2010, 22 (4): 18-29.

[105] Jonghoon B. and Gargiulo M.. Partner Substitutability, Alliance Network Structure, and Firm Profitability in the Telecommunications Industry [J]. Academy of Management Journal, 2004, 47 (6): 843-859.

[106] Kale P., Singh H. and Perlmutter H.. Learning and Protectionof Proprietary Assets in Strategic Alliances: Building Relational Capital [J]. Strategic Management Journal, 2000, 21 (3): 217-237.

[107] Katila R., Rosenberger J. D. and Eisenhardt K. M.. Swimming with Sharks: Technology Ventures, Defense Mechanisms and Corporate Relationships [J]. Administrative Science Quarterly, 2008, 53 (2): 295-332.

[108] Kauffman R. and Howcroft B.. Thought Leadership in Investment Banking: The Beginning of a New Era [J]. Journal of Financial Services Marketing, 2003, 7 (3): 214-218.

[109] Kogut B. and Walker G.. The Small World of Germany and the Durability of National Networks [J]. American Sociological Review, 2001, 66 (3): 317-335.

［110］Kogut B. . Joint Ventures: Theoretical and Empirical Perspectives ［J］. Strategic Management Journal, 1988, 9 (4): 319-332.

［111］Kogut B. . The Networkas Knowledge: Generative Rules and the Emergence of Structure ［J］. Strategic Management Journal, 2000, 21 (3): 405-425.

［112］Koka B. and Prescott J. . Strategic Alliances as Social Capital: A Multidimensional View ［J］. Strategic Management Journal, 2002, 23 (9): 795-816.

［113］Kolasinski A. C. and Kothari S. P. . Investment Banking and Analyst Objectivity: Evidence from Analysts Affiliated with Mergers and Acquisitions Advisors. Journal of Financial & Quantitative Analysis, 2008, 43 (4): 817-842.

［114］Larson A. . Network Dyads in Entrepreneurial Settings: A Study of the Governance of Exchange Relationships ［J］. Administrative Science Quarterly, 1992, 37 (1): 76-103.

［115］Lavie D. and Rosenkopf L. . Balancing Exploration and Exploitation in Alliance Formation ［J］. Academy of Management Journal, 2006, 49 (4): 797-818.

［116］Lazer D. and Friedman A. . The Network Structure of Exploration and Exploitation ［J］. Administrative Science Quarterly, 2007, 52 (4): 667-694.

［117］Li S. and Berta W. . The Tiesthat Bind: Strategic Actions and Status Structure in the US Investment Banking Industry ［J］. Organization Studies, 2002, 23 (3): 339-368.

［118］Li S. and Rowley T. . Inertia and Evaluation Mechanisms in Interorganizational Partner Selection: Syndicate Formation among U. S. Investment Banks ［J］. Academy of Management Journal, 2002, 45 (6): 1104-1119.

［119］Lin H. and McNichols M. . Underwriter Relationshipsand Analysts' Earnings Forecasts and Investment Recommendations ［J］. Journal of Accounting and Economics, 1998, 25 (1): 101-127.

［120］Loughran T. and Ritter J. . The new issues puzzle ［J］. Journal of Finance, 1995, 50 (1): 23-51.

［121］Luo X. W. and Chung C. N. , Keeping it All in the Family: The Role of Particularistic Relationships in Business Group Performance During Institutional Transition [J]. Administrative Science Quarterly, 2005, 50 (3): 404-439.

[122] Lyons R. K., Chatman J. A. and Joyce, C. K.. Innovation in Services: Corporate Culture and Investment Banking [J]. California Management Review, 2007, 50 (1): 174-191.

[123] Madhavan R., Koka B. and Prescott J.. Networks in Transition: How Industry Events Reshape Interfirm Relationship [J]. Strategic Management Journal, 1998, 19 (5): 439-460.

[124] Maiden B.. Profile: Giving Investment Banking a Good Name [J]. International Financial Law Review, 2005, 24 (5): 13-15.

[125] March J. G.. Variable Risk Preferences and Adaptive Aspirations [J]. Journal of Economic Behavior and Organization, 1988, 9 (1): 5-24.

[126] Marquis C.. The Pressure of the Past: Network Imprinting in Intercorporate Communities [J]. Administrative Science Quarterly, 2003, 48 (4): 655-689.

[127] Mauer D. and Senbet L.. The Effect of the Secondary Market on the Pricing of Initial Public Offerings: Theory And Evidence [J]. Journal of Financial and Quantitative Analysis, 1992, 27 (1): 55-79.

[128] McEvily B. and Zaheer A.. Bridging Ties: A Source of Firm Heterogeneity in Competitive Capabilities [J]. Strategic Management Journal, 1999, 20 (12): 1133-1158.

[129] Megginson W. and Weiss K.. Venture Capitalist Certification in Initial Public Offerings [J]. Journal of Finance, 1991, 46 (3): 879-903.

[130] Merton R.. A Simple Model of Capital Market Equilibrium with in Complete Information [J]. Journal of Finance, 1987, 42: 483-510.

[131] Michaely R. and Womack K.. Conflict of Interest and the Credibility of Underwriter Analyst Recommendations [J]. Review of Financial Studies, 1999, 12 (4): 653-686.

[132] Milliken F. J. and Lant T. K.. The Effects of an Organization's Recent

Performance History on Strategic Persistence and Change [C]. In Shrivastava P., Huff A. and Dutton J. E. (eds.). Advances in Strategic Management, 1991, 7: 129-156. Greenwich, CT: JAI Press.

[133] Mitsuhashi H. and Greve H. R.. A Matching Theory of Alliance Formation and Organizational Success: Complementarity and Compatibility [J]. Academy of Management Journal, 2009, 52 (5): 975-995.

[134] Mody A.. Learning throughAlliances [J]. Journal of Economic Behavior and Organization, 1993, 20 (2): 151-170.

[135] Morrison A. D. and Wilhelm W. J.. Investment Banking: Institutions, Politics and Law [M]. Oxford: Oxford University Press, 2007.

[136] Morrison A. D. and Wilhelm W. J.. The Demise of Investment Banking Partnerships: Theory and Evidence [J]. Journal of Finance, 2008, 63 (1): 311-350.

[137] Nanda V., Yi J. and Yun Y.. IPO Long Run Performance and Underwriter Reputation [R]. Unpublished Working Paper, University of Southern California, Los Angeles, CA, 1995.

[138] Nanda V. and Yun Y.. Reputation and Financial Intermediation: An Empirical Investigation of the Impact of IPO Mispricing on Underwriter Market Value [J]. Journal of Financial Intermediation, 1997, 6 (1): 39-63.

[139] Nohria N. and Garcia-Pont C.. Global Strategic Linkages and Industry Structure [J]. Strategic Management Journal, 1991, 12 (S1): 105-124.

[140] O'brien P. C., Mcnichols M. F. and Lin H.. Analyst Impartiality and Investment Banking Relationships [J]. Journal of Accounting Research, 2005, 43 (4): 623-650.

[141] Obstfeld D.. Social Networks, the Tertius Iungens Orientation, and Involvement in Innovation [J]. Administrative Science Quarterly, 2005, 50 (1): 100-130.

[142] Ochab J. and Góra, P.. Shift of Percolation Thresholds for Epidemic

Spread between Static and Dynamic Small-world Networks [J]. European Physical Journal B-Condensed Matter, 2011, 81 (3): 373-379.

[143] Oxley J. E.. Appropriability Hazards and Ggovernance in Strategic Alliances: A Transaction Cost Approach [J]. Journal of Law, Economics and Organization, 1997, 13 (2): 387-409.

[144] Pek-Hooi S., Mahmood I. P. and Mitchell W.. Dynamic Inducements in R&D Investment: Market Signals and Network Locations [J]. Academy of Management Journal, 2004, 47 (6): 907-917.

[145] Peteraf M.. The Cornerstones of Competitive Advantage: A Resource-Based View [J]. Strategic Management Journal, 1993, 14 (3): 179-191.

[146] Peteraf M. and Shanley M.. Getting to Know You: A Theoryof Strategic Group Identity [J]. Strategic Management Journal, 1997, 18 (S1): 165-186.

[147] Phelps C. C.. A Longitudinal Study of the Influence of Alliance Network Structure and Composition on Firm Exploratory Innovation [J]. Academy of Management Journal, 2010, 53 (4): 890-913.

[148] Piskorski M. and Nohria N.. Allocation to Openand Closed Portfolios [R]. Harvard Business School Unpublished Working Paper, 2005.

[149] Podolny J. M.. A Status-based Model of Market Competition [J]. American Journal of Sociology, 1993, 98 (4): 829-872.

[150] Podolny J. M.. Market Uncertainty and Social Character of Economic Exchange [J]. Administrative Science Quarterly, 1994, 39 (3): 458-483.

[151] Polidoro F., Ahuja G. and Mitchell W.. When the Social Structure Overshadows Competitive Incentives: The Effects of Network Embeddedness on Joint Venture Dissolution [J]. Academy of Management Journal, 2011, 54 (1): 203-223.

[152] Pollock T., Porac J. and Wade J.. Constructing Deal Networks: Brokersas Network Architects in the U. S. IPO Market and other Examples [J]. Academy of Management Review, 2004, 29 (1): 50-72.

[153] Porac J. F., Thomas H., Wilson F., Paton D. and Kanfer A.. Rival-

ry and the Industry Model of Scottish Knitwear Producers [J]. Administrative Science Quarterly, 1995, 40 (2): 203-227.

[154] Porter M.. Competitive Strategy [M]. Free Press, New York, 1980.

[155] Powell W., Koput K. and Smith-Doerr L.. Interorganizational Collaboration and the Locus of Innovation: Networks of Learning in Biotechnology [J]. Administrative Science Quarterly, 1996, 41 (1): 116-145.

[156] Powell W., White K., Koput K. and Owen-Smith J.. Network Dynamics and Field Evolution: The Growth of Interorganizational Collaboration in the Life Sciences [J]. American Journal of Sociology, 2005, 110 (4): 1132-1205.

[157] Provan K. and Sebastian J.. Networks within Networks: Service Link Overlap, Organizational Cliques, and Network Effectiveness [J]. Academy of Management Journal, 1998, 41 (4): 453-463.

[158] Reagans R. and McEvily B.. Network Structureand Knowledge Transfer: The Effects of Cohesion and Range [J]. Administrative Science Quarterly, 2003, 48 (2): 240-267.

[159] Reagans R., Zuckerman E. and McEvily, B.. How to Make the Team: Social Networks vs. Demography as Criteria for Designing Effective Teams [J]. Administrative Science Quarterly, 2004, 49 (1): 101-133.

[160] Ring P. and Van de Ven A.. Developmental Processof Cooperative Interorganizational Relationships [J]. Academy of Management Review, 1994, 19 (1): 90-118.

[161] Ritter J.. TheCosts of Going Public [J]. Journal of Financial Economics, 1987, 19 (2): 269-281.

[162] Ritter J.. The Long-run Performance of Initial Public Offerings [J]. Journal of Finance, 1991, 46 (1): 3-27.

[163] Rodan S. and Galunic C.. More than Network Structure: How Knowledge Heterogeneity Influences Managerial Performance and Innovativeness [J]. Strategic Management Journal, 2004, 25 (6): 541-562.

［164］ Rowley T. and Baum J. A. C.. Sophistication of Interfirm Network Strategies in the Canadian Investment Banking Industry ［J］. Scandinavian Journal of Management, 2004, 20（1）: 103-124.

［165］ Rowley T., Baum J. A. C., Shipilov A. V., Roa H. and Greve H. R.. Competing in Groups ［J］. Managerial and Decision Economics, 2004, 25: 453-471.

［166］ Rowley T., Behrens D. and Krackhardt D.. Redundant Governance Structures: An Analysis of Structural and Relational Embeddedness in the Steel and Semiconductor Industries ［J］. Strategic Management Journal, 2000, 21（3）: 369-386.

［167］ Rowley T., Greve. H. R., Rao H. and Baum J. A. C.. Time to Break up: Social and Instrumental Antecedents of Firm Exits from Exchange Cliques ［J］. Academy of Management Journal, 2005, 48（3）: 499-520.

［168］ Rowley T. and Li S.. Time to Tangle: The Relationship between Analyst, Centrality and Performance ［R］. Working Paper, 2008.

［169］ Royal C.. Snakes and Career Ladders in the Investment Banking Industry: The Making if Barclays De Zoete Wedd（BZW）— and International Perspective, 1982-96 ［J］. Accounting, Business & Financial History, 2003, 13（2）: 233-262.

［170］ Sampson R. C.. R&D Alliances and Firm Performance: The Impact of Technological Diversity and Alliance Organization on Innovation ［J］. Academy of Management Journal, 2007, 50（2）: 364-386.

［171］ Sasovova Z., Mehra A., Borgatti S. P. and Schippers M. C.. Network Churn: The Effects of Self- Monitoring Personality on Brokerage Dynamics ［J］. Administrative Science Quarterly, 2010, 55（4）: 639-670.

［172］ Saunders A.. Financial Institutions Management: A Modern Perspective, 2nd Edition ［M］. Irwin Publishing, Burr Ridge, IL, 1996.

［173］ Schamp E. W., Rentmeister B. and Lo V.. Dimensions of Proximity in

Knowledge-based Networks: The Cases of Investment Banking and Automobile Design [J]. European Planning Studies, 2004, 12 (5): 607-624.

[174] Schwab A. and Miner A. S.. Learning in Hybrid-Project Systems: The Effects of Project Performance on Repeated Collaboration [J]. Academy of Management Journal, 2008, 51 (6): 1117-1149.

[175] Scianni G. N.. From behind the Corporate Veil: The Outing of Wall Street's Investment Banking Scandals — Why Recent Regulations May not Mean the Dawn of a New Day [J]. Fordham Journal of Corporate & Financial Law, 2004, 9 (1): 257-293.

[176] Shahed I., Richard B. and Colin C.. The Useof Valuation Models by UK Investment Analysts [J]. European Accounting Review, 2008, 17 (3): 503-535.

[177] Shipilov A. V. and Li S.. Can Youhave Your Cake and Eat it too? Structural Holes' Influence on Status Accumulation and Market Performance in Collaborative Networks [J]. Administrative Science Quarterly, 2008, 53: 73-108.

[178] Shipilov A. V., Greve H. R. and Rowley T. J.. When do Interlocks Matter? Institutional Logics and the Diffusion of Multiple Corporate Governance Practices [J]. Academy of Management Journal, 2010, 53 (4): 846-864.

[179] Shipilov A. V.. Network Strategies and Performance of Canadian Investment Banks [J]. Academy of Management Journal, 2006, 49 (3): 590-604.

[180] Shipilov A. V.. Should You Bankon Your Network? Relational and Positional Embeddedness in the Making of Financial Capital [J]. Strategic Organization, 2005, 3 (3): 279-309.

[181] Smith C.. Economics and Ethics: The Caseof Salomon Brothers [J]. Journal of Applied Corporate Finance, 1992, 5 (2): 23-28.

[182] Smith K. G., Collins C. J. and Clark K. D.. Existing Knowledge, Knowledge Creation Capability, and the Rate of New Product Introduction in High-Technology Firms [J]. Academy of Management Journal, 2005, 48 (2): 346-357.

[183] Sobel R.. AMEX: A History of the American Stock Exchange [M].

Beard Books, Washington, D. C. , 2000.

[184] Soda G. , Usai A. and Zaheer A.. Network Memory: The Influence of Past and Current Networks on Performance [J]. Academy of Management Journal, 2004, 47 (6): 893-906.

[185] Soda G. , Zaheer A. and Carlone A.. Imitative Behavior: Network Antecedents and Performance Consequences [J]. Advances in Strategic Management, 2008, 25 (25): 531-560.

[186] Soja T.. EASEL Corporation - Going Public [R]. Harvard Business School Case Program, Boston, MA, 2002.

[187] Sorenson O. and Stuart T. E.. Bringing the Context Back In: Settings and the Search for Syndicate Partners in Venture Capital Investment Networks [J]. Administrative Science Quarterly, 2008, 53 (2): 266-294.

[188] Stickel S.. Reputation and Performance among Security Analysts [J]. Journal of Finance, 2002, 57 (4): 1811-1836.

[189] Still M. C. and Strang D.. Who Does an Elite Organization Emulate? [J]. Administrative Science Quarterly, 2009, 54 (1): 58-89.

[190] Stuart T. , Hoang H. and Hybels R.. Interorganizational Endorsements and the Performance of Entrepreneurial Ventures [J]. Administrative Science Quarterly , 1999, 44 (2): 315-349.

[191] Suarez F. F.. Network Effects Revisited: The Role of Strong Ties in Technology Selection [J]. Academy of Management Journal, 2005, 48 (4): 710-720.

[192] Tanriverdi H. and Chi-Hyon L.. Within-industry Diversification and Firm Performance in the Presence of Network Externalities: Evidence from the Software Industry [J]. Academy of Management Journal, 2008, 51 (2): 381-397.

[193] Tinic S.. Anatomy of Initial Public Offerings of Common Stock [J]. Journal of Finance, 1988, 43: 789-822.

[194] Titman S. and Trueman B.. Information Quality and the Valuation of

New Issues [J]. Journal of Accounting and Economics, 1988, 8: 159−172.

[195] Tortoriello M. and Krackhardt D.. Activating Cross−Boundary Knowledge: The Role of Simmelian Ties in the Generation of Innovations [J]. Academy of Management Journal, 2010, 53 (1): 167−181.

[196] Venkatraman N. and Chi−Hyon L.. Preferential Linkage and Network Evolution: A Conceptual Model and Empirical Test in the U. S. Video Game Sector [J]. Academy of Management Journal, 2004, 47 (6): 876−892.

[197] Vissa B.. A Matching Theory of Entrepreneurs' Tie Formation Intentions and Initiation of Economic Exchange [J]. Academy of Management Journal, 2011, 54 (1): 137−158.

[198] Walker G., Kogut B. and Shan W.. Social Capital, Structural Holesand the Formation of an Industry Network [J]. Organization Science, 1997, 8 (2): 109−125.

[199] Wasserman S. and Faust K.. Social Network Analysis: Methods and Applications [M]. Cambridge University Press, Cambridge, England, 1994.

[200] Watts D.. Networks, Dynamics and the Small − World Phenomenon [J]. American Journal of Sociology, 1999, 105 (2): 493−528.

[201] Westney D.. Cross−pacific Internationalization of R&D by U. S. and Japanese Firms [J]. R&D Management, 1993, 23 (2): 171−181.

[202] Whittington K. B., Owen−Smith J. and Powell W. W.. Networks, Propinquity, and Innovation in Knowledge−intensive Industries [J]. Administrative Science Quarterly, 2009, 54 (1): 90−122.

[203] Willman P., Fenton−O'Creevy M., Nicholson N. and Soane E.. Traders, Managers and Loss Aversion in Investment Banking: A Field Study [J]. Accounting, Organizations & Society, 2002, 27 (1): 85−98.

[204] Yancey A., Novotny M. A. and Gwaltney R.. Small Pure Carbon Molecules with Small−world Networks Using Density Functional Theory Simulations [J]. International Journal of Modern Physics C: Computational Physics & Physical Com-

putation, 2009, 20 (9): 1345-1356.

［205］Yildirim H. S., Kwag S. and Collins M. C.. An Examination of the Equity Market Response to the Gramm-Leach-Bliley Act Across Commercial Banking, Investment Banking, and Insurance Firms ［J］. Journal of Business Finance & Accounting, 2006, 33 (9): 1629-1649.

［206］Zaheer A. and Soda G.. Network Evolution: The Origins of Structural Holes ［J］. Administrative Science Quarterly, 2009, 54 (1): 1-31.

［207］Zaheer A. and Venkatraman N.. Relational Governanceas an Interorganizational Strategy: An Empirical Test of the Role of Trust in Economic Exchange ［J］. Strategic Management Journal, 1995, 16 (5): 373-392.

［208］Zaheer A. and Zaheer S.. Catching the Wave: Alertness, Responsiveness, and Market Influence in Global Electronic Networks ［J］. Management Science, 1997, 43 (11): 1493-1509.

［209］Zaheer A. and Zaheer S.. The Structure of Global Competition: A Network Approach ［J］. Strategic Management Journal, 2000, 21: 203-215.

［210］Zhixing X. and Tsui A. S.. When Brokers May Not Work: The Cultural Contingency of Social Capital in Chinese High-tech Firms ［J］. Administrative Science Quarterly, 2007, 52 (1): 1-31.

［211］蔡宁, 潘松挺. 网络关系强度与企业技术创新模式的耦合性及其协同演化 ［J］. 中国工业经济, 2008 (4): 137-144.

［212］蔡宁, 徐梦周. 我国创投机构投资阶段选择及其绩效影响的实证研究 ［J］. 中国工业经济, 2009 (10): 86-95.

［213］陈晓萍等. 组织与管理研究的实证方法 ［M］. 北京: 北京大学出版社, 2008.

［214］陈祥有. 主承销商声誉与 IPO 公司持续督导期间信息披露质量——来自深交所的经验证据 ［J］. 经济学家, 2009 (12): 76-83.

［215］杜俊涛. 新股承销风险与审计机构声誉的相关分析 ［J］. 统计与决策, 2005 (20): 91-93.

［216］范小勇，梁樑，邓学衷．IPO 市场上承销商托市的实证分析［J］．管理学报，2005，2（5）：546-550．

［217］符正平，曾素英．集群产业转移中的转移模式与行动特征——基于企业社会网络视角的分析［J］．管理世界，2008（12）：83-92．

［218］高建，王剑飞，魏平．企业技术创新绩效指标：现状、问题和新概念模型［J］．科研管理，2004（25）：14-21．

［219］高展军，李垣．战略网络结构对企业技术创新的影响研究［J］．科学学研究，2006（3）：474-479．

［220］韩复龄．投资银行学［M］．北京：对外经济贸易大学出版社，2009．

［221］蒋传海．网络效应、转移成本和竞争性价格歧视［J］．经济研究，2010（9）：56-67．

［222］姜翰，杨鑫，金占民．战略模式选择对企业关系治理行为影响的实证研究——从关系强度角度出发［J］．管理世界，2008（3）：115-125．

［223］姜占英．后金融危机背景下我国投资银行业务监管研究［J］．金融与经济，2011（2）：63-66．

［224］李风华．中国投资银行业的市场结构与绩效研究［D］．浙江大学博士学位论文，2006．

［225］李广明，黄有光．区域生态产业网络的经济分析——一个简单的成本效益模型［J］．中国工业经济，2010（2）：5-15．

［226］李林艳．社会空间的另一种想象——社会网络分析的结构视野［J］．社会学研究，2004（3）：64-75．

［227］林融，葛四友．效率、效益及其关系的分析与思考［J］．浙江大学学报（人文社会科学版），1998（1）：20-26．

［228］罗珉，夏文俊．网络组织下企业经济租金综合范式观［J］．中国工业经济，2011（1）：89-98．

［229］刘江会．可信性、价值认证和投资银行声誉机制［J］．财经研究，2007（9）：124-134．

［230］刘志阳，葛倩倩．创业投资网络研究综述［J］．经济社会体制比

较，2009（3）：180-185.

[231] 彭华涛，谢冰. 联合风险投资的网络特性与价值溢出机理分析 [J]. 管理工程学报，2005（4）：48-51.

[232] 彭新敏. 企业网络对技术创新绩效的作用机制研究 [D]. 浙江大学博士学位论文，2009.

[233] 奇达夫，蔡文彬. 社会网络与组织 [M]. 北京：中国人民大学出版社，2007.

[234] 戚桂清，肖苗，杨锡怀. 企业战略网络的构建与治理 [M]. 北京：经济科学出版社，2009.

[235] 钱黎春. 网络环境下营销流程再造模式及其变量 [J]. 经济理论与经济管理，2007（12）：57-61.

[236] 钱锡红，杨永福，徐万里. 企业网络位置、吸收能力与创新绩效——一个交互效应模型 [J]. 管理世界，2010（5）：118-129.

[237] 桑榕，姚海鑫. 首次公开发行信息不对称与承销商的作用 [J]. 外国经济与管理，2005（5）：47-52.

[238] 王海峰，何君光，张宗益. 询价制与承销风险实证研究 [J]. 金融研究，2006（5）：61-69.

[239] 王琴. 网络参与者的租金来源与实现途径 [J]. 中国工业经济，2009（11）：99-108.

[240] 王晓娟. 知识网络与集群企业竞争优势研究 [D]. 浙江大学博士学位论文，2007.

[241] 温忠麟. 调节效应与中介效应的比较和应用 [J]. 心理学报，2005（2）：268-274.

[242] 邬爱其. 集群企业网络化成长机制：理论分析与浙江经验 [M]. 北京：中国社会科学出版社，2007.

[243] 吴斌. 我国投资银行制度变迁的特征和路径依赖 [J]. 国际商务研究，2006（5）：42-46.

[244] 吴结兵，郭斌. 企业适应性行为、网络化与产业集群的共同演

化——绍兴县纺织业集群发展的纵向案例研究 [J]. 管理世界，2010（2）：141-155.

[245] 吴结兵，徐梦周. 网络密度与集群竞争优势：集聚经济与集体学习的中介作用 [J]. 管理世界，2008（8）：69-76.

[246] 吴晶妹，郑旭华，王涛. 基于财务分析的美国五大投资银行风险实证研究 [J]. 经济与管理研究，2010（5）：50-59.

[247] 吴士君，田素华. 国际证券业购并的背景、绩效与启示 [J]. 世界经济，2003（1）：29-36.

[248] 谢百三. 金融市场学 [M]. 北京：北京大学出版社，2009.

[249] 徐浩萍，罗炜. 投资银行声誉机制有效性——执业质量与市场份额双重视角的研究 [J]. 经济研究，2007（2）：125-137.

[250] 徐懿. 我国投资银行业务的竞争格局分析 [J]. 金融与经济，2010（11）：17-19.

[251] 杨记军，赵昌文. 定价机制、承销方式与发行成本：来自中国 IPO 市场的证据 [J]. 金融研究，2006（5）：51-60.

[252] 易法敏. 关系租金与组织调适：网络嵌入视角的诠释 [J]. 经济理论与经济管理，2009（8）：66-70.

[253] 尹蘅. 保荐制下投资银行声誉与 IPO 企业质量关系研究 [J]. 改革与战略，2010（8）：83-86.

[254] 张亚斌，唐超峰. 嵌入投资银行后的银行危机传导模型 [J]. 财经理论与实践，2010（5）：13-18.

[255] 周小全. 美国金融监管改革和投资银行发展趋势分析 [J]. 金融理论与实践，2010（11）：96-99.

[256] 朱海燕，魏江. 集群网络结构演化分析——基于知识密集型服务机构嵌入的视角 [J]. 中国工业经济，2009（10）：58-66.

[257] 庄新田，黄玮强，姚爽. 我国投资银行股票承销合作网络结构的实证研究 [J]. 管理评论，2009（12）：18-24.

附录 各观测期承销合作网络与小团体 拓扑结构对比

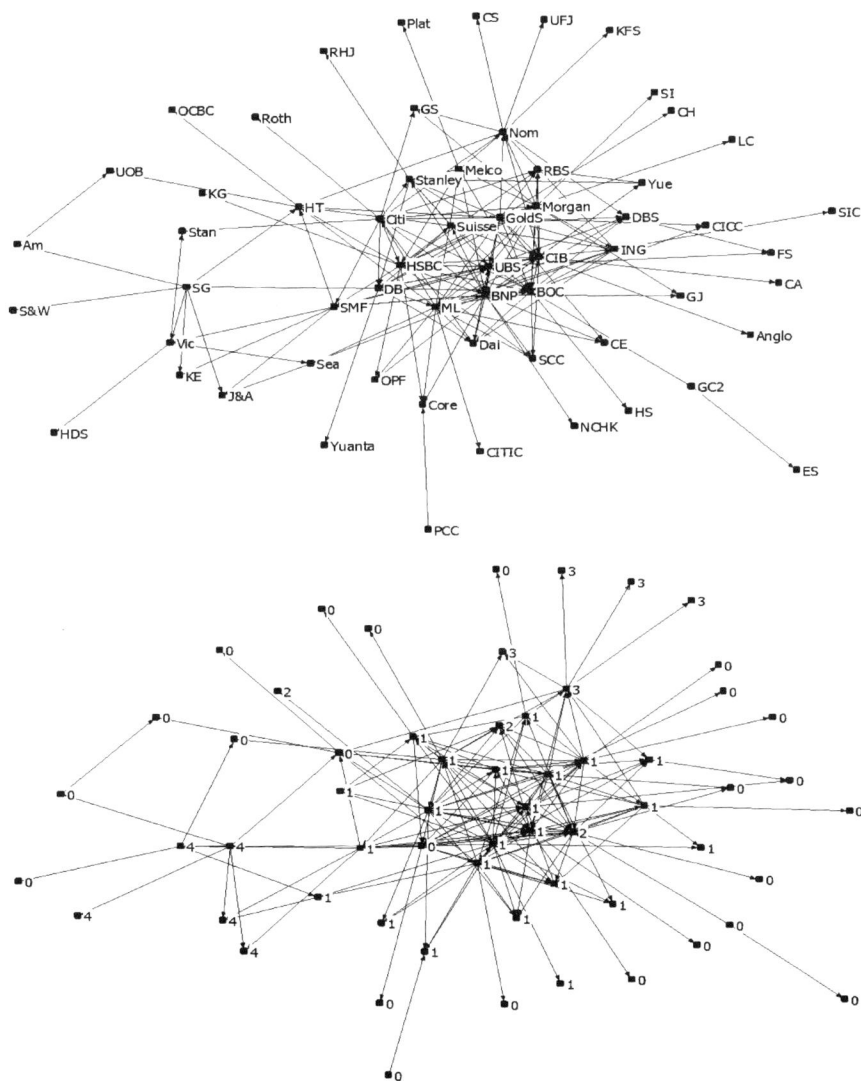

附图1 1994~1997年中国香港投资银行业承销合作网络与小团体拓扑结构对比图

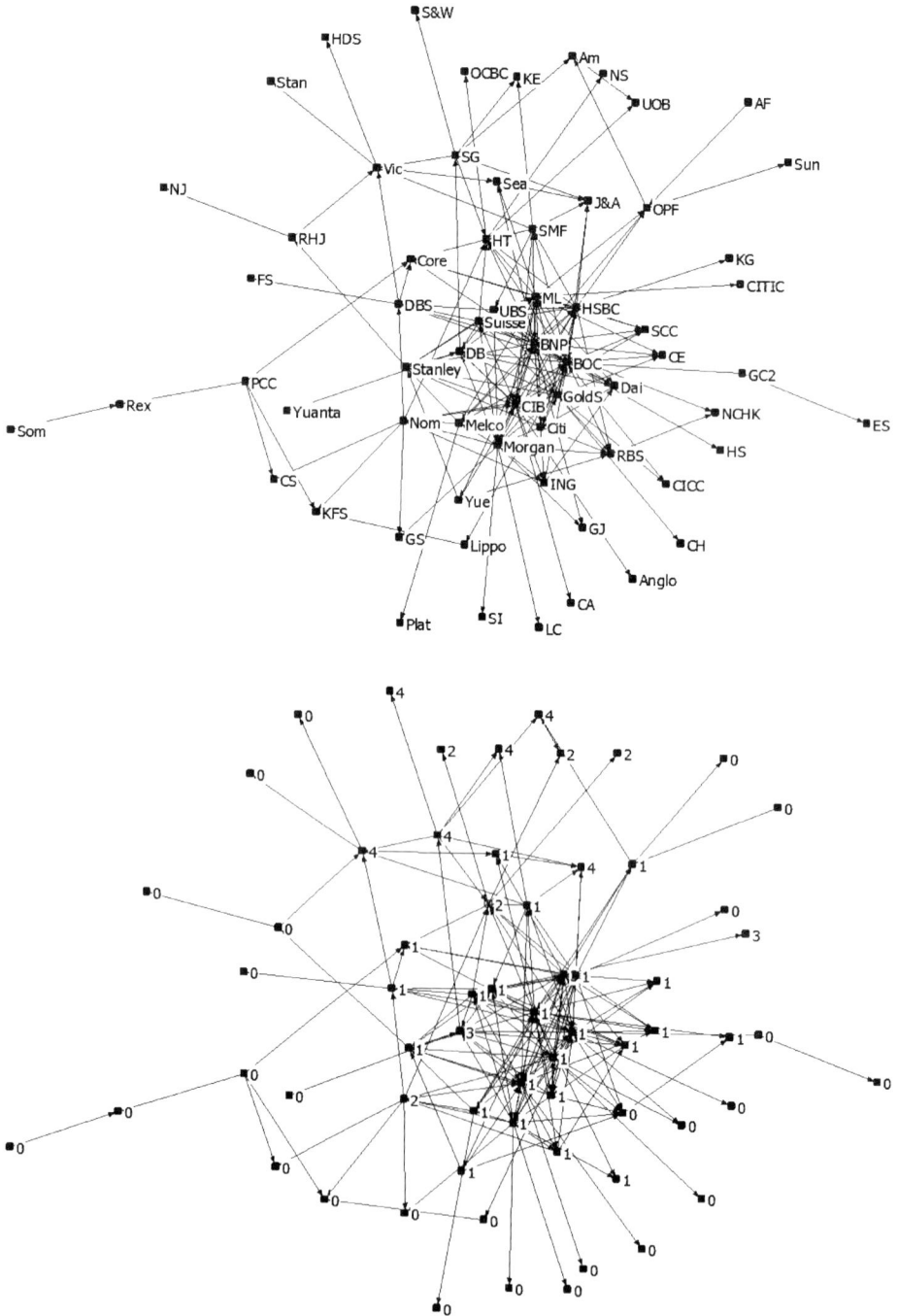

附图 2　1995~1998 年中国香港投资银行业承销合作网络与小团体拓扑结构对比图

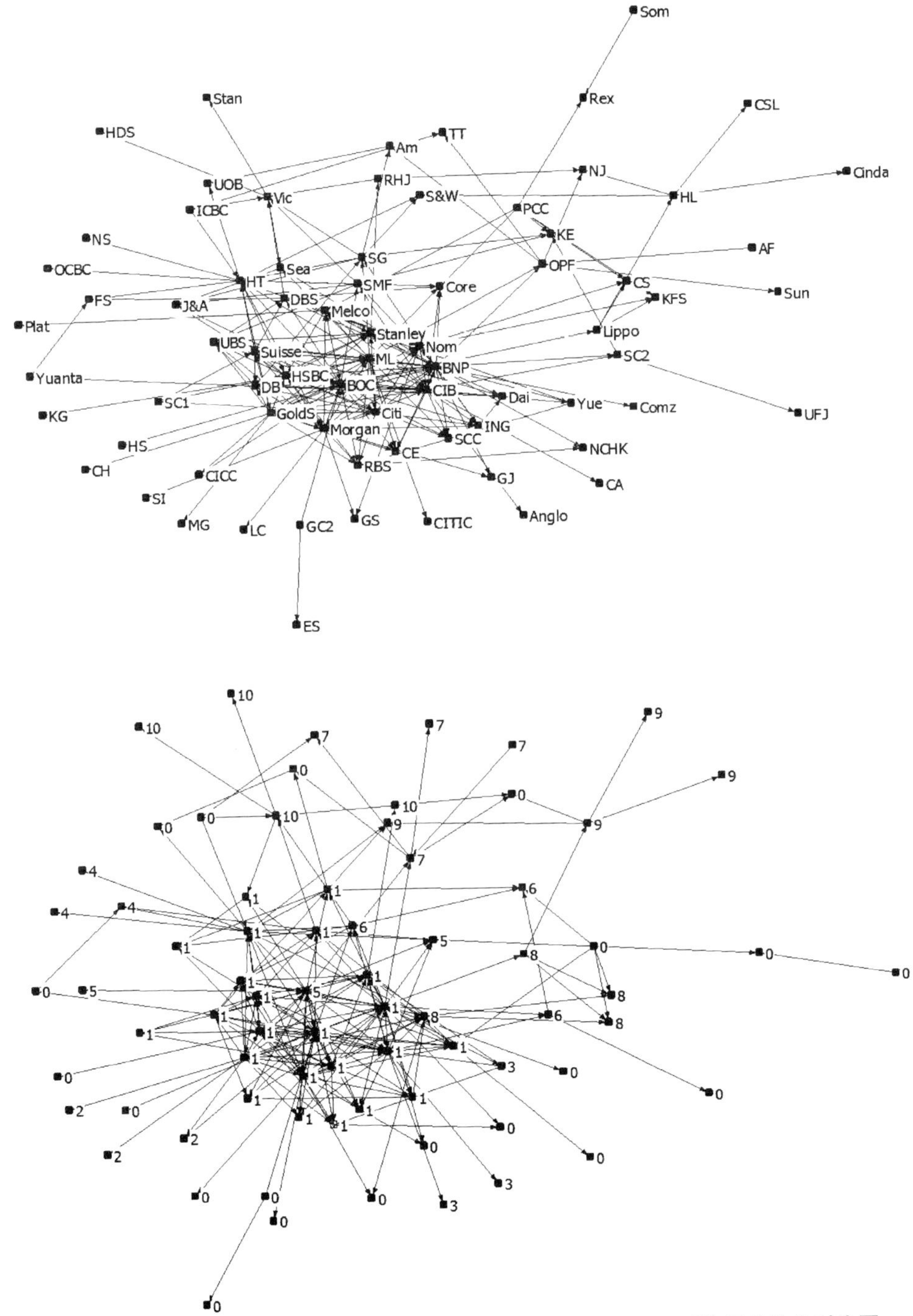

附图 3 1996~1999 年中国香港投资银行业承销合作网络与小团体拓扑结构对比图

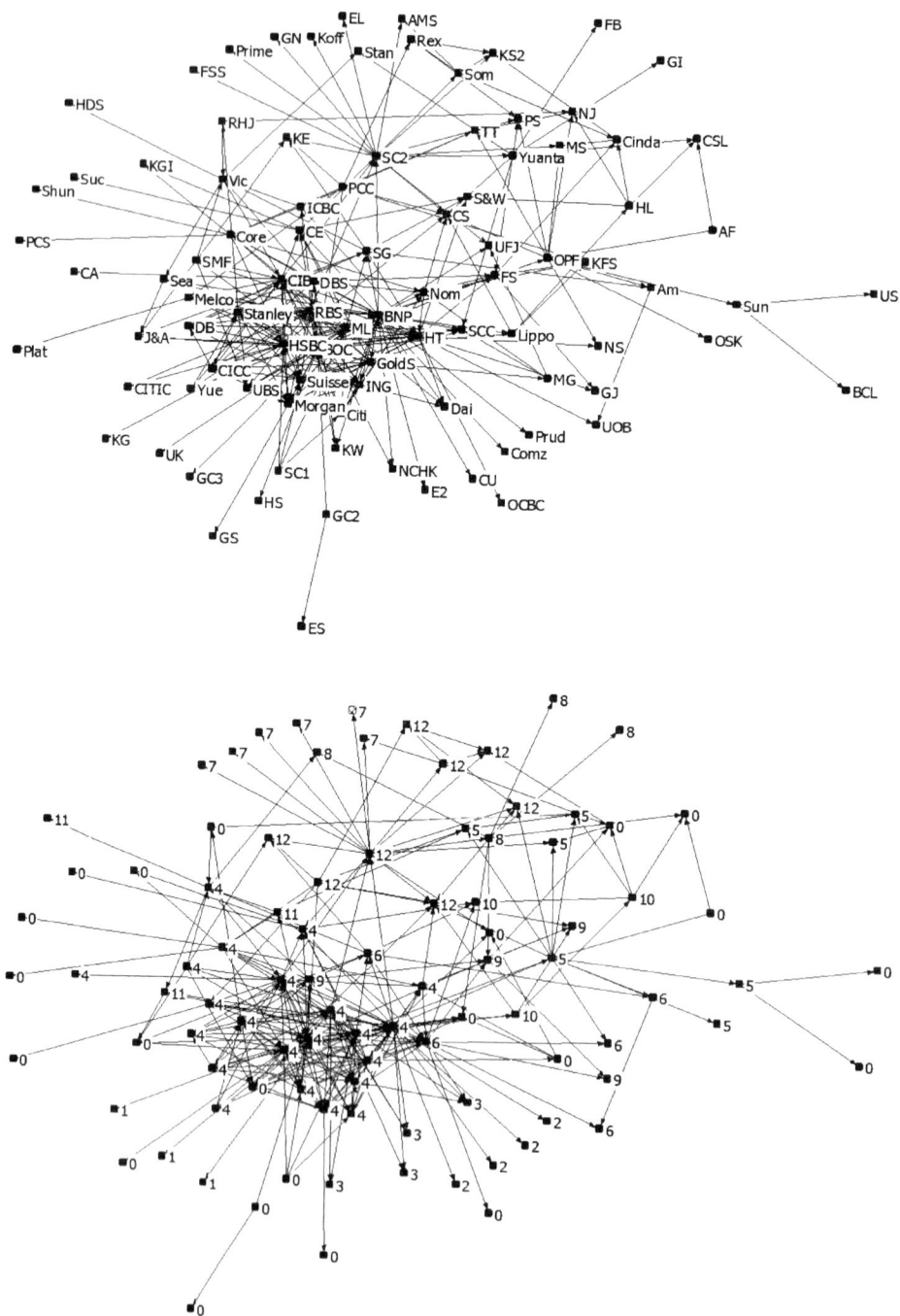

附图4　1997~2000 年中国香港投资银行业承销合作网络与小团体拓扑结构对比图

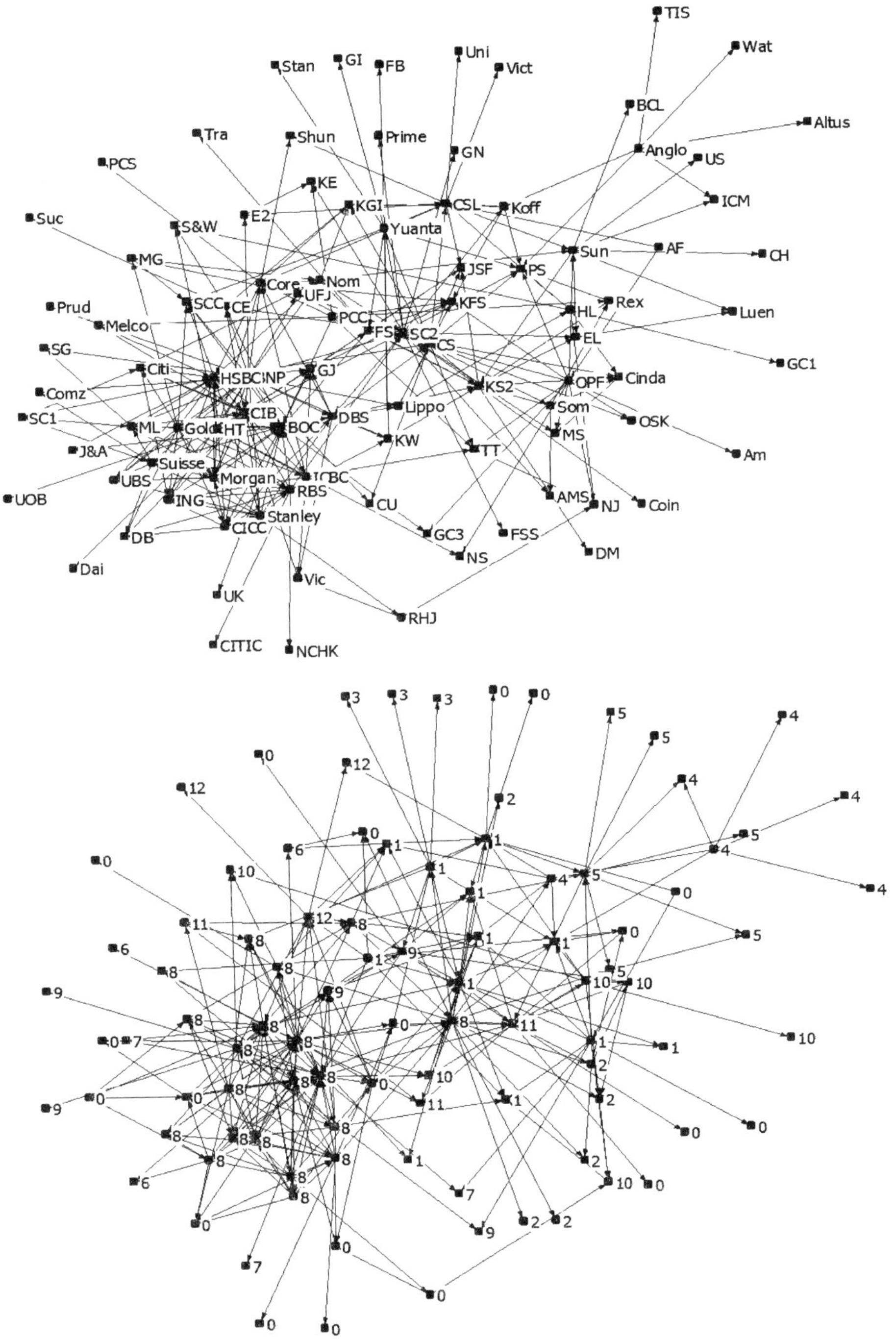

附图5　1998~2001年中国香港投资银行业承销合作网络与小团体拓扑结构对比图

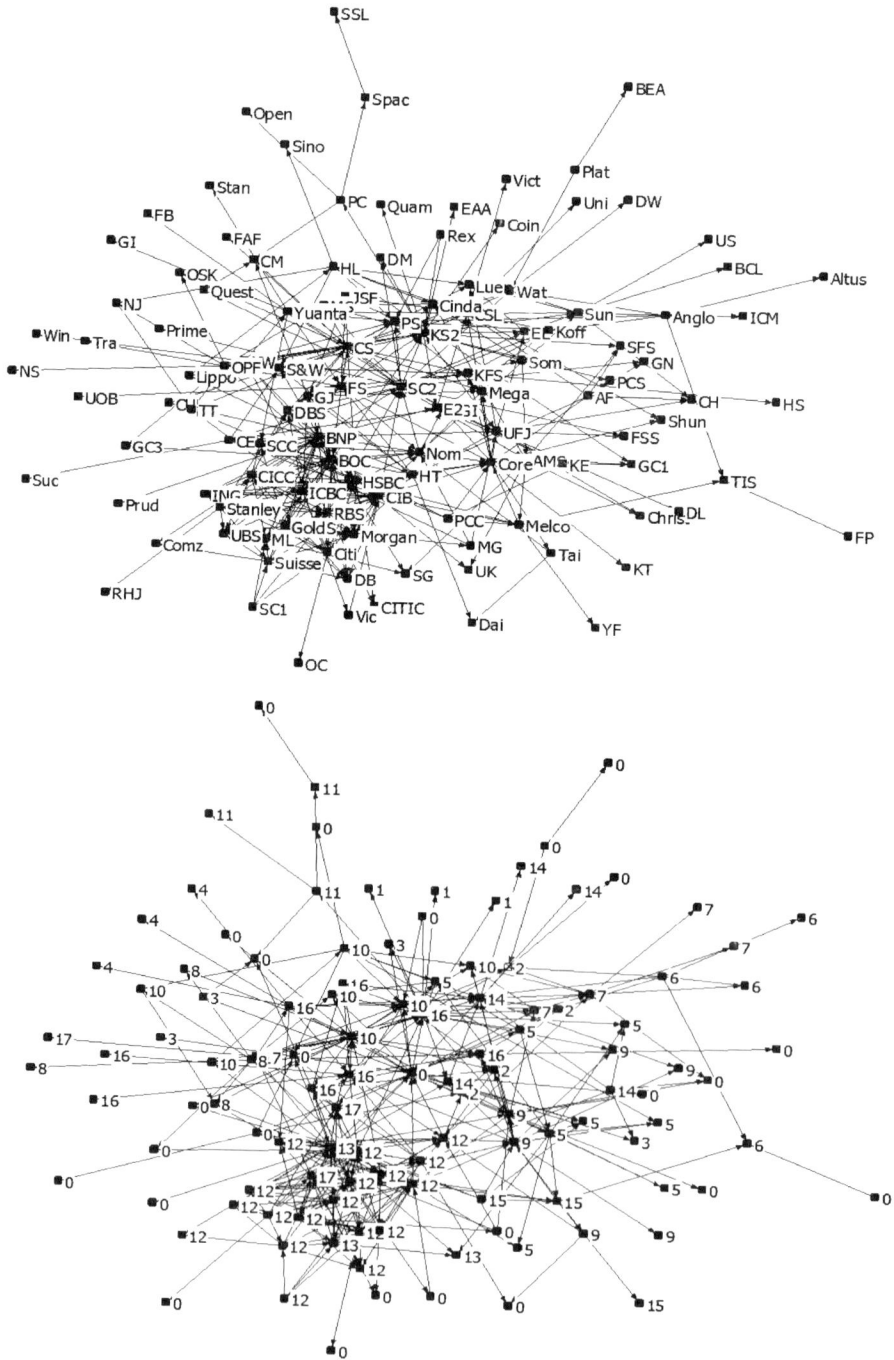

附图6　1999~2002年中国香港投资银行业承销合作网络与小团体拓扑结构对比图

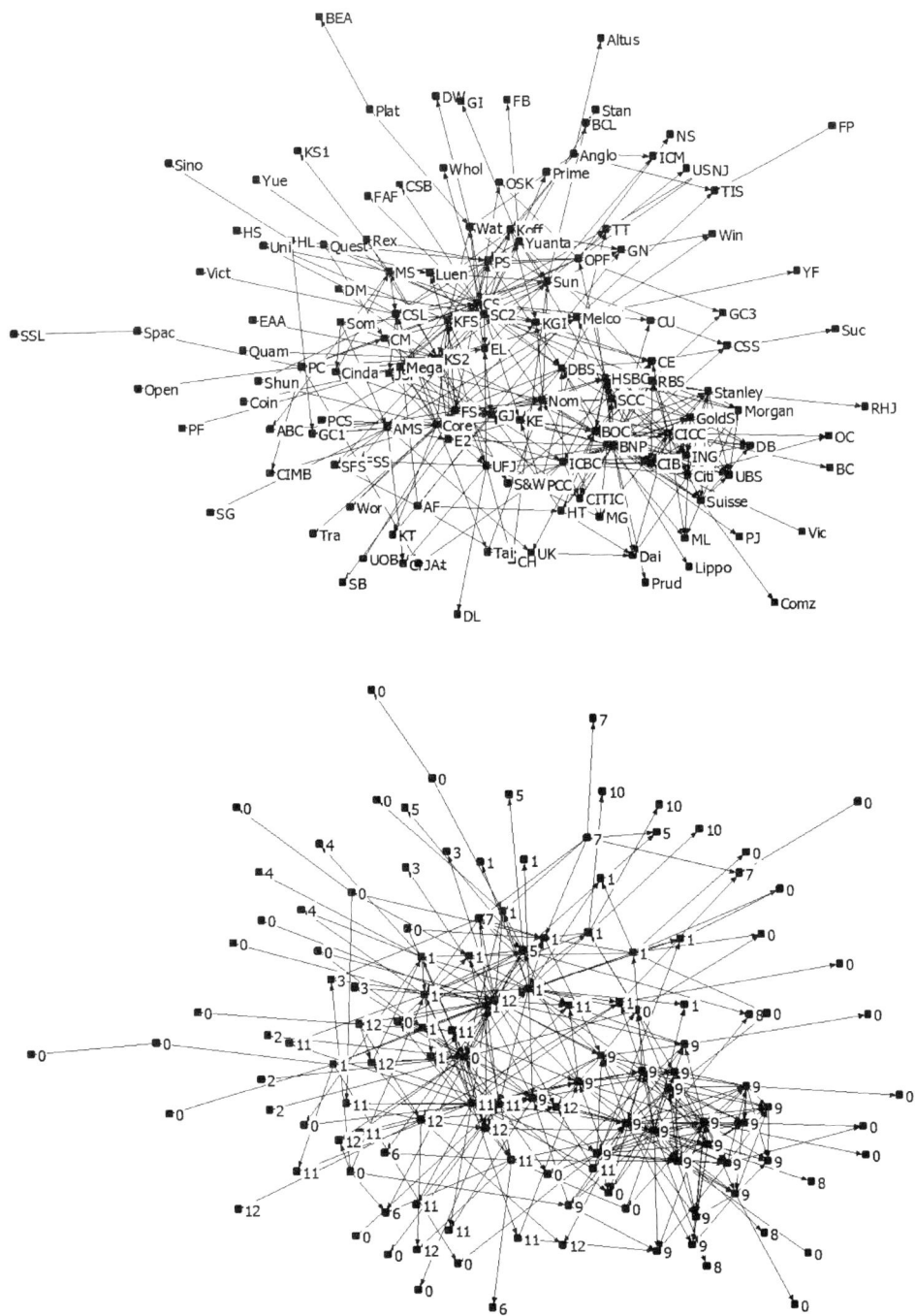

附图7 2000~2003 年中国香港投资银行业承销合作网络与小团体拓扑结构对比图

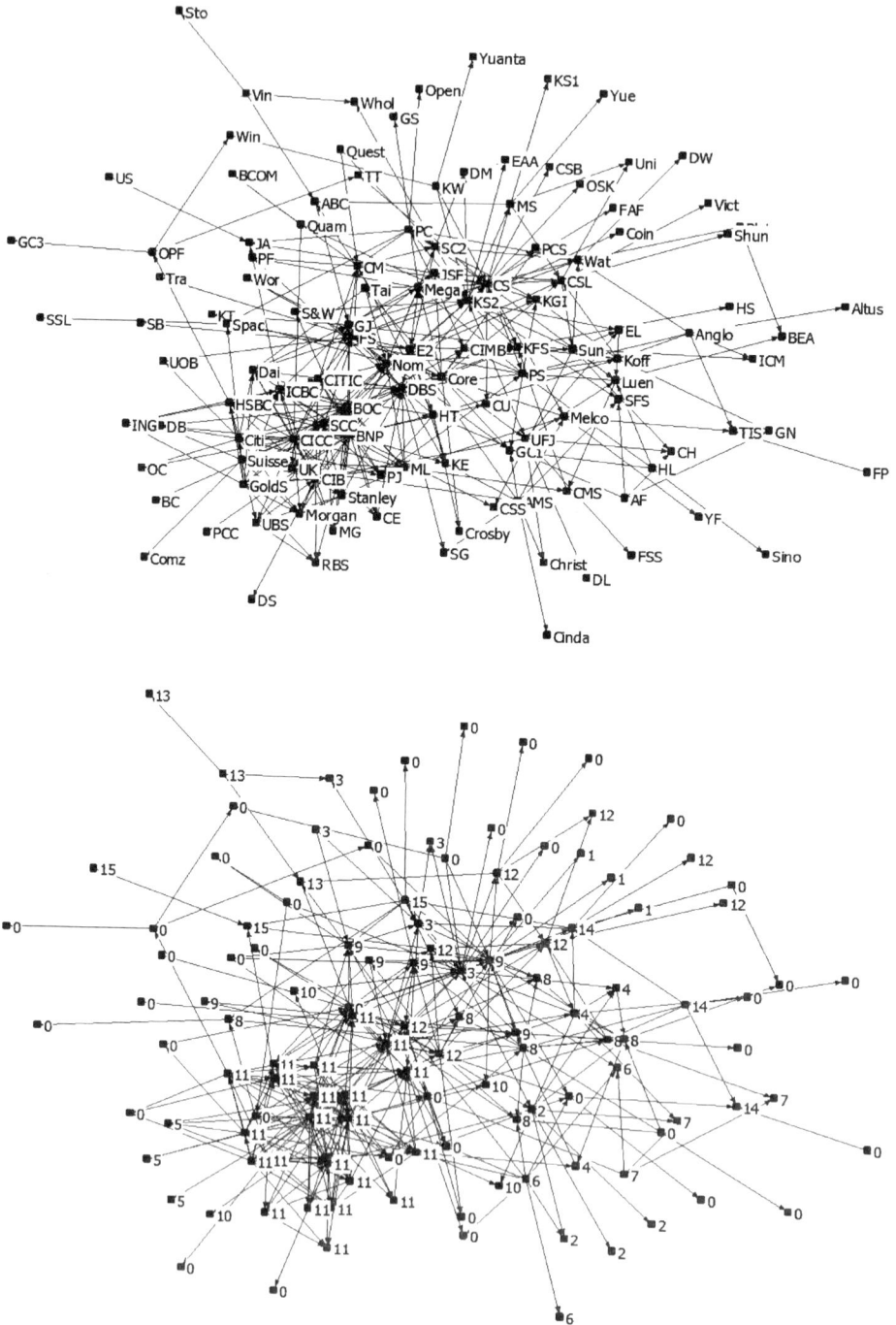

附图 8　2001~2004 年中国香港投资银行业承销合作网络与小团体拓扑结构对比图

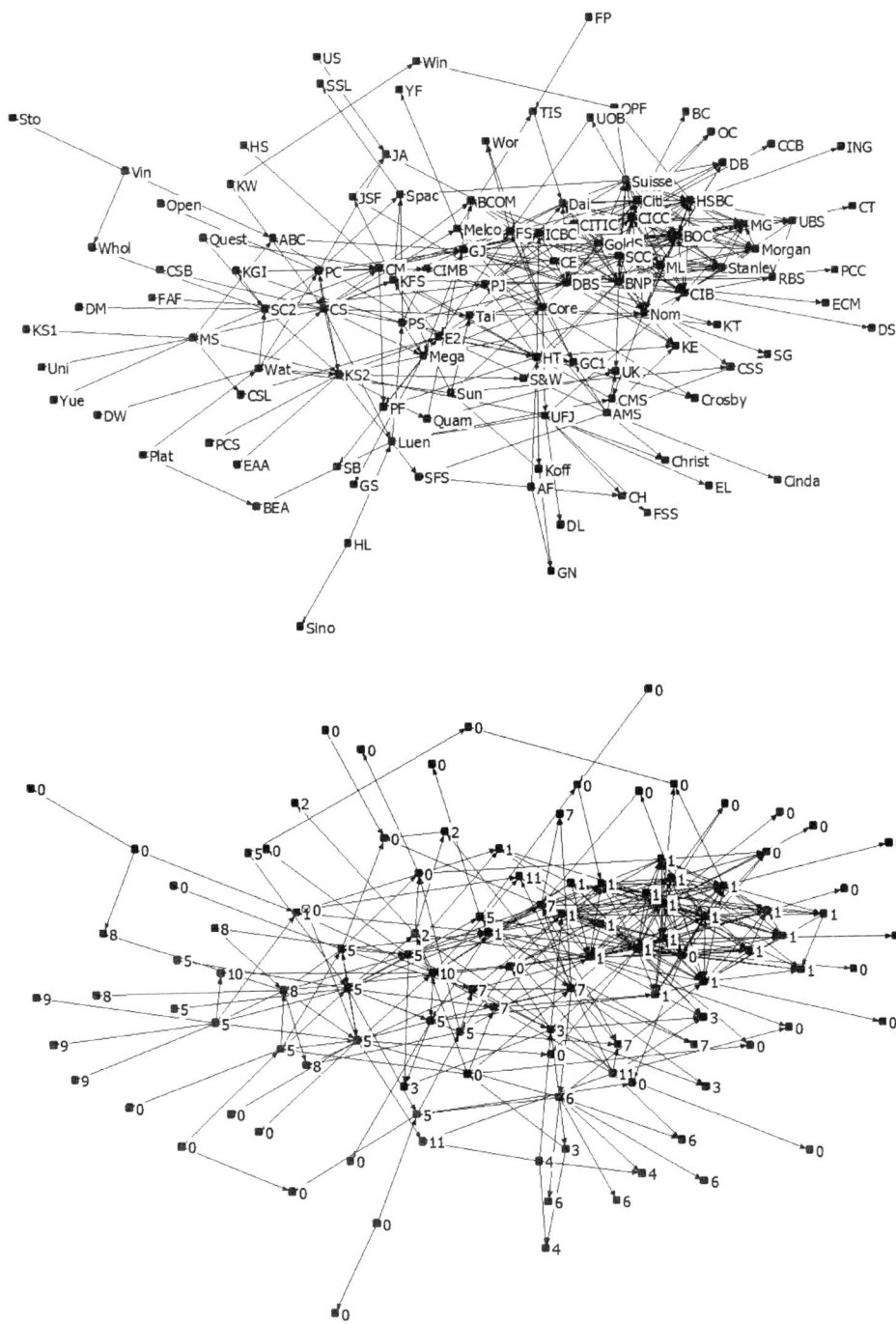

附图9 2002~2005年中国香港投资银行业承销合作网络与小团体拓扑结构对比图

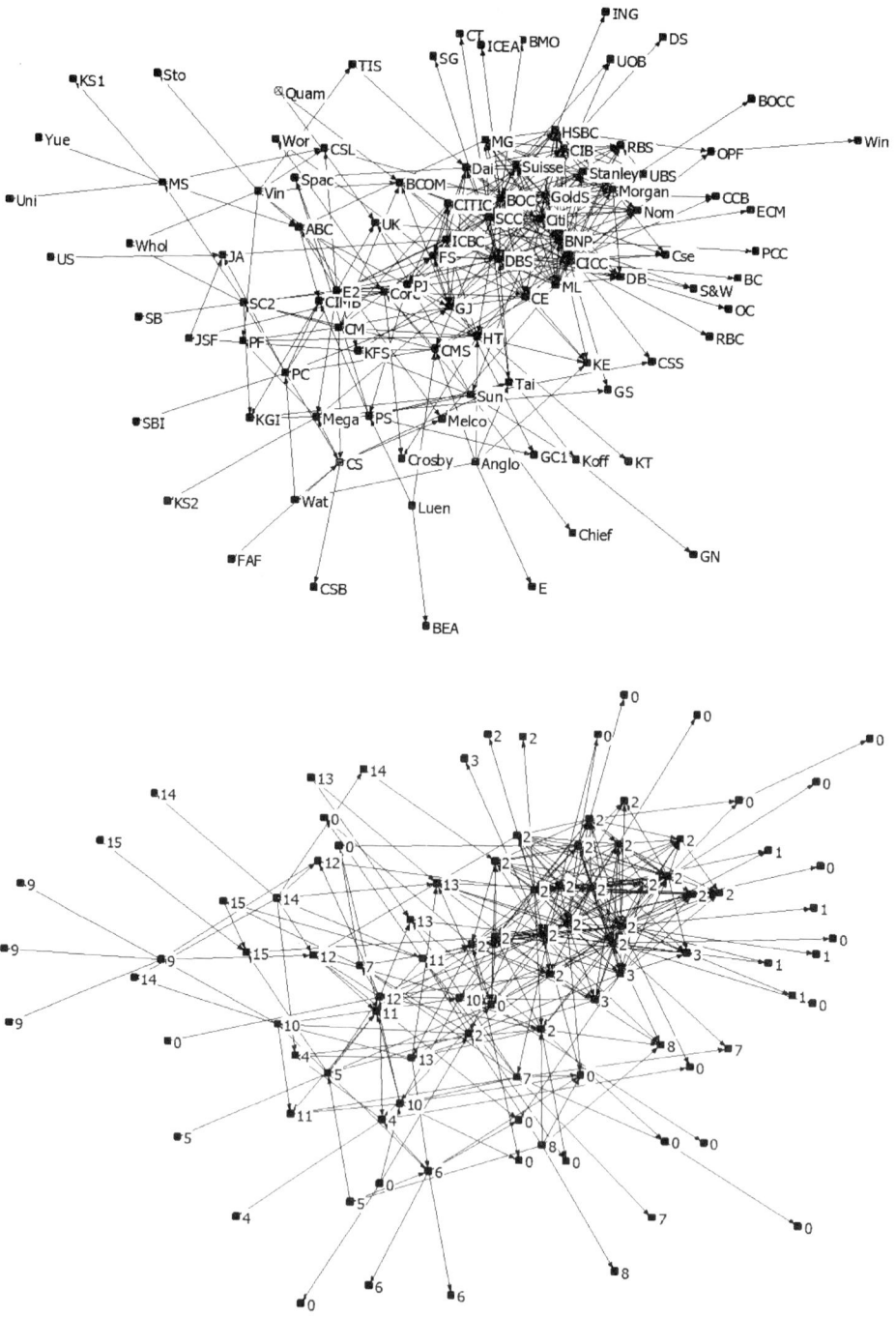

附图 10　2003~2006 年中国香港投资银行业承销合作网络与小团体拓扑结构对比图

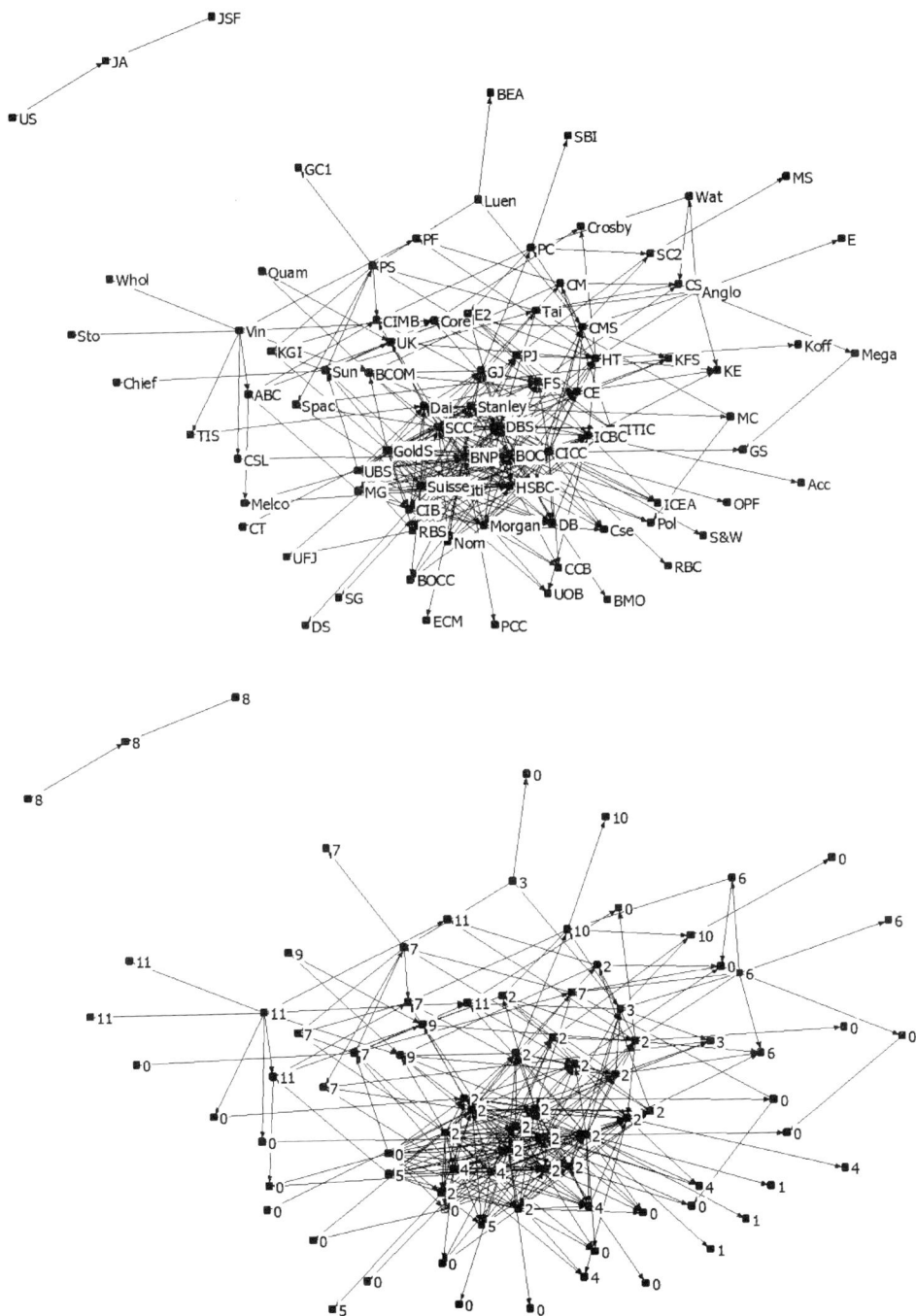

附图 11　2004~2007 年中国香港投资银行业承销合作网络与小团体拓扑结构对比图

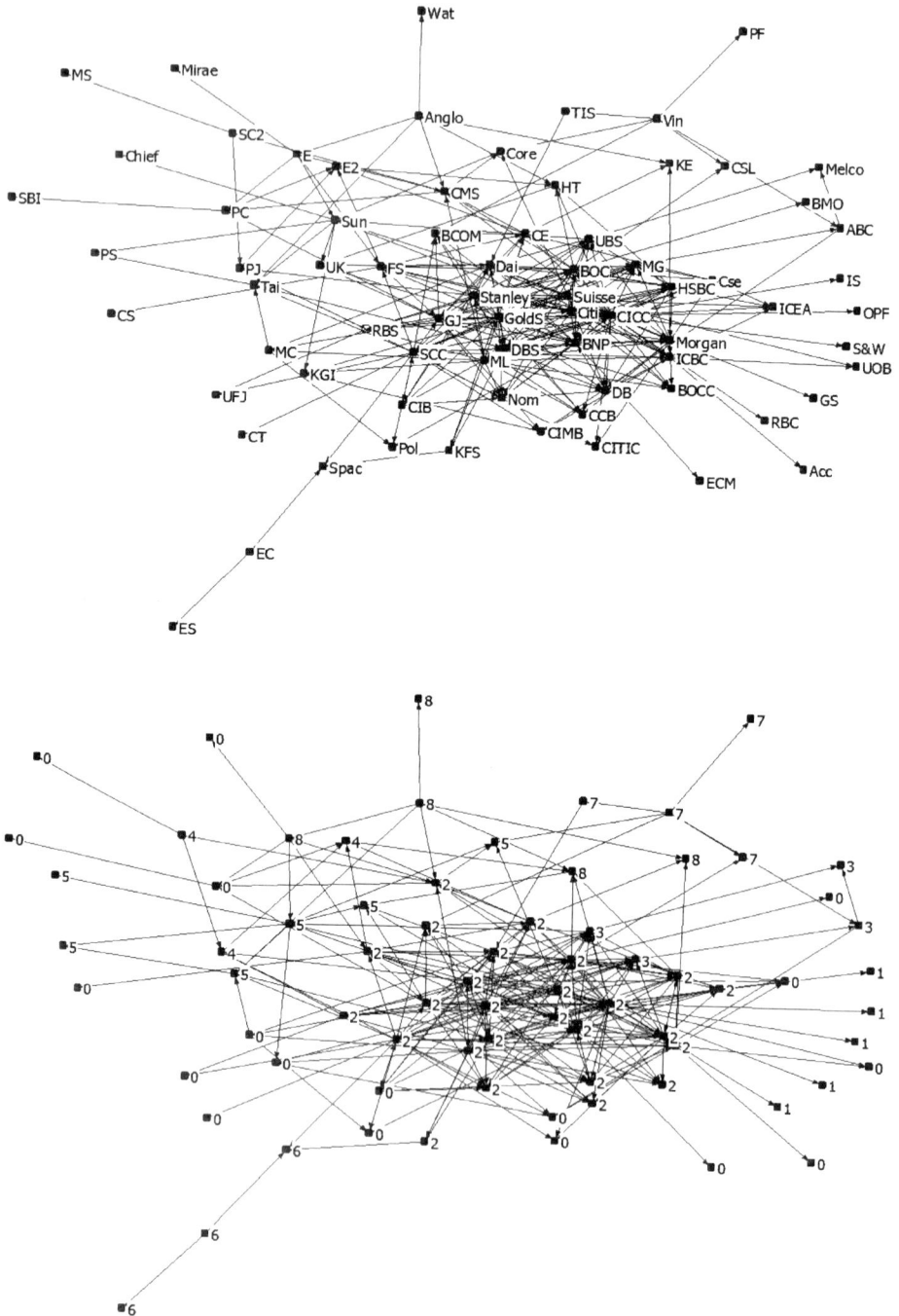

附图 12　2005~2008 年中国香港投资银行业承销合作网络与小团体拓扑结构对比图

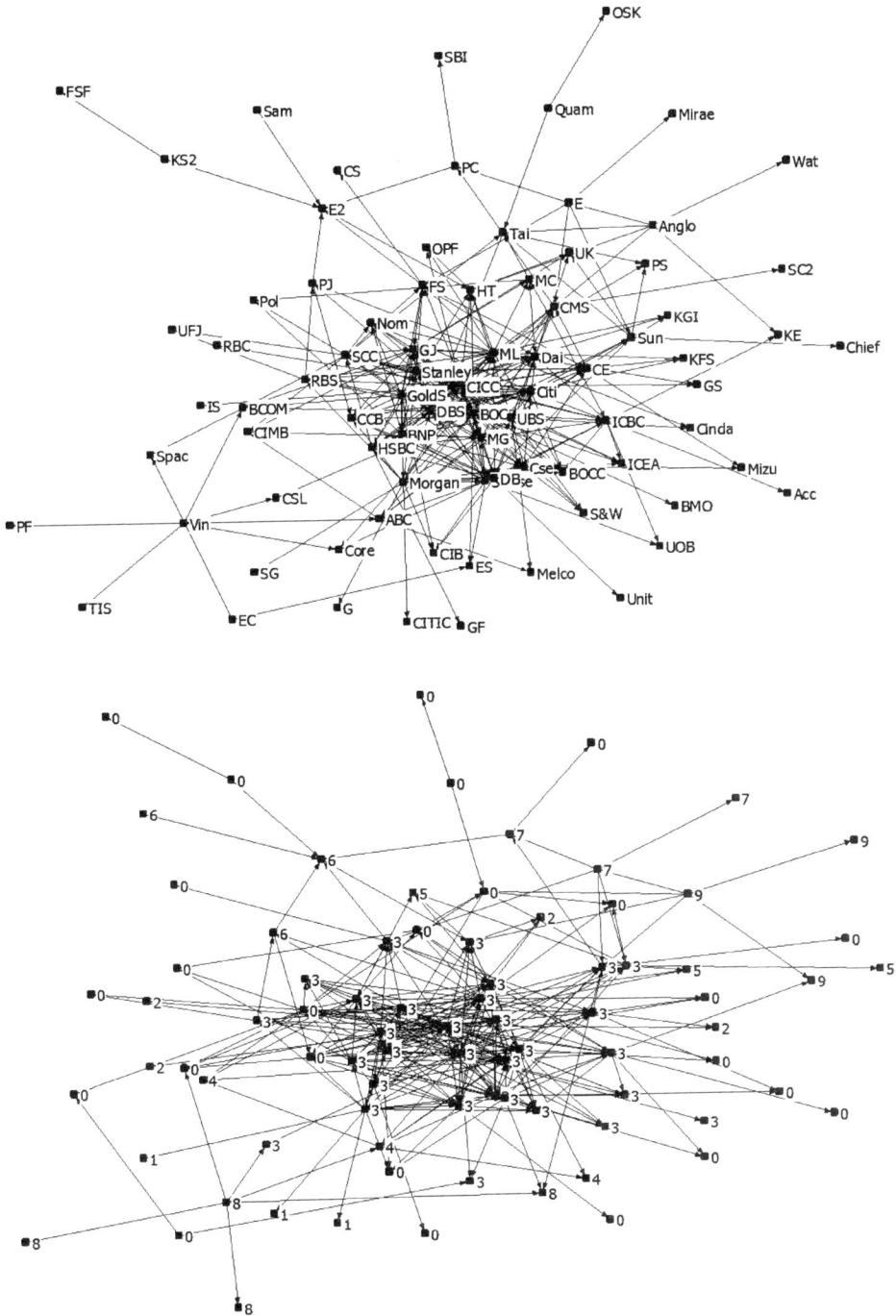

附图 13　2006~2009 年中国香港投资银行业承销合作网络与小团体拓扑结构对比图

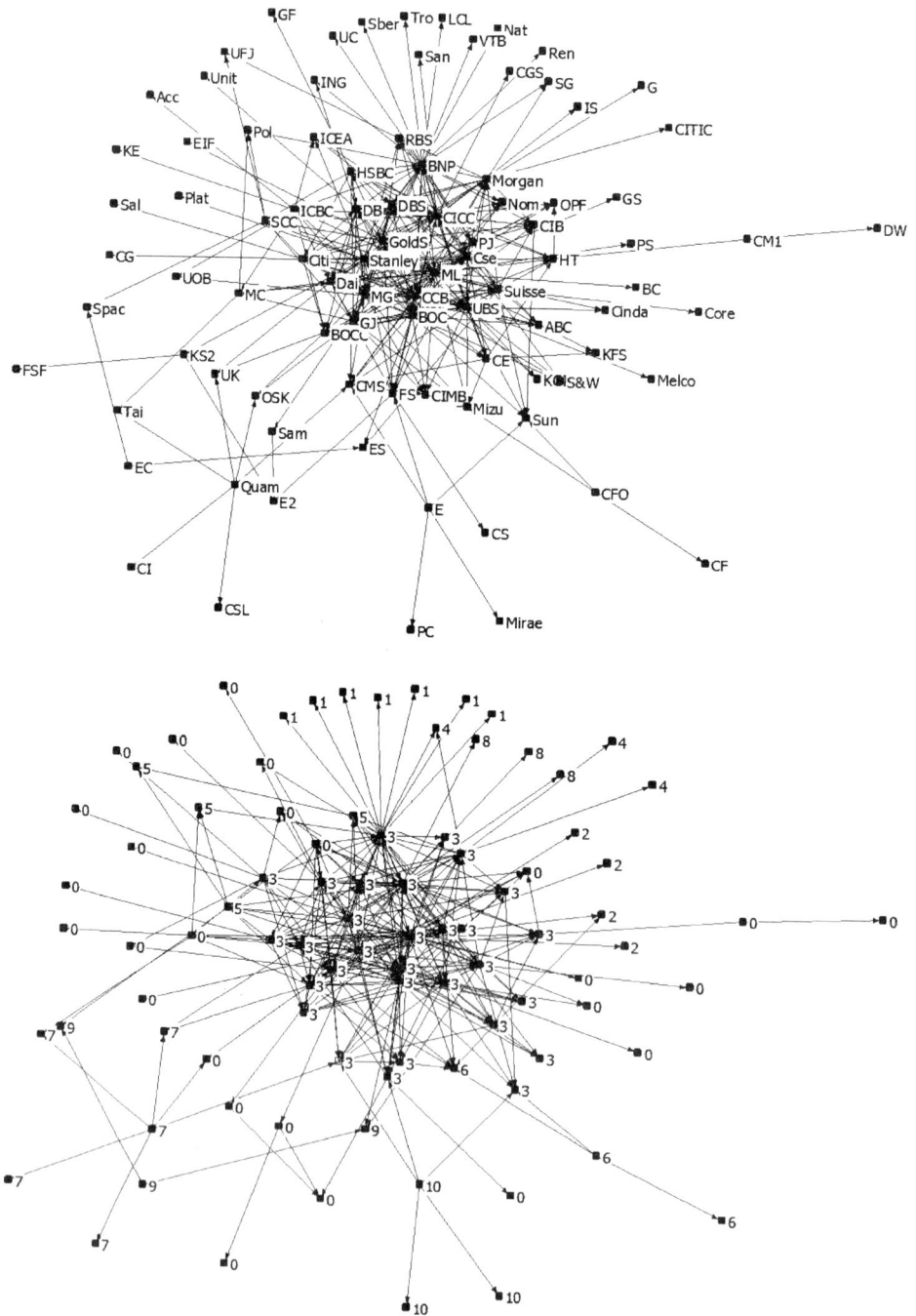

附图 14 2007~2010 年中国香港投资银行业承销合作网络与小团体拓扑结构对比图